El Silencio *del* Volcán

Creando la Vida que Nos Merecemos

ALMUDENA KONRAD

Traducido por Juan José García Ávalos

TheSilenceOfTheVolcano.com

Elogios para *El Silencio del Volcán*

"La memoria de Almudena Konrad no solo define un legado muy personal de coraje y amor, sino que nos brinda una historia que afirma la vida. *El Silencio del Volcán* es una obra asombrosamente honesta, un tapiz entrelazado de experiencias personales y profesionales, y una historia de fortaleza, llena de ternura y humor suave. Es un libro fascinante, conmovedor y vigoroso."

— Carlota Caulfield, Profesora y Escritora.

"Una memoria que te lleva al corazón de las luchas y triunfos de una mujer mientras navega por un paisaje de adversidad y autodescubrimiento, encontrando la ardiente determinación de superar obstáculos que alguna vez parecieron insuperables. Esta es una historia sobre cómo desenterrar el coraje necesario para desafiar las expectativas sociales, liberarse de convenciones asfixiantes y abrazar el verdadero yo. Prepárate para sentirte inspirado y conmovido."

—Kirsten T. Saxton, Profesora y Escritora.

"Con una franqueza desinhibida, Almudena comparte una vida de coraje, supervivencia, pérdida, fuerza y amor. Su voz narrativa cautiva a los lectores con su mezcla de dulzura y profundidad emocional. La determinación de Almudena para forjar una vida única entre desafíos es inspiradora para todos los que la acompañan en su viaje."

—Susan Wang, Profesora.

"Una historia conmovedora de lucha, perseverancia y determinación. ¡Preciosamente escrita! ¡Elevadora y poderosa!"

—*El Club de Lectura de las Chicas de San Francisco.*

Traductor y editor: Juan José García Ávalos

Diseño: David Prendergast

Hardback ISBN: 979-8-9893068-3-1

Paperback ISBN: 979-8-9893068-4-8

eBook ISBN: 979-8-9893068-5-5

TheSilenceOfTheVolcano.com

BREVE BIOGRAFÍA

ALMUDENA KONRAD nació en Madrid y se crio en Andalucía, España. Tras años de aventuras y vicisitudes, finalmente obtuvo su doctorado en Informática en la Universidad de California, Berkeley. Actualmente es profesora en la Universidad de Northeastern, en Oakland, California. Su trayectoria profesional se fundamenta en un profundo compromiso con la educación, y se centra en empoderar a las nuevas generaciones para que persigan sueños más allá del ámbito académico. Está casada, es madre y reside en Álamo, California.

Para mi madre
—mi fuerza, mi guía—
que, a través de su actitud y de sus acciones,
me mostró el poder transformador del coraje,
motor del cambio hacia la vida que merecemos.

Contenido

PRÓLOGO

HAY UN NUEVO GÉNERO de memorias personales en el mercado, conocido en los círculos editoriales como la memoria prescriptiva. A diferencia de los primeros relatos literarios de sufrimiento que iniciaron la moda de las memorias, como *Las cenizas de Ángela, El club de los Mentirosos o Corre, Cuchillo, Corre,* el enfoque ha cambiado hacia la sabiduría y los trucos específicos de la vida aprendidos dentro de historias de problemas aparentemente insuperables. Es como si el género hubiera madurado más allá de la mirada introspectiva asociada con la escritura en primera persona y ahora se extendiera para tomar la mano del lector, un mentor experimentado que invita al estudiante a un laboratorio privado donde se pueden observar descubrimientos transformadores de manera inmediata, íntima, viva, práctica.

Almudena tiene el tono perfecto para este nuevo tipo de memoria. En lugar de darnos solo la historia del inmigrante estadounidense que sobrevive con valentía y triunfa con una ambición inquebrantable, nos ofrece un libro tranquilo y práctico, ni sentimental ni exagerado.

He leído cientos de memorias y trabajado con autores de los libros más vendidos para prepararlos antes de su publicación, pero ninguna me ha ayudado en mi propia vida como lo ha hecho este libro. Hoy, cuando enfrento el desánimo, un problema deprimente o un desafío abrumador, pienso en cómo Almudena enfrentó y superó tales incidentes en su vida para alcanzar el sentido de la felicidad. Leer esta memoria me ha infundido coraje y la creencia de que cada uno de nosotros tiene una resiliencia invencible una vez que se nos muestra cómo usarla. Esto es lo que su memoria demuestra e implanta en el lector. Felicidad empoderada, con pasos específicos para cada situación de la vida. Un regalo invalorable.

TRISTINE RAINER
Autora de *The New Diary and Your Life as Story*
(ambos de Penguin/Random).
Directora del Centro de Estudios Autobiográficos en
los Estados Unidos.

PREFACIO

DESDE MI NIÑEZ, a menudo vislumbraba lo turbador que parecía el mundo a mi alrededor. Veía a mi padre como a un hombre común y normal, sin nunca cuestionarme que pudiera ser de otra manera. Con la ingenuidad de la infancia, asumía que los padres eran figuras intimidantes con olor a tabaco y alcohol, mientras las madres eran ángeles de la guarda protectores, con manos suaves y agradables aromas. Como para todas las hijas, en mis primeros años de vida, mis padres definían y delimitaban mi único modelo de realidad posible.

Los recuerdos sobre mi padre de entonces me resultan ya lejanos, pero aún están salpicados de intensas emociones. En aquellos tiempos, mi principal obligación, como hija, consistía en asegurarme de que todo a su alrededor fuese cómodo y perfecto: la toalla esperándole al salir de la ducha, su ropa limpia, impecablemente planchada y colocada ordenadamente sobre la cama de su dormitorio … Recuerdo su respiración vigorosa, lenta y profunda. Quizá lo hiciera adrede para asustarme, me preguntaba primero y me aseguraba después, a mí misma. Por lo general, su carácter y su estado mental era inestable e impredecible, con un intenso deseo de dominio. Aunque demasiado pequeña aún para entenderlo y menos aún para verbalizarlo, en mi interior ya experimentaba un sentimiento de asfixia por el mundo en que me había tocado nacer y vivir. Sentía como si mi destino ya estuviera irremediablemente grabado en piedra y yo hubiera nacido para ser su cautiva.

Aún no alcanzaba a comprender que existía o podía existir una realidad distinta, una alternativa. Así crecí, discreta pero observadora, vulnerable, pero tomando conciencia gradualmente de mi situación. Implacables y obstinados pasaban los años. Crecía, maduraba y el futuro se extendía, intacto y desafiante, más allá de mi horizonte inmediato. Pero, poco a poco, empezaba a intuir que mi futuro, de alguna forma, me pertenecía. ¿Podría alguna vez tener una vida diferente? ¿Me destruyó mi padre? ¿Quedaba aún alguna posibilidad para mí?

Esta es mi historia vital. Una historia que pretende superar y trascender el influjo y el poder que mi padre pudo tener en mi vida. Orbita y ahonda en torno a un tema relevante y profundo: nuestro potencial innato para moldear nuestras vidas y forjar nuestro destino más allá de nuestros azarosos comienzos. Conlleva un mensaje candente y esencial: nuestro pasado, las circunstancias adversas que nos rodean y escapan a nuestro control, las pruebas vitales que soportamos, la injusticia y la maldad no podrán impedirnos construir una vida plena y feliz para nosotros mismos, siempre que luchemos por ello con determinación. Es a través de nuestro coraje, espoleado por intensas emociones —¿amor, ira tal vez? —, como cultivamos la resiliencia y perseveramos en busca de aquello que verdaderamente anhelamos.

A medida que crecía, fui descubriendo en mi interior una fuerza inesperada que brotaba como un manantial indomable, quizá desde el profundo resentimiento hacia mi padre. Una fuerza imponente que alimentaba mi determinación inquebrantable de luchar por la vida que realmente merecía y, sobre todo, deseaba. Como un volcán silencioso e imparable, contuve la devastación y encaucé mi rabia para triunfar sobre la adversidad y conquistar mis sueños. En las páginas de este libro comparto mis memorias; mis luchas de niñez, juventud y adolescencia; el significado y el coste de los logros conseguidos y, sobre todo, mi visión del grandioso e inmenso poder transformador que reside en cada uno de nosotros.

PRIMERA PARTE

SOBREVIVIR

CAPÍTULO 1

Un comienzo solitario

"La soledad viene con la vida." – Whitney Houston

DESDE EL PRINCIPIO DE MI VIDA, quizá ya desde su confortable vientre, de algún modo mi madre me cuidó y amó para que nunca me sintiera sola. Nací y la diosa fortuna me adentró en un mundo deficiente e imperfecto, en una familia atípica y disfuncional, poblada de luces y de sombras; las sombras lóbregas de un padre desalmado y las luces compasivas de una madre afable y sensible. Pero, a pesar de la devoción y el fervor de mi madre hacia mí, con frecuencia me sentía sola, con una fuerte sensibilidad hacia el mal y un deseo visceral de hacer el bien. Ya desde mis primeros años de vida anhelaba vivir plenamente, ser feliz, y, sin cuestionarme nunca mis circunstancias, desde muy temprano persistí.

1969, el año en que nací, fue una época de importantes cambios e innovaciones, de avances tecnológicos y de grandes movimientos artísticos, sociales y culturales. Comenzaba la era de Internet, culminaba con éxito el alunizaje del Apolo 11, se realizaba el primer trasplante de corazón artificial, el apogeo de los Beatles, los Rolling Stones y Bob Dylan, el movimiento por el acceso pleno a los derechos civiles y la igualdad ante la ley a los grupos que aún no los tenían... Un año fantástico y estimulante en el que venir al mundo.

Mi madre tenía entonces 23 años y sobrellevaba un matrimonio hiriente e insoportable de casi dos años y medio. A pesar de su juventud, ya era madre de dos niños gemelos de 19 meses, mis hermanos, a los que, cariñosamente, llamaban Chino y Memel. Vivía en un piso en Madrid, lejos de su familia afincada en el sur de España. Mi padre no estuvo presente el día de mi nacimiento. Años después supe de su decepción por tener una niña y no, como hubiera deseado, otro varón más, aun cuando ya tenía dos hijos.

Me contaron episodios de aquellos primeros años en Madrid. En aquella época, mi padre pasaba la mayor parte del tiempo fuera del hogar marital, viajando, navegando —era ingeniero naval— y trabajando en otros países. Aprovechaba aquel tipo de vida para sus escarceos amorosos y aventuras con otras mujeres y se olvidaba de sus nuevas responsabilidades afectivas, familiares y económicas. Durante ese tiempo, mi madre estuvo y, sobre todo, se sintió muy sola, llevando una vida más propia de una mujer soltera, con frecuentes problemas económicos. Desamparada y buscando apoyo emocional y económico, en ocasiones viajaba con sus tres pequeños hasta Andalucía para visitar a su familia. Pero, cada vez que lo hacía, mi padre aparecía, imprevisible e iracundo, y la obligaba a volver a Madrid.

Tiempo después, el destino quiso que mi padre encontrara un nuevo trabajo en la ciudad portuaria de Cádiz, ciudad natal de mi madre y donde residía su familia biológica. De repente parecía que la suerte estaba de nuestra parte. Mi madre, junto a sus hijos, viviría junto a su familia y la vida nos daría un vuelco esperanzador. Todo fue una vana y efímera ilusión, pues nuestras circunstancias no mejoraron. Más bien al contrario. Su nuevo trabajo permitía a mi padre pasar más tiempo en casa durante los largos periodos entre viajes, lo que significaba más tiempo con toda la familia, expuesta a sus caprichos y a su carácter impetuoso e irascible.

Uno de mis primeros recuerdos de infancia —tendría unos cinco años— se remonta a nuestro primer hogar, una casa de alquiler, en Cádiz. Un lejano día, mi padre regresó de uno de sus viajes de trabajo por África. Rebosaba felicidad y cariño y venía con un montón de historias y anécdotas extravagantes y seductoras para compartir con su familia. Una de ellas era solo para mí — me susurró al oído con complicidad—. En algún lugar, durante sus viajes, le habían enseñado a realizar nuevos y típicos peinados de mujeres de todo el mundo. Prometió probarme uno de ellos y su promesa despertó en mí un profundo afecto y cariño hacia él, una oportunidad y un deseo sincero de conectar con mi padre a través de mi melena. ¡Recuerdo que lo quería! Aquella noche parecía estar inusualmente entusiasmado y feliz contándonos, con detalle y desenfado, a mis hermanos y a mí, sus aventuras por África. En mi ingenuidad de niña yo creía todo cuanto nos contaba y lo absorbía con dicha y asombro. Por unos momentos me aferré todo el tiempo que pude a esa confortable sensación de cariño que supone tener un padre bueno. Mi madre, mientras, en la cocina, deliberadamente ajena a todo, no participó ni compartió la celebración de su llegada ni sus historias con otras mujeres — humillantes para ella—. Con actitud resignada, mirada profunda y una mezcla de seriedad y tristeza, me envió a mi habitación.

Unos meses más tarde, mi padre decidió hacerme —¡por fin! pensé yo— uno de aquellos peinados que había aprendido en sus viajes. Había esperado, paciente e ilusionada, este momento durante mucho tiempo, aunque nunca tuve el valor de expresarlo. Aquella tarde parecía estar de buen humor, deseoso de hacerme un nuevo y estiloso peinado. Recuerdo las prisas, los preparativos y, sobre todo, la pequeña ventana de oportunidad para disfrutar de estar y conectar con mi padre. Me senté en una silla en la cocina —callada, ilusionada—. Sobre mi pequeña cabecita podía escuchar su típica respiración estridente. Un cigarrillo le colgaba ingrávido de la comisura de los labios. El fuerte olor a tabaco, junto con su habitual y penetrante 'aftershave' *Old Spice*, inundó mis sentidos. Estaba nerviosa pero emocionada y expectante. Mi padre recogió mi cabello, largo y castaño, en una coleta, y, con su poderosa mano izquierda lo sujetó firmemente mientras con la derecha, y usando unas tijeras de cocina, lo cortaba sin titubeos ni conmiseración. Me rapó y mi cabeza quedó como una auténtica alcachofa lampiña. Sin quejarme ni atreverme a musitar palabra alguna caminé en silencio hacia mi dormitorio. A mi padre, insensible a mis sentimientos, le resultó graciosa mi angustia y desolación y, autoritario, no permitió que mi madre me consolara. Recuerdo su sonrisa orgullosa y grotesca. «Déjala, ya se le pasará», musitó quitándole importancia al incidente mientras yo caminaba hacia mi habitación. Oculté lo más que pude mis sentimientos, pero la angustia y la tristeza invadían mi ser. No quería que nadie me viese llorar así que lloré a solas y en silencio. Pasé la tarde y la noche esperando a que mi madre entrara en mi habitación para consolarme, conformarme y así hacerme sentir mejor. No lo hizo.

Al día siguiente, con mi padre fuera de casa, mi madre se esforzó lo imposible por recomponer y disimular mi nuevo corte de pelo, pero a pesar de su esfuerzo y empeño, no hubo arreglo: me quedé con un aspecto que parecía el de un niño. Igual que mis hermanos mayores, pensé. No me gustaba. A esa edad, me encantaban las faldas, los vestidos, los encajes, los collares largos, las pulseras y, sobre todo, mi cabello largo y ondulado, que disfrutaba peinar y con el que escondía mi cara, expresiones y sentimientos. Me gustaba jugar con muñecas, soñar con mundos multicolores y mágicos y bailar a solas. Yo no quería pelo corto. Me miraba al espejo y lloraba. Me sentí traicionada por mi padre y me atormentaba la idea de que, en el fondo, su macabra intención fue desde el principio dejarme fea. Deliberadamente.

Un tiempo después, mi madre me enseñó una foto de ella con el pelo muy corto, llevando de la mano a mis hermanos Memel y Chino, y yo agarrando la mano de Chino. Tendría dos años y mis hermanos casi cuatro. Mi madre me contó, con la foto en sus manos, que mi padre la había obligado a cortarse el pelo en aquella ocasión. Como a mí, ahora. Sentí compasión y una profunda empatía hacia ella y, al mismo tiempo, alivio y complicidad al saber que habíamos compartido la misma experiencia.

De mi niñez, guardo recuerdos agradables de los primeros años que pasé en un colegio católico, Las Salesianas. Un colegio sólo para niñas. Me encantaban las monjas católicas y, entre todas ellas, adoraba especialmente a Sor María José. Ella me enseñó, con sus ejemplos y acciones, a llevar con discreción y prudencia mis luchas internas y fantasmas personales. Representaba el ejemplo perfecto de compasión, generosidad y abnegación. Sor María José me aseguraba que algún día Dios me llamaría a ser novicia para que así pudiéramos unirnos colectivamente al sufrimiento de Cristo. De alguna forma mi corazón, joven e ingenuo, se mostraba ansioso por seguirle. En aquellos años solo aspiraba a ser la niña buena y obediente que tan claramente, no sólo por mi padre, sino también por la sociedad católica postfranquista en la que vivíamos, esperaba que lo fuera. Pronto también me inculcaron la idea preconcebida de que casi todo cuanto una mujer podía hacer era, a priori, sospechoso de pecado. Por la noche rezaba. De rodillas. Y con frecuencia inventaba y ofrendaba sacrificios personales a Dios. Algunas veces al día, mediante largas oraciones y otras veces por medio de ayunos más o menos intensos. Siempre con la esperanza de evitar el sufrimiento eterno en el infierno. Con fervor, rogaba a Dios que intercediera por mí, hiciera feliz a mi madre y transformara a mi padre en una persona buena. Mis rezos se hicieron habituales y, con creciente temor, observaba cómo mi corazón —un corazón con predisposición a la bondad— se abrumaba con arrebatos intensos de odio hacia mi padre. Vivía en un ciclo sin fin; sintiéndome culpable de mis pensamientos y suplicando perdón a Dios. Recuerdo, sobre todo, el sufrimiento de mi madre y mis sentimientos de impotencia.

En casa aprendí a ocultar mis sentimientos, a guardar silencio para así evitar enfrentamientos estériles y violentos con mi padre. Me mantuve observadora y sumisa, con la atención siempre puesta en el gran tesoro de mi vida, mi madre, a cuyo lado pasaba la mayor parte de mi tiempo, buscando constantemente la certeza y seguridad de que estaba haciendo las cosas correctamente en mi afán por hacerla feliz. Aunque físicamente no lo estaba, en el fondo me sentía sola batallando contra mis problemas y sentimientos. Imaginé y creé una amiga invisible y ficticia —la llamé Adelaida— con quién conversar y compartir mis historias en los momentos aciagos. Me pasaba horas en mi habitación, construyéndola a mi antojo, imaginando que era real. A veces jugábamos con muñecas, pero demasiado a menudo me portaba mal con ella. Nos enzarzábamos en discusiones que yo siempre ganaba y acababa insultándola, amenazándola con no volver a traerla a mi mente y haciéndola, cínicamente, desaparecer de mis pensamientos. Era lo único que yo podía controlar. Jugué a este juego, inocente y algo inquietante, durante muchos años. Demasiados, quizá.

CAPÍTULO 2

Sentimientos disfrazados

"Debemos aceptar la decepción finita, pero nunca debemos perder la esperanza infinita." – Martin Luther King

AUNQUE LO LLEVABA CON MUCHA DISCRECIÓN, mi madre era una mujer de mente abierta para los preceptos y la moral imperantes en la época y lugar en que le tocó vivir. Su padre, un militar de alto rango, era profundamente católico, pero ella, ni practicaba ni creía en el catolicismo. A diferencia de la mayoría de las jóvenes de los años sesenta en España, mi madre, antes de casarse, asistió a la Universidad y obtuvo una Licenciatura en Pedagogía. También cursó clases de bellas artes en una Escuela de Arte. Dedicaba gran parte de su tiempo a pintar y a leer.

Adolescente avanzada y progresista con sueños de viajar a Inglaterra, de explorar el mundo más allá de su tierra, en cierta ocasión se enamoró de un estudiante de medicina puertorriqueño con ideas y principios afines a las suyas; relación que su padre, mi abuelo, ni aprobaba ni admitía. Aún conservo, como un preciado tesoro, el anillo de aguamarina, testigo de aquella corta pero profunda relación, que él regaló a mi madre en aquella maravillosa época de estudiantes universitarios. Un talismán nostálgico del amor prohibido.

Como muchas mujeres que vivían en la España de postguerra, bajo una dictadura con un fuerte componente fascista y una estructura familiar férreamente patriarcal, mi madre fue víctima de la terrible desigualdad entre mujeres y hombres. La mujer, siempre en casa y encargada del cuidado de la familia y las tediosas labores domésticas, solían ser dominio de sus padres al principio y de su marido después. Privadas del derecho a voto, con los derechos y libertades severamente recortados y completamente desprotegidas ante la ley. Por suerte, mi abuelo materno tuvo la posibilidad de ofrecer a sus hijas —mi madre y su hermana— una formación universitaria que ellas supieron aprovechar. Se convirtieron en jóvenes mujeres educadas, aunque aún sometidas a las normas sociales de la época.

Mi madre, que por aquel entonces vivía con su familia en el pabellón militar donde mi abuelo estaba destinado, conoció a mi padre, un madrileño rico, encantador y católico, pero de idiosincrasia autoritaria y temperamental, y que temporalmente cursaba estudios navales, en Cádiz, la cuidad de mi madre. Tras poco tiempo de relación rogó a mi madre poder conocer a mi abuelo y pedirla en matrimonio. El encanto de mi joven padre era proverbial. Su aparente educación y cortesía, su acento castellano tan bien pronunciado unido todo a sus antecedentes militares, que tanto valoraba mi abuelo, le embelesó de tal manera que, casi de inmediato, aprobó, irreflexivamente quizá, su matrimonio con mi madre.

Mi joven madre dejó a su familia en el sur de España. Se marchó ilusionada con su porvenir, con el entusiasmo y la expectativa de embarcarse en una nueva vida repleta de desafíos y aventuras. Ignoraba que el destino le tenía reservada una historia vital muy distinta. Como ella misma me reveló años más tarde, su penitencia, su condena a 28 años de prisión, comenzó la misma noche de bodas.

A pesar de la miseria de su matrimonio, cuando mi madre me enseñaba, con su afán y dedicación propio, algunos pasos de baile flamenco o tocaba las castañuelas conmigo, yo, aún muy pequeña, ya percibía un destello de luz en ella. Mis brazos se alzaban con arte en el aire y mis gestos faciales se volvían tan serios y seguros como las de una genuina bailaora flamenca. Bailaba y miraba a mi madre buscando su dulce sonrisa mientras ella me observaba, olvidando fugazmente las inquietudes y pesadumbres de su mundo.

Mi madre adoraba los animales, en especial los reptiles. Sentía un gran afecto y compasión por todos ellos. Astutos ratoncillos, sigilosas arañas, lagartos ocelados, mantis caníbales y solitarias, camaleones tornasolados o livianas mariposas... A mí me aterrorizaban la mayoría de aquellos pequeños animalillos, pero ella se esforzaba en disipar mis pequeños temores infundados. Yo apreciaba, embelesada, la delicadeza con que ella les cuidaba y hablaba, a pesar del pavor que despertaban en mí.

Desde que tuve uso de razón siempre he admirado a mi madre, especialmente por su increíble fortaleza para soportar las dificultades que afligían nuestras vidas. Admiraba y me impresionaba su enorme capacidad de estudio y aprendizaje, su pasión por la literatura, la filosofía y la historia, asignaturas en las que yo me esforzaba mucho por comprender y memorizar y con las que tenía enormes dificultades. La escuela no fue fácil para mí. El reto de lograr comunicarme por escrito y oralmente, junto a mi temor a cometer errores y al ridículo, hizo que mis años escolares fueran estresantes. Mi madre me aseguraba que ella no era buena en matemáticas ni ciencias, pero no recuerdo ningún momento en el que no lograra responder a mis interminables dudas y preguntas escolares en todas las asignaturas. Con frecuencia me ayudaba —también a mis hermanos— con mis deberes y trabajos escolares e incluso escribía algunas de nuestras redacciones cuidándose de darles un pequeño toque infantil para que parecieran nuestras. Guardo la anécdota del día en que le pedí explicarme el significado de Purita Campos, unas palabras que había leído varias veces en los libros infantiles. «Almudena, Purita Campos es el nombre de la artista autora de los dibujos del libro», dijo, mirándome con paciencia y expresión curiosa y seria. Sabía que había hecho una pregunta obvia y quizás un poco tonta —para ella, pero no tanto para mí— y se tomó su tiempo para explicármelo. Es una de aquellas pequeñas anécdotas que, sin saber por qué, se te quedan grabadas de por vida; nunca olvidaré aquel día.

Mi madre y yo nos ocupábamos de las tareas y responsabilidades domésticas. Yo insistía en cocinar en un fogón que sobrepasaba mi pequeña estatura y subía a un taburete para poder estar a su lado, y ayudarla a cocinar. A menudo se ensimismaba en su tristeza, pero, a pesar de ello, siempre estaba dispuesta y presente para sus hijos, siempre buscando y encontrando la manera de proporcionarnos lo realmente necesario, asegurándose, a pesar de sus dificultades económicas, de que tuviéramos nuestros regalos de Navidad o de cumpleaños. De alguna forma lograba encontrar la manera de crear momentos especiales.

Cuando mi padre no estaba en casa, a veces le pedía a mi madre que me dibujara perfiles de rostros de mujeres y siempre lo hacía.

Se sentaba tranquilamente a mi lado, completamente concentrada en el lápiz y el papel, perfeccionando su dibujo sin interrupciones ni distracciones. Esos breves momentos eran sagrados para mí, para nosotras, y me inspiraban una paz infinita. Desarrollé una gran sensibilidad hacia mi madre. Crecí observando y descifrando sus expresiones faciales, identificando sus momentos de sufrimiento y buscando maneras de conseguir que se sintiera orgullosa de mí. No sonreía con frecuencia, pero cuando lo hacía, yo sentía que el mundo era perfecto.

A pesar de que me quería, nunca lo expresaba. No recuerdo ni un beso ni un abrazo. Sus expresiones de afecto eran palabras de protección: «vete a tu cuarto» en el fondo encerraba el significado de «cállate, no te rebeles, vete y aléjate de los problemas». Sus acciones eran más elocuentes que sus palabras y yo intuía sus pensamientos y sentimientos. Temía por la seguridad y el bienestar de sus hijos. Yo no quería separarme de ella ni un segundo. La esperaba junto a la puerta cuando entraba al baño, y constantemente le preguntaba si algún día sería tan guapa como ella. Quería ser ella.

Viví mi infancia sin querer a mi padre. Admiraba sus habilidades, sobre todo como ingeniero. Podía arreglar una gran variedad de problemas mecánicos, hablaba varios idiomas y era un gran jugador de ajedrez. Poco más recuerdo de su inteligencia.

Por motivos de trabajo, cuando lo hacía, viajaba por todo el mundo. Le encantaban los Estados Unidos y, en ocasiones, nos preparaba un desayuno americano a base de huevos revueltos y pan con mucha mantequilla. A mí no me gustaba. Por las mañanas lo único que me apetecía era una taza de leche con Cola Cao y un trozo de pan tostado y empapado en aceite de oliva virgen extra típico de Andalucía. Pero en aquellas mañanas impredecibles en que él preparaba los desayunos, aquello tan sabroso y sencillo era pedir demasiado. Con vehemencia nos obligaba a tomar su desayuno americano, normalmente los fines de semana y durante el verano, que era cuando teníamos que soportar y experimentar sus caprichos y locuras excéntricas. Si comíamos despacio, cogía con fuerza siempre a mi hermano Chino y, para demostrar su autoridad, asustarnos y forzarnos a comer, le presionaba la cara dentro del plato. Recuerdo como la comida le chorreaba por la cara y las gafas. Recuerdo cuánto me asustaba aquello. Sentía pena por mi hermano y odio hacia mi padre.

Mis hermanos quizás lo tuvieron más difícil que yo. Mi padre no me pegó hasta que fui adolescente, pero mis hermanos fueron víctimas de su violencia ya desde muy pequeños. El lejano eco con la voz agresiva de mi padre ordenando a mi hermano: «Chino, quítate las gafas», aún resuenan en mi corazón con profundo dolor. Chino, era un niño alegre y muy travieso, el blanco perfecto para el humor inestable de mi padre. En cuanto mi padre lo llamaba, él acudía obediente, quitándose las gafas tan rápido como podía para que mi padre pudiera abofetearle con facilidad. Le golpeaba sin piedad una, dos, varias veces. A su antojo y según su voluble estado de ánimo. Con rabia. Yo, mientras, cerraba los ojos y sentía un dolor horrible dentro de mi alma. Chino se recomponía, volvía a ponerse las gafas y corría a jugar nuevamente como si nada hubiese ocurrido. Fuerte y desafiante, a menudo en voz baja, susurraba «Tú me pegas, pero yo sigo». Nunca le vi llorar, siempre estaba jugando, siempre absorto en la fantasía de nuestro pequeño mundo infantil. En una ocasión mi padre le pegó tanto y tan fuerte que fue al colegio con una oreja dolorida y llamativos moratones por toda su cara. Memel, mi otro hermano, años después me contó que el lloró por Chino durante esa noche. Yo nunca vi a mis hermanos llorar, quejarse ni desmoronarse. Sólo sentía mi propio dolor y una terrible incomprensión por la violencia, gratuita e injusta, que mi familia tenía la desdicha de soportar. ¿Qué había hecho Chino para merecer semejante trato? Yo suspiraba porque aprendiera a ser un niño tranquilo y obediente, pero nunca lo hizo. Su determinación de ser un niño inquieto y juguetón fue mucho más fuerte que los tortazos de mi padre. ¿Cómo podría yo no querer a mis hermanos? El vínculo a través del sufrimiento es indestructible.

Pasaba el tiempo y nada cambiaba. Con cada nuevo episodio humillante y vejatorio en el que, una y otra vez, me sentía agraviada y zaherida, mi corazón se desgarraba un poquito más. ¿Se rompería del todo alguna vez? Cada vez le veía menos como padre y más como una figura perversa que dejaba terribles marcas indelebles y pensamientos oscuros en nuestra familia. Sin embargo, desde la iniquidad y la desesperación, surgían voces internas que reclamaban rebeldía y justicia. Mi mundo interior, exhausto e incapaz de afrontar mi día a día, ardía. Como magma en las entrañas de la tierra.

Las contadas ocasiones en las que mi padre estaba alegre y de buen humor suponían pequeños destellos de esperanza para la familia. Lamentablemente no duraban mucho. Sin previo aviso y sin razón aparente, mi padre daba marcha atrás en cuestión de segundos; súbitamente, su estado de ánimo cambiaba de un entusiasmo extremo por algo banal a un enfado agrio y vehemente. Mis hermanos y yo susurrábamos en voz baja, casi inaudible. Nos asegurábamos de que no pudiera oírnos ni siquiera ver cómo movíamos los labios: «Papá está de mal humor». La ira de mi padre era peligrosa, reactiva, incontrolada e imprevisible. Nos aterraba. De un modo egoísta utilizaba su cólera para satisfacer sus propias necesidades y caprichos.

Mi padre desplegaba y exhibía todo un arsenal de rasgos y atributos que camuflaban su verdadera identidad y temperamento. Atractivo e intrépido, divertido y encantador, hacía gala de un talante cautivador. Pero su fachada no reflejaba su verdadero fondo. Una especie de máscara social, una falsa apariencia con la que embaucar a la gente de su alrededor y ganar su confianza. Bajo lo aparente, ocultaba una personalidad manipuladora y corrupta. Fuera de nuestro hogar dominaba el don de la palabra y mostraba dotes de liderazgo, de puertas adentro, sin embargo, era cruel y desalmado. Sin muestras de pudor nos contaba historias de su primera juventud. Tenía trece años, vivía en Francia, en un internado, y disponía dinero suficiente como para contratar prostitutas. Como tantas otras historias que habitualmente nos contaba sobre sus viajes y aventuras con mujeres de todo el mundo, ignoro si estas patrañas eran ciertas o producto de su soberbia e imaginación, pero el hecho de que fanfarroneara de una vida así delante de su mujer y sus hijos era muy inquietante. Como una vez acertó a decir mi hermano Memel: Nuestro padre oscilaba entre ser «nuestra estrella de rock o un ogro perverso».

A la gente, ajena a nuestra familia, le resultaba divertida la actitud y forma de ser de mi padre; se reían con sus ocurrencias, incluso de sus comentarios ofensivos, degradantes e irrespetuosos hacia las mujeres. Yo nunca le encontré gracia ni sentido alguno a todo aquello. En casa, aprendí a guardar silencio a pesar de tantas ganas por gritarle al mundo que mi vida no estaba bien; mi padre no estaba bien; mi familia no estaba bien; que nuestras sonrisas eran puro teatro fingido; y que toda la familia sentía aversión hacia mi padre. Que yo le odiaba. A veces soñaba, despierta, con su muerte. Me preguntaba si su consumo excesivo de tabaco y alcohol nos libraría pronto de él. Mi pavor era real pero mi imaginación —mi tabla de salvación— vagaba libre e intrépida. Mi sonrisa, mis besos solo eran un trámite de buena hija, sin cariño, espontaneidad ni intención. Deseo —ojalá pudiera— borrar de mi memoria el rastro de aquellos besos, el tacto de su mejilla, el olor penetrante de su aftershave. Mi madre —íntegra y sincera— era muy fuerte y jamás flaqueó a ninguna exigencia que la obligara a fingir aprecio; pagando las consecuencias por expresar su desdicha. Apenas lográbamos disimular nuestro terrible pavor bajo la mueca de nuestra forzada sonrisa, la cual el exigía.

Cada uno de nosotros construyó su propio rol, su parapeto defensivo, su escudo personal. Chino, era el más simpático y divertido; Memel sobresaliente en los estudios, fuerte y casi perfecto y yo la hija sumisa y laboriosa, sensible y frágil. Mi madre, mis hermanos y yo nunca hablábamos de nuestros miedos y sentimientos. Asumíamos que el temperamento de mi padre, y la forma en que vivíamos, era nuestra cierta e irremediable realidad por lo que expresar opiniones desfavorables sobre él o nuestras emociones negativas de alguna forma significaba atraer más miseria para toda la familia. Hicimos de la situación y de la queja una especie de tabú innombrable. Vivíamos con sentimientos y pensamientos reprimidos y disimulados bajo una máscara de normalidad. El esfuerzo por silenciar mi ira, mis pensamientos y mi tristeza me generaba una rabia cada vez mayor, cada vez más incontenible. ¿Reuniría alguna vez el arrojo suficiente para deshacer esta mascarada y descubrir la verdad que se escondía tras ella?

CAPÍTULO 3

Convertirme en lo que odio

"Las niñas son las futuras madres de nuestra sociedad, y es importante que nos centremos en su bienestar." – Miriam Makeba

LOS RECUERDOS MÁS BONITOS y entrañables de mi infancia son, sin duda, el nacimiento de mis dos hermanas. Pensé que eran un regalo de mi madre para mí. Tenía siete años cuando Ana vino al mundo. Ese día lo tome con delicadeza. Entre mis brazos y sentada en la única silla en la habitación, la abrace con ternura. «Gracias mamá», murmuré varias veces agradecida. Mi felicidad era inmensa. Me parecía como si una de mis muñecas se hubiese convertido en humana; enseguida la quise. Al mirar su carita, pensé que era mía y que nunca la compartiría. Así es como recuerdo el nacimiento de Ana, el primer amor de mi vida.

Un año después nació Carmen, la chiquitaja de la familia. Con el mismo cariño y suavidad que el año anterior con Ana, la abracé delicadamente contra mi pecho infantil. Apretada contra mi corazón quedamos fundidas ya para siempre.

Con la llegada de mis hermanas a nuestra familia, la vida me ofreció un propósito. Desde el primer momento me convertí en una protectora y cuidadora. Mi madre me dejaba bañarlas y darles de comer. Pasé parte de mi infancia como una pequeña mamá responsable, vigilante y hacendosa. Creo que nunca comprendí del todo que no eran mis posesiones ni mis propios bebés. Con la candidez de una niña, las cuidaba con entrega y esmero, de la misma forma que lo hacía con mis muñecas más queridas.

Tengo un recuerdo pequeño pero muy vivaz de mi madre saliendo de casa y dejándome a cargo de la pequeña Ana, pero bajo la supervisión de una chica joven del barrio que, a veces, se ofrecía a ayudar a mi madre con la casa. La chica sin pensárselo dos veces me quito a Ana de mis brazos y decidió darle un baño. En ese momento me asaltó un arrebato de furia y le grité como si me hubiese transformado en un pequeño monstruo. Lloré enfadada y desconsolada, y como poseída por el demonio la insulté con maldad, con deseaos de pegarla, hasta que mi madre volvió a casa. Recuerdo este episodio como un suceso terriblemente perturbador porque perdí el control de mi responsabilidad más sagrada y asumida por mí misma: el cuidado de mi hermana.

En cuanto mamá llegó a casa cesé inmediatamente de llorar y me recompuse como pude. Con lágrimas en la cara, y pelo cubriendo mis mejillas mojadas, mirando al suelo con respiración profunda y voz delicada, le dije a mi madre que la chica me quito y baño a Ana. Enseguida comprendió la situación, lo difícil que había sido para mí. Sin pedir más explicaciones, le dijo a la joven que no volviera a tocar al bebé y que Ana quedaba a mi exclusivo cargo y no al suyo. Ahora imagino que, quizás, entre ellas se entendieron, sintiendo una complicidad compasiva hacia mí. Mi madre confiaba en mí y me sentí orgullosamente comprendida y fortalecida. A mi entender, nadie podía hacer el trabajo tan bien como yo. En mi ingenuidad infantil no llegaba a ser consciente de que yo misma no era más que una niña. Tenía siete años y un gran sentido de la responsabilidad. Pero, al igual que mi padre, por primera vez quizás en mi vida expresé rabia y soberbia descontrolada. Y ese descubrimiento me sorprendió. Rece para pedir perdón, pero mi coraje seguía creciendo.

Mi padre era incapaz de conservar por no más de unos meses sus trabajos y amigos por lo que mi madre, mis cuatro hermanos y yo pasamos la mayor parte de nuestra infancia mudándonos de casa y de ciudad. Trabajó unos años para 'Sea-Land', una empresa estadounidense con sede en el puerto de Algeciras, al sur de España. Allí vivíamos y allí nacieron mis hermanas pequeñas. En aquella época a menudo mi padre viajaba a Oakland, California, para resolver problemas de ingeniería naval. Y en ocasiones nos visitaban ingenieros de allí, compañeros de mi padre, que se quedaban por días e incluso meses en nuestra casa. Aquellos hombres extranjeros me parecían muy altos y grandes, pero me resultaban agradables. Nunca entendí nada de lo que decían, pero me gustaba el sonido aterciopelado de sus voces pausadas y lentas. Mis hermanos y yo nos reíamos sin disimulo, pero parecían tener un sólido sentido del humor y mucha paciencia para tratar con niños. Parecía interesarles más nuestros juegos y pequeñas conversaciones infantiles que pasar el rato bebiendo y golfeando con mi padre. En mi fantasía infantil me resultaban hombres con propósitos más espirituales que los trabajos mundanos de resolver problemas prácticos de ingeniería que hacían. Recuerdo sobre todo a Nick, un joven y apuesto ingeniero. Lo recuerdo increíblemente guapo; como si hubiese salido directamente de una de esas películas clásicas de Hollywood. Fantaseaba con la idea de que se llevara a mi madre, con todos nosotros, lejos de mi padre. Como me hubiese gustado tener un padre como él. Por su parte, mis hermanos gemelos conectaron con Ron, otro ingeniero que se alojaba con frecuencia en nuestra casa. Como resultado de esta amistad, mis hermanos acabaron en Oakland, aún adolescentes y después de que mi padre insistiese en que se buscasen sus propias vidas en los Estados Unidos. Ron apreciaba a mis hermanos y por años intento influenciar el temperamento soberbio de mi padre con sus grandes creencias religiosas. Nunca lo consiguió.

Durante la época en que mi padre trabajó para 'Sea-Land' aparentemente disfrutamos de una cierta solvencia económica y de casas grandes y bonitas. Solo aparentemente pues la realidad era bien distinta ya que mi padre, que controlaba todos los ingresos —también el sueldo de profesora de mi madre— malgastaba hasta el último céntimo del presupuesto familiar en fiestas, amigos, amantes y prostitutas. Tras esa fachada de abundancia se ocultaban y sufríamos serios y angustiosos apuros económicos.

Villa Coca era una de aquellas casas espectaculares que habitamos durante un tiempo. Una gran villa antigua de estilo mediterráneo y con acceso a varias hectáreas en propiedad. Habitaciones espaciosas, con grandes ventanales y puertas correderas, dormitorios con interfonos directos a la cocina. Teníamos un brioso y esbelto caballo andaluz de un precioso pelaje blanco y un mandril, que mi padre trajo de sus viajes a África, enjaulado. Teníamos también un monito, juguetón y revoltoso, dando vueltas libremente por toda la casa. Un montón de serpientes reptaban por el jardín y siseaban en primavera, cuando despertaban de su letargo invernal. Por lo que nos contaron los vecinos, el anterior dueño de la vivienda coleccionaba serpientes y tras sufrir la mordedura venenosa de una de ellas, las liberó a todas por los alrededores de la casa. Esta historia, real o no, me aterrorizaba.

Le llamábamos Charlie y siempre recordaré el semblante de enfado, amargura y resignación de aquel mandril injustamente enjaulado. Se portaba agresivo con nosotros, a lo que yo respondía insultándole y sacándole la lengua con ademanes de burla. Ahora me entristece mi actitud de entonces y mi escasa comprensión de su triste condición de encarcelamiento. Mi madre, tan amante y defensora de los animales, sufrió en silencio aquella situación tan cruel.

En una ocasión, mientras paseaba distraída por el patio trasero de la casa con Carmen en mis brazos, Charlie alcanzó, desde su jaula metálica, a agarrarme del pelo tirando con furia varias veces y sacudiéndome con rabia. Gritando de terror conseguí zafarme mientras que aguantaba con fuerzas a mi pequeña Carmen. Corrí hacia la cocina, buscando la ayuda de mi madre. Comprendí su penitencia y su arrebato de venganza contra la injusticia de su prisión y mis grotescas burlas hacia él. Me lo merecía. Un rescoldo de culpa y remordimiento se quedó conmigo para siempre. Lo siento, Charlie.

En otro giro de nuestra vida, nos mudamos a El Escorpión, otra villa preciosa y más nueva que la anterior. En el gran patio trasero, más cuidado que el asilvestrado jardín de Villa Coca, había una piscina y la estatua de una mujer desnuda sosteniendo una cántara de agua sobre su hombro derecho. Me encantaba la imagen de aquella mujer, hermosa pero triste, sosteniendo un gran peso sobre sí misma. La imagen pétrea de mí madre, fabulaba yo.

En aquel precioso jardín, con asiduidad, mi padre celebraba fiestas tras fiestas con sus amigos y en cierta ocasión ofreció alberge durante unos meses a una pequeña comuna de hippies. No eran mala gente. A mí me caían muy bien. Tocaban la guitarra y fumaban hachís marroquí. Pronto me acostumbré a aquel olor penetrante y aromático. Me enseñaron a cantar algunas canciones. Por la noche yo quería quedarme un rato con aquellos hippies, pero mi madre me mandaba temprano a la cama, con mis hermanas pequeñas. Ya en mi habitación, abrazaba con fuerza a Carmen y me dormía mientras escuchaba el vibrante sonido de las guitarras a través de mi ventana. Ana, muy independiente ya desde pequeña, siempre dormía en su propia cama, junto a la nuestra.

En ocasiones, mi padre actuaba con un cinismo que amenazaba el equilibrio mental de todos en la familia. Sin pudor ni recato alguno, llegó a traer a casa —a nuestro propio hogar— a su nueva y joven amante: una adolescente a la que matriculo en el instituto de nuestro pueblo, hija de amigos suyos. La convirtió en una especie de reina de la casa. Nadie allí se atrevía a cuestionar tan incómoda y denigrante situación familiar. Temor, resignación, e injusticia. Su insolencia llegaba al extremo de cogerme de la mano con lo que parecía ternura de padre, para llevarme a la habitación donde su amante se instaló como privilegiada de la casa, y me obligaba a darle besos de buenas noches. Me quedaba a oscuras, de pie junto a la cama, observando pávida e incrédula cómo mi padre se acostaba junto a ella. Como la besaba y la quería. Los odiaba. Ni entonces, con la inocencia de una niña, ni ahora, ya adulta, puedo encontrar un sentido a aquella situación. Casi puedo escuchar sus risa y voces, atormentándome.

Por las mañanas mi padre y su joven amante me llevaban al colegio en coche. Mi padre jamás asumió responsabilidades en casa, como llevarnos al colegio, pero por ella lo hacía todo. Durante el trayecto se burlaban de mí. Ella me llamaba «mosquita muerta», palabras que todavía hieren lo más profundo de mi ser, y a mi padre le resultaba gracioso y se mofaba de ello. Se reían de mí, me humillaban y avergonzaban. Su risita de niñata tonta me enfurecía. Era estúpida y creída, y mi padre la adoraba. Era un suplicio doloroso sentarme allí, en el asiento trasero del coche y escucharlos durante todo el recorrido. Yo, impotente y contenida, guardaba silencio mientras iba acumulando rencor y odio hacia ellos en lo más profundo de mi ser, construyendo en mi interior la certeza de que algún día encontraría la manera de hacerles sufrir, de hacer realidad mi propia y justa venganza.

Los días se me hacían interminables, repetitivos y asfixiantes, hasta la mañana que encontré a mi madre, taciturna e inexpresiva, saliendo decididamente de casa con mis hermanas menores del brazo. Sólo recuerdo el silencio, tenso e insoportable, de aquella mañana. Sin palabras ni explicaciones, se fueron las tres. Mi vida parecía haber llegado a su final. No podía entender el por qué no me llevaban con ellas. Aterrorizada lloré todo el día, caminando de habitación en habitación, buscando una explicación, una salida mental, a mis angustias y emociones, que no encontraba o, quizá, no existía. La casa parecía enorme e insufriblemente vacía. Con mi madre y mis pequeñajas, a las que le dedicaba mi vida, yo podía soportar las inclemencias crueles de nuestra vida, pero sin ellas yo no era nadie. Recuerdo la tristeza en las caras de mis hermanos, nunca había visto a Chino derrumbado como lo vi aquel día. Sus travesuras y sonrisa desaparecieron al igual que mi deseo por vivir. Antes de ejecutar definitivamente cualquier plan de fuga, aterrorizada con la entrada la noche, mi madre volvió. La noche perdió su oscuridad.

No me atreví a preguntar —quizá no quería saber— qué ocurrió exactamente ese día. Tenía miedo a revivir algún suceso terrible que la hiciera marcharse de nuevo. Aunque mi madre ya había sufrido momentos duros con mi padre, su determinación de abandonar el hogar aquel día dejando a tras a mí y a mis hermanos, me hacía pensar que esta vez mi padre cruzo el límite. Quizás le habría causado un daño inmenso. De lo contrario, mi madre nunca nos abandonaría. Estos pensamientos me consumían.

Años después mi madre me explicó que fue a buscar ayuda a la familia y que mi padre no la dejo que mis hermanos y yo fuéramos con ella. No encontró, sin embargo, el amparo y apoyo que buscaba. Tal era el terror que las personas del entorno de mi madre sentían por la violencia incontrolable de mi padre, que nadie le ayudo. «Vuelve con él, que es tu marido», fueron las únicas palabras de ayuda. Tampoco existía, en aquella época postfranquista, un sistema de protección a la mujer víctima de violencia de género. Mi madre estaba sola.

En España, en aquellos años, Ana Orantes, una mujer de hermosa alma y valiente, había sido quemada viva a manos de su marido tras 40 años de maltrato físico y psicológico, y después de que ella contara su historia en televisión pidiendo protección para ella y sus hijos. Esto propició la redacción y aprobación en el año 2004 de la primera Ley de Medidas de Protección Integral contra la Violencia de Género. Supuso una ley, pionera en Europa, que obligaba a los poderes públicos a proteger por distintos mecanismos a las mujeres contra la violencia machista. Las mujeres que sufrían condiciones similares a las de mi madre estaban aterrorizadas, completamente solas, sin apoyo del gobierno ni de la sociedad. Si finalmente mi madre hubiese tenido el arrojo y la valentía de separarse de mi padre, habría tenido que entregar a sus hijos a su marido. Habríamos crecido injustamente sin madre y nuestras biografías habrían sido muy distintas. Mi madre se encontraba en un callejón sin salida pues no encontraba protección en el seno de su familia ni fuera de ella. Ni familiares lo suficientemente locos como para llevarse a mi madre y a sus cinco hijos en contra de la voluntad de mi padre, ni en una ley que la protegiera. Tampoco existían por entonces ningún tipo de casas de acogida para mujeres maltratadas. Lo único que me importaba ese día era la vuelta de mi madre. Con ella podíamos soportar lo insoportable.

Las ocurrencias grotescas de mi padre no cesaban. En cierta ocasión invitó a un vagabundo a vivir con nosotros por un tiempo. Lo alojó en el garaje y le otorgó el título de «el cocinero vagabundo». Era simpático, bastante delgado y amable, pero también desaliñado y maloliente. Según recuerdo, tenía la sífilis; significado que no entendía a esa edad. Con curiosidad y un poco de pena, lo visitaba con frecuencia y lo observaba cocinar en la pequeña cocina sencilla y rudimentaria que el mismo se había construido. Su tostada matutina con mantequilla cocinada en el fogón aún hoy es mi desayuno favorito y su sabor me recuerda su dulce bondad. Sus ojos eran tristes pero su sonrisa tierna. De vez en cuando preparo esas tostadas a mis hijos, siempre con nostalgia y compasión por «el cocinero vagabundo». De alguna forma muy natural y espontánea aquel vagabundo errante me proporcionaba paz y felicidad. Un día mi padre nos encontró en el garaje charlando y, sin motivo alguno, le dijo al vagabundo que yo era «tonta». Llorando salí del garaje y corrí, furiosa y avergonzada, hacia la casa; imaginando que mi amigo el vagabundo pensaría que de verdad era tonta. Ningún otro insulto podría herirme tanto. Encontré a mi madre en la cocina y me senté junto a la encimera a hacer mis deberes escolares. No me concentraba. En mi mente sólo rondaba la palabra «tonta». Más tarde apareció mi padre junto a un vecino que nos visitaba con frecuencia. Su fiel compañero de jaranas y copas se rio, ebrio y a carcajadas, cuando mi padre le explicó que mi enfado se debía a que, momentos antes, me había llamado tonta. Aquel hombre no me caía del todo mal, pero sus risotadas derramaron sal en mi herida abierta. En un arrebato de furia me giré y clavé mi lápiz en su hombro, dejando la punta de grafito partida dentro de su piel. Estaban demasiado borrachos para reaccionar o siquiera preocuparse. Miré a mi madre que observada la escena a la espera de la imprevisible reacción de mi padre. Enfrascados en sus delirios de borrachos salieron de casa, sin más.

Ciertos sucesos permanecen grabados a fuego en mi memoria, no tanto por sus detalles objetivos, sino por las emociones que los envuelven. Recuerdo vívidamente un día en que mis hermanos, en sus juegos y travesuras infantiles, treparon al tejado de nuestra casa. Cuando mi padre les sorprendió, el castigo que les impuso fue tan severo, desproporcionado y cruel, que pasé toda la noche sumida en una profunda compasión por ellos.

Recuerdo a mis hermanos de pie, uno al lado del otro, la espalda recta y brazos pegados al cuerpo, como en pose militar, soportando con actitud estoica las bofetadas de mi padre hasta que alguno de ellos cedía y asumía la culpa. A menudo, como castigo por alguna nimiedad. Memel, valiente y solidario, casi siempre sumía la culpa, a veces a pesar de su inocencia. Mis hermanos y yo, como niños inquietos que éramos, nos peleábamos con frecuencia, aunque, en el fondo, había complicidad y mucho amor entre nosotros. Mis hermanos siempre fueron buenos conmigo. Memel imitaba muy bien al gran Elvis Presley. Le encantaba hacerlo y además tenía el aspecto perfecto, guapo y afilado de Elvis. Chino era el más creativo y divertido que yo podría haber soñado tener como hermano. Inventaba juegos con el objetivo de hacernos creer que vivíamos vidas diferentes. Inventó el juego —mi favorito— de 'El gato y la niña'. Él fingía ser un arisco y receloso gato extraviado y yo interpretaba el personaje de una niña que tenía que conquistar su confianza para convertirlo en mi mascota.

Tiempo después, una mañana, mi padre, malhumorado, nos comunicó su firme decisión de enviarnos a los cuatro hermanos a Campano (a todos menos a Carmen); un internado católico de verano que localizó a través de sus compañeros de copas. Argumentaba que mis hermanos iban a la deriva y que no merecíamos vivir con nuestra madre. Cargaba sobre nuestras espaldas la culpa y la causa de la infelicidad de su esposa. Ana, con tan solo tres añitos y muy traviesa, sólo aguantó tres días. No tomaría un solo bocado de comida hasta que su madre la recogiera. Y funcionó. Mis hermanos y yo pasamos el verano en diferentes unidades dentro del internado; mis hermanos con los chicos y los curas y yo con las chicas y las monjas. Sufrí la novatada durante la primera noche. Las compañeras vinieron a mi cama, me cubrieron de pasta de dientes y amenazaron con volver cuando me quedara dormida. Yo, muy joven, tímida y asustada, ni protesté ni me defendí. Cada noche me dormía, entre lágrimas y congoja, añorando a mi madre y rezando a Dios para que las chicas no me molestasen más. Noche tras noche pasaban y las chicas no volvían, pero mi inquietud no cesaba. Todas las mañanas se duchaban juntas, desnudas, alegres, gastando bromas y divirtiéndose. Yo no participaba, ni las miraba o dirigía palabra. Mi único contacto con el agua era durante los días que teníamos actividades en la piscina. Aquello empeoró las cosas porque comenzaron a llamarme cochina porque nunca me veían en la ducha. Llegué a odiar los días de piscina. Además de levantarme de madrugada para meterme en una piscina con el agua fría, no conseguía controlar mi respiración durante las prácticas de natación o bajo el agua. Lo pase muy mal, y acabe tragando más agua con cloro que agua natural.

Las chicas de mi unidad parecían estar integradas en la residencia y muy compenetradas entre ellas. Yo me sentía marginada. El patito feo, sucia y demasiado flaca para estar a la altura de las chicas 'guays'. Me tenían asustada. Guardaba silencio intentando pasar desapercibida y que nadie reparara en mí. Así aprendí a sobrevivir en casa y así lo hice en el campamento. Mis únicas conversaciones las mantenía con las monjas, y sólo para hablar de Dios o de religión. Una de ellas, Sor Eugenia, era la encargada de imponer obediencia y disciplina en la residencia. A gritos conseguía hacer llorar a algunas de las chicas a la vez que les asignaba trabajos extra, como limpiar o rezar. A pesar de su dureza nunca me molestó. Quizá se había percatado de mi soledad y nunca me quitaba ojo de encima. Un día le revelé mi intención futura de ser monja. Con lo que creo que la conquiste.

Pasó aquel verano y cuando mi madre llegó con mis hermanos a sacarme de allí, me encontró muy morena, delgada en exceso, extremadamente sucia y al borde de la depresión. Le dediqué una sonrisa y murmuré cabizbaja: «Lo siento, mamá, no me he duchado en todo el tiempo». Mis hermanos se burlaron de mí —habitual entre hermanos— y todos nos reímos con desenfado. Atrás quedaba aquella terrible experiencia.

Nuestros días habitando en El Escorpión llegaban a su fin. Mi padre llevó al extremo su adicción al juego y, en una de sus borracheras, apostó y perdió nuestra vivienda. Yo tenía unos diez años y, aunque me encantaba aquella casa, en el fondo me alegré de dejar atrás El Escorpión con todos sus recuerdos dentro. De pasar página. Con esperanza.

La amante de mi padre volvió a Cádiz, donde vivían sus padres, razón por la cual mi padre con prisas y de mal humor nos hizo hacer las maletas, dejando atrás a nuestras amistades y al colegio. Salimos corriendo tras su amante. El viaje fue horrible y muy arriesgado. Mi padre, como siempre, aceleraba el coche con nosotros —los cuatros hermanos mayores— apretujados en los asientos traseros y sin cinturones de seguridad. Mi madre, en el asiento de delante, sujetaba firmemente a Carmen. Yo, asustada por la velocidad y como había hecho otras muchas veces, me senté en el suelo, junto a mis hermanos y, con los ojos cerrados, apoyé la cara en el borde del asiento. Mientras me daban náuseas me tapaba la boca con las manos intentando, sin conseguirlo, retener el vómito que ya resbalaba entre mis manos y aspiraba por la nariz. No recuerdo el resto del viaje, pero mi madre hoy en día todavía lo describe como uno de los peores momentos de su vida. Temía un terrible accidente en que perdiéramos todos la vida. En las corrientes, y terapéuticas, conversaciones con mi madre sobre el transcurso de nuestra infancia, siempre me percato de lo fácil que nos resulta volver a aquellos sucesos y tratarlos como si hubiesen sido normales, aunque todavía conservemos un rescoldo de dolor y rabia en el corazón. Me hace gracia el hecho, esclarecedor y significativo, de que mi madre siempre termine sus historias con la palabra «cabrón». De alguna forma —muy humana— resarce un antiguo dolor.

Ya en Cádiz, mi padre por fin se encontró con su querida amante. Todo parecía volver a la normalidad hasta el día que mi padre la encontró en la cama disfrutando de uno de sus amigos, en un apartamento que parece ser mi padre se lo había conseguido. Las cosas en casa eran claras como el agua, y el nunca oculto su adoración por aquella niñata.

Me alegré mucho de volver a Cádiz porque allí vivía Mili, mi única amiga. Éramos muy distintas, pero inseparables. Nos queríamos y adorábamos desde que éramos muy pequeñinas. Nuestras familias estaban muy unidas. Nuestros padres parecían compartir una energía similar, mientras que nuestras madres sufrían la injusticia que afectaba a las mujeres en aquellos años. En nuestro reencuentro Mili y yo nos contamos todas nuestras confidencias e historias. Mili era la más pequeña de once hermanos y, de alguna manera, pasaba desapercibida, siempre observando las dinámicas internas dentro del círculo familiar. Era alta, de tez muy blanca y pelo negro brillante, suave y voluminoso. Extrovertida y astuta, con un gran sentido del humor, siempre se reía —era todo lo contrario, a mí—. A veces nos enzarzábamos en peleas con otras chicas de su barrio. Mili era fuerte y provocadora, pero yo mostraba más rabia. El tándem perfecto. Me llamaba 'bichito' y yo le bromeaba con que era más larga que un día sin pan. Cuando dormíamos juntas nos tirábamos del pelo en una lucha por el espacio de la pequeña cama. Nos divertía y acabábamos riéndonos y abrazadas. Me cogía de la mano porque me aterraba la oscuridad de la noche.

Yo estudié en un colegio distinto al de Mili. Un colegio católico a poca distancia de nuestro nuevo piso de alquilar en Cádiz. Los episodios iracundos de mi padre cada vez eran más frecuentes. Quizá las cosas no le iban tan bien desde que su joven amante lo había dejado por uno de sus amigos, o quizá yo era mayor y tenía una mejor percepción de la realidad. Me convertí en una experta en leer e interpretar las expresiones faciales de mi madre, de tal forma que lograba actuar con rapidez y, muchas veces, evitar problemas con mi padre. También descubrí y catalogué los patrones que seguía mi padre. Desarrollé mis propias rutinas y estrategias; desde por la mañana hasta primera hora de la tarde me mantenía alejada de él todo lo posible, enfrascada en tareas domésticas. Después buscaba la ocasión propicia para ofrecerle un poco de vino. En cuanto empezaba a beber, sabía que tendríamos unas horas de paz. Cuando estaba un poco bebido mi padre estaba de buen humor y por unos momentos nos hacía sentir una dulce ilusión de familia «normal». Podía ser muy divertido y entretenido pero su carácter imprevisible hacía que siempre estuviésemos alerta. Horas después, mientras seguía bebiendo y se emborrachaba cada vez más, procurábamos mantenernos fuera de su vista. La mayoría de las veces yo me retiraba a mi habitación o salía a pasear por ahí. Siempre pendiente de Ana y Carmen.

Una tarde, sentada junto a Carmen en un parque aledaño a casa, contemplábamos entretenidas a un grupo de jóvenes que jugaban al fútbol cuando el balón se estrelló accidentalmente contra mi cabeza. Me golpeó tan fuerte que caí al suelo y perdí el conocimiento. Cuando desperté me encontré a mi padre dando puñetazos a la cara del joven que había tirado la pelota, responsable del lanzamiento. Debió de ver el incidente desde el balcón de nuestro apartamento, en el que se solía sentar con sus cigarrillos. Lo que más recuerdo es la sangre en la cara de aquel chico y la expresión de violencia en el rostro de mi padre. De mis ojos caían lágrimas que mezclaban dolor, miedo y compasión. Temía por la vida de aquel adolescente. Cuando el miedo se apodero totalmente de mí, rompí a llorar sin cesar hasta que mi padre volvió a mí y me llevó a urgencias. Durante la noche de aquel día lloré y recé por el chico hasta que el sueño me venció. Después de aquel incidente fui caminando al colegio durante el resto del curso, siempre con el temor de aquellos chicos del fútbol me reconocieran y se cobraran su venganza. Nunca lo hicieron. Buenos chicos.

La escuela tampoco me fue bien, tenía doce años y seguía siendo ridículamente pequeña y tímida. Una de las chicas de mi clase se dedicaba a burlarse de mí en cuanto me veía y tenía la oportunidad. El uniforme escolar me quedaba grande y largo, y mis piernas flacas apenas me sujetaban los leotardos. Pero un día estallé. Aquella mañana —yo estaba sentada en primera fila de clase— se me acercó bravucona como siempre, pero esta vez, y antes de que pudiera meterse conmigo, me levanté y en un estallido de rabia incontrolable la agarré con brío del pelo hasta tirarla al suelo. Luego le pegue con todas mis fuerzas. Cuando la monja abrió la puerta, me sorprendió encima de ella, pegándole como una loca. La agarré tan fuerte del pelo que la monjita profesora tuvo problemas para separarnos.

Durante la consiguiente reunión disciplinaria en el colegio mi madre me defendió incondicionalmente. Sus preguntas y argumentos eran demasiado rápidos para que yo pudiera seguirlos y comprenderlos, pero su determinación por defenderme era clara y tajante. Aunque mi madre no conocía al detalle la historia, enseguida entendió que no era culpa mía. Siempre confió ciegamente en mí. Mi castigo consistió en cargar y bajar las basuras de las aulas después de clase. Dolida y como abducida por la iniquidad de mi castigo, opté por esparcir los restos de basura sobre el pavimento de la habitación donde las monjas solían rezar en privado. Nueva reunión disciplinaria de la que salí indemne. Mi madre me defendía a capa y espada. Continué en el colegio hasta que finalizó el curso escolar, pero esta vez, sin que mi acosadora volviera a molestarme. Con el pelo sobre mi cara y la mirada baja, la observaba de reojo y en mi mente la amenazaba con pegarle otra vez.

Valoro con agradecimiento la sólida educación en materia científica que recibí en la escuela católica que regían las hermanas religiosas y maestras. Los conocimientos básicos y fundamentales que adquirí durante aquellos años me fueron de gran ayuda el resto de mi vida educativa. Aún soy capaz de recitar la tabla periódica de los elementos imaginando a la monjita que impartía la asignatura de química de pie frente al aula. Apreciaba sus enseñanzas, pero no estaba de acuerdo con las estrategias que utilizaban para ello basadas en el miedo y, menos aún, con sus prácticas y rutinas extremas de supuesta obligación católica; acudir a la iglesia cada mañana, confesiones constantes y rezos en clase con discursos de adoctrinamiento que ya no se alineaban con mis ideas y creencias. Con el despertar de mi sentido crítico comencé a cuestionar y replantearme la validez y los valores del catolicismo, la única religión que conocía. Ese fue mi último año en una escuela católica.

Con el paso de los días percibía que algo en mi interior estaba cambiando. El resentimiento crecía y se afianzaba con rapidez. Se apoderaba de mi ser. Ahora, a menudo sentía rabia con impulsos de agresividad física. Le tiraba del pelo a mi amiga Mili como reacción a desacuerdos sin importancia. Un día golpeé a mi hermano Memel con un puñetazo en la nariz después de que se burlara de mí porque mi padre me había dicho «que era bonita» en tono sarcástico. Ese día me sorprendí a mí misma pues nunca había pegado a un hermano y no entendía de dónde surgía ese rapto de agresividad. Aunque pasé horas llorando escondida en el baño temiendo su venganza, mi hermano nunca la llevó a cabo. Creo que también él estaba confuso y sorprendido. Le hice enfadar y me sentí fatal pero nunca pedí perdón. Crecimos distantes, parcos en palabras y con escasos «lo siento». No logro recordar una sencilla petición de disculpa por algún suceso acaecido entre las paredes de casa. Notaba que algo dentro de mí me estaba transformando a peor. Yo me resistía y me esforzaba por ser buena. Lo intentaba con afán y perseverancia, pero cuanto más lo deseaba, menos lo conseguía y más sentía que me parecía a mi padre, alejándome de la sensibilidad de mi madre. Mis frecuentes arrebatos de vehemencia y agresividad me hacían pensar que mi odio hacia él se estaba tomando su revancha, poseyéndome, conjurando contra mí y convirtiéndome en una persona irascible y malvada. Mis fervorosas oraciones, mis sacrificios insufribles, mis mejores intenciones y mi comportamiento ejemplar no habían servido para nada. Me convertí en quien odiaba. Dios no me escuchaba. ¿¡Me había abandonado!?

CAPÍTULO 4

Indigna de amor

"Todo el mundo necesita un lugar seguro,
y debería ser su hogar." – Debbie Rowe

TENÍA TRECE AÑOS CUANDO nos mudamos a Chiclana, un precioso pueblo costero de la bahía de Cádiz donde pasé mi adolescencia. Considero a Chiclana mi pueblo natal.

Eran tantas las casas, pueblos y ciudades por las que habíamos pasado y vivido que ya casi no lograba recordarlas todas ni seguirles la pista. Me resultaba especialmente estresante el cambio continuo de colegio. Nuestras vidas eran terriblemente inquietas e impredecibles, sujetas siempre a los vaivenes y deseos caprichosos e inestables de mi padre. Cuando llegamos a Chiclana, mi madre llevaba ya varios años sin encontrar un puesto de profesora, y mi padre, por su parte, no demostraba mucho interés en encontrar un trabajo estable. Sin ingresos económicos regulares asegurados, mi madre tenía serias dificultades para cubrir el sustento básico de nuestra familia: alimentos, ropa, pago de recibos y alquiler de la vivienda.

En nuestra primera casa de alquiler en Chiclana, mi padre me mandaba a hacer la compra en una pequeña tienda que había en una esquina cercana a nuestra casa. El dueño me fiaba la compra bajo el compromiso de que mis padres pasarían más tarde a saldar la deuda. Así comprábamos la comida y, aunque precariamente, conseguíamos llegar hasta final de mes, cuando mi madre reunía de algún modo, a menudo con ayuda de mis abuelas, el dinero suficiente para pagar las facturas. Recuerdo el vozarrón intimidante con que el dueño de la tiendecita me avergonzaba delante de los demás clientes al recordarme, en voz alta, la deuda pendiente. Aun así, condescendientemente, me permitía comprar lo básico —no todo lo apuntado en la lista— para seguir adelante un día más. Me daba muchísima vergüenza.

Ya establecidos en Chiclana, volví a un colegio público de enseñanza laica. Mi situación no mejoro para nada. Ese año escolar se me hizo interminable. Pepa la tomo conmigo. Alta y guapetona, aunque de poco estilo y un poco cateta, decidió hacerme el año insoportable haciéndome sentir una vez más en mi vida como la patita fea. Durante las largas caminatas desde el colegio a mi casa Pepa me seguía con sus amigas y se burlaba de mi aspecto físico. Yo no tenía ni pecho ni cuerpo de mujer; era como un alambre raquítico, con una melena siempre larga y desmelenada que escondía parte de mi cara. La niña de mirada perdida que nunca hablaba, ni siquiera para defenderse. Mis compañeras de clase parecían mujeres ya desarrolladas, y yo en este tema andaba bastante atrasada.

Una mañana, tuve la brillante idea de ponerme un sujetador negro, que le cogí a mi madre sin pedirle permiso. Me lo puse bajo una camiseta blanca simulando tener pecho. Un plan arriesgado del que hoy me siento orgullosa. Por desgracia aquella idea no resultó tan brillante pues solo conseguí, patéticamente, llamar aún más la atención. No hice ninguna amiga en ese año de colegio, así que mis largos paseos y el afrontar todo el curso me resultó un auténtico reto. Por más que lo deseaba no llegaba el momento de convertirme en mujer, de desarrollarme y tener un cuerpo más propio de adolescente. Se burlaban de mí, mientras que yo siempre guardaba silencio. Me faltaba valor para alzar la voz y defenderme. Estaba cansada de todo aquello. Nunca me enfrentaba ni reaccionaba. Ignorando los comentarios de la Pepa, me tragaba amargamente mi rabia.

Mi aspecto físico y mi timidez no fueron lo único que llamaba la atención de manera negativa. Desgraciadamente, a los trece años todavía no sabía pronunciar la erre 'r'. Las pocas veces que hablaba, parecía o extranjera o un poco retrasada. De espabilada tenía poco, pero de retrasada tampoco tenía nada. Antonio Briones, mi maestro de lengua, apreciaba de alguna manera mi timidez y mis luchas internas. Con su guitarra, cantaba canciones en clase, y en su mirada encontraba paz y, de alguna forma, esperanza en mi futuro. Un día, se acercó a mí y me regaló su libro de poesías, *Tiémpano de Espera*, con una dedicatoria firmada en 1983: «Para Almudena, que sabe convertir en sortilegio tres tristes tigres». El recuerdo de Antonio, su mirada y su guitarra vivirán conmigo en mis memorias.

Solo con Mili sentía valor; con ella, la cobardía y la timidez desaparecían. Nunca con palabras, pero sí con agresión. Fuera del colegio, en su barrio o en el mío, en ocasiones nos veíamos envueltas en peleas callejeras incontrolables. Con Mili siempre fui indestructible.

Aquel año mi padre no mantenía un trabajo estable por lo que pasaba gran parte del tiempo en casa. Con tiempo de sobra para sembrar confusión y caos en nuestra vida cotidiana, se aseguraba que mi madre y yo siempre estuviéramos ocupadas en las tareas domésticas. Sin permitirnos descanso alguno, era tan agotador que, cuando mi padre salía de casa, normalmente para ir a tomar una copa, yo aprovechaba para sentarme, siempre cerca de la ventana, vigilando un poco atemorizada, su vuelta. En cuanto le adivinaba a lo lejos rápidamente volvía a mis tediosas labores de casa. La sensación de aquellos días vive en mí, la poca esperanza por un futuro, y el cansancio de la vida que me rodeaba.

En el verano de mis trece años mi padre decidió enviarme unos días a Madrid con el objetivo de visitar a su madre, mi abuela. Viajaría en tren, yo sola, de Cádiz a Madrid. La tendencia violenta de mi padre hacia sus tres hermanos e incluso hacia su propia madre hizo que nos distanciáramos de nuestra familia madrileña. Sólo recordaba a mi abuela paterna de la única ocasión en que nos visitó una vez en el sur. Aquella vez, mi padre llegó al extremo de quemar sus vestidos negros y de corte conservador como castigo, inexplicable e injustificable, por el mero hecho bienintencionado de comprar juguetes para Ana y Carmen. Mi abuela lloró desconsolada y afligida por la inexplicable actitud de su propio hijo. Mi padre la echo y la mandó de vuelta a Madrid.

Como preparación para el viaje, mi madre me puso al día sobre la historia familiar de mi padre. Mi abuelo paterno fue un neurocirujano muy querido y respetado en Madrid. Murió con treinta y tres años de una infección fatal durante la Guerra Civil española dejando mujer y cuatro hijos varones. Mi padre y sus hermanos crecieron en un hogar privilegiado para la época. Disponían del cuidado de una niñera cada uno y acceso a una educación que aprovecharon y los llevó a ser dentista, ginecólogo, físico e ingeniero. Mi madre me aseguró que la familia de mi padre era buena, de estatus alto y bien educada, y que nadie me haría daño. También me contó un episodio que, a su vez, le había relatado la niñera de mi padre. Un suceso bastante inquietante y revelador sobre la peculiar personalidad de mi padre. Con tan solo dos añitos contrajo una terrible enfermedad que le mantuvo durante varios días con fiebre muy alta. No le prestaron la atención ni los cuidados precisos pues, por aquellos días, su padre, mi abuelo, se estaba muriendo. Cuando se recuperó, tras luchar contra la fiebre y la enfermedad durante demasiados días, nunca volvió a ser el mismo. La personalidad y el comportamiento de mi padre podría no ser genético sino consecuencia de aquella enfermedad temprana y desafortunada. Esa era la historia que se contaba.

Aunque aún no había superado mi timidez y no estaba muy entusiasmada con aquella visita a unos familiares prácticamente desconocidos para mí, la información que mi madre me ofreció me ayudó a sentirme un poco mejor y más segura ante mi nueva experiencia. Aunque la verdad es que me fui bastante nerviosa. Nada más llegar, me percaté de que mi marcado acento andaluz desentonaba en aquel lugar y llamaba mucho la atención. A mi familia de Madrid mi acento le resultaba pintoresco y gracioso, pero yo me sentía ridícula e incómoda por lo cual guarde silencio. En los primeros días me alojé en casa de uno de mis tíos. La primera noche mi tía y mi prima, pusieron mi ropa usada y mis viejas zapatillas encima de un armario. Imagino que lo recuerdo todavía porque me llamó la atención que me lo quitaran todo sin consultármelo; quizás con las mejores intenciones, ya que la ropa era de poco gusto para un adolescente. Como era habitual en mí, no protesté ni mostré decepción ni rebelión alguna sino solo una humilde subordinación y obediencia pensando que estaban haciendo lo correcto y mejor para mí. Al siguiente día me llevaron a El Corte Inglés para comprarme unos zapatos nuevos y unos cuantos conjuntos femeninos en colores chillones rosas y fucsias vibrantes. El brillo impecable de mis nuevos zapatos de charol era toda una declaración de intenciones. Todo aquel nuevo vestuario no reflejaba realmente ni mi forma de vestir ni mi personalidad. Y menos todavía a lo que yo estaba acostumbrada. Pero como no tenía acceso a los vaqueros, a las zapatillas y las camisetas con que había llegado, me tuve que fastidiar. Días después volví, a casa de mi abuela.

La criada de mi abuela vestía con uniforme tradicional; delantal, cofia y elegantes guantes blancos. Antes de que me levantara me llevaba el desayuno a la cama; una refinada bandeja de plata con café, tostadas, mantequilla y mermelada de fresa. Aquella chica modesta parecía orgullosa y dichosa con su trabajo. En una España devastada y asolada tras la Guerra Civil, la gente del medio rural tenía suerte si conseguía trabajo en la ciudad. En casa de mi abuela, la criada trabajaba los siete días de la semana, a tiempo completo y con sólo unas horas de descanso los domingos que aprovechaba para visitar la iglesia y oír misa. Me caía bien. Tanto que me pasaba las tardes en su habitación, junto a la cocina, escuchando radionovelas en una radio diminuta con una antena pequeñita. Se pasaba horas planchando la ropa de toda la familia, también las sábanas y los paños de cocina. Observaba lo feliz que parecía sentirse cuando trabajaba. En casa, también yo solía planchar, pero no sentía la felicidad que ella mostraba. Más bien recordaba a mi padre desbaratando mi duro trabajo, cogiendo sus camisas impecablemente planchadas y dobladas y arrugándolas y estrujándolas hasta convertirlas en pequeños manojos de tela desordenada. Una y otra vez me pedía que repitiera mi trabajo de plancha. Nunca le importaba si el trabajo estaba bien o mal hecho. Hiciera lo que hiciera, su misión en la vida parecía ser fastidiar la mía. Ya de mayor, durante mucho tiempo me negué a planchar. Hasta bien entrados mis cincuenta años no hice las paces con la tabla de planchado.

En la casa de mi abuela, la vida familiar y doméstica discurría entre exquisitos modales y un aire de refinamiento y distinción. Las comidas y las cenas eran muy elegantes. La criada preparaba la mesa con un mantel tradicional y estiloso y cubiertos de plata. Mientras comíamos, mi abuela agitaba una campanilla cuando necesitaba los servicios de la asistenta.

Durante mi estancia asistí a una fiesta familiar. Había muchos miembros de la familia desconocidos, y algunos amigos de ellos. Me preguntaban, curiosos e intrigados, si era la hija de José Hilario. Mi padre parecía ser una persona conocida y popular entre aquella gente. Y yo me preguntaba si le tenían verdadero afecto y aprecio o si realmente sabrían la cara oculta que tenía. Nunca había visto ni asistido a una fiesta tan garbosa y distinguida; bandejas de plata con exquisitos entremeses, copas de fino cristal labrado para las bebidas. Era la primera vez que probaba el caviar y la experiencia me volvió loca. Puede que no fuera muy habladora, pero sin duda era una glotona. Como la ocasión requería, me calcé mis flamantes y relucientes zapatos nuevos. Me sentía como la Cenicienta con sus zapatos de cristal y su salón de baile, pero con mi padrino de nacimiento acercándose, en lugar de mi príncipe azul. Alegrándose de volverme a ver, por primera vez desde mi nacimiento, me dio, con la frialdad de quién cumple un mero trámite, el equivalente a unos 50 euros de hoy. Mucho dinero para una adolescente al principio de los años 80. Esa noche volví a casa de mis tíos y, sin ella pedírmelo, le di todo el dinero a mi tía. De alguna manera, sentí que estaba mal quedármelo. Al día siguiente, nuevamente me compró más ropa en El Corte Inglés. Fue doloroso ver cómo mi tía se gastaba mi dinero en prendas que ni me importaba ni jamás me pondría cuando volviera a casa, pero no fui capaz de decirlo y eso arruinó, de alguna forma, aquella experiencia de compra. Duro era también el verla esforzarse tanto por sacarme una palabra o una sonrisa sincera o, al menos, fingida. Lo intentaron.

Mi prima tenía mí misma edad, era muy bonita y vestía con estilo. En su casa se sentía cómoda diciendo lo que pensaba y mostrando, segura de sí misma, sus emociones. Adoraba a su padre y él la adoraba a ella. Esa fue mi percepción. Un día lloró por algo que no recuerdo. Su padre, enternecido, la abrazó con dulzura, diciéndole: «Déjame que te limpie esas lágrimas de cocodrilo». Demostraban cariño el uno hacia el otro. Mi tío, cariñoso y muy bromista, tenía el mismo acento castellano que mi padre y sus expresiones y gestos eran muy parecidos. En cierto modo para mí aquel panorama me resultaba algo turbador e inquietante pues me sentía como si estuviera dentro de una película, observando una versión paralela y diferente de mi padre y de mí misma.

Mi padre no se parecía en nada a ninguno de sus congéneres. Difícil de creer y asumir que fuese miembro de aquella familia, de compartir acervo por tradición y por genética.

Mi estancia veraniega en Madrid acabó y por fin volvía al sur, a mi hogar disfuncional pero feliz e ilusionada por estar nuevamente con mi madre, mis hermanos y mis niñas pequeñas. Mi compañera renacuaja de dormir, Carmen, me recibió con más abrazos y besos de los que pude imaginar. Mi madre era mi tabla de salvación, un cálido refugio donde me sentía segura. La eché de menos todos los días que estuve alejada de ella. Al llegar me dio un abrazo y un besó. Creo que recuerdo aquella muestra de cariño porque, durante mi infancia, sus besos y abrazos fueron escasos. Me reconfortó su amable sonrisa y la belleza de su cara. Pero aquella misma noche la cruda realidad de nuestra situación cotidiana me golpeó de nuevo cuando la encontré en la mesa de la cocina contando el dinero que necesitábamos para comprar la comida de los próximos días. Ojalá hubiera guardado aquel dinero que me regaló mi padrino, pensé. Mi padre no lograba mantener un empleo y gastaba la mayor parte de sus ingresos, cuando lograba trabajar, en sus excesos y desmanes junto a sus amigos y amantes. Me entristecía la terrible desigualdad e injusticia de nuestro mundo; mi madre se merecía una vida confortable y feliz. Me acostumbré a comer en casa de mis amigas y de mi abuela. Mi amiga Ana Mari me cocinaba las patatas fritas más ricas de mundo y mi abuela una pasta con tomate frito que todavía hoy, a mis cincuenta, puedo saborear con solo cerrar los ojos. Me volví comilona y aprendí a no decir nunca que no a una invitación a comer. Me encantaban las fresas y los plátanos, los yogures y las gambas tan ricas de la zona. En casa, tristemente, no nos lo podíamos permitir.

Al cumplir mis catorce años la necesidad hizo que nuevamente nos tuviéramos que mudar a una casa con un alquiler más barato. Villa Lichi estaba situada a medio camino entre el pueblo y la playa, al final de una calle sin asfaltar que conectaba con la carretera principal. Al principio de la calle había una grande y bonita casa donde vivía una familia con cinco hijos adolescentes y con los que rápidamente trabamos amistad. A uno de ellos, de la misma edad que mis hermanos, le llamábamos el Apio por razones desconocidas, y a la casa de los chicos, le llamamos la casa de los Apios. Al final de la calle, separando la casa de los Apios del resto, se alzaban cuatro casas descuidadas y viejas. En una de ellas vivía María, la casera propietaria, y las otras tres se alquilaban a precio bastante barato.

En nuestro primer verano en Villa Lichi nos fuimos adaptando, como pudimos, a convivir con enormes y repugnantes cucarachas negras. Atravesaban, tenaces, las paredes de la casa por cualquier rendija por diminuta que pareciera; por la noche aparecían en mi dormitorio; mientras me duchaba salían por el desagüe; en la cocina se escondían tras los muebles. Me traumatizaban y mi terror iba más allá de lo racional, gritando de pánico cuando las veía y rezando a mi manera, para que desaparecieran de mi vida. Mi padre, en su línea, aumentaba mi terror cuando cogía a aquellas repulsivas criaturas y me las tiraba encima con el propósito de que dejase de tenerles miedo. Entonces mi llanto de terror e impotencia se volvía incontrolable.

María, nuestra casera, de vez en cuando compartía

generosamente su comida cocinada con nosotros. Tenía el pelo corto, negro y grasiento y la rodeaba un persistente olor a whisky. A menudo me dejaba usar su teléfono para hacer breves llamadas, no más de un minuto, a mis amigas. Se portaba muy bien con nosotros. Aun así, mi padre usaba sus habilidades de ingeniero para conectarse clandestina y subrepticiamente a su línea telefónica desde la azotea y hacer sus propias llamadas personales a costa de ella. En ocasiones María aparecía de improviso en nuestra puerta y mi padre, sin pudor alguno, le abría desnudo, lo que suscitaba entre ambos, risas primero y copas compartidas, después.

Siempre estaba enfadada con mi padre por no procurarnos el entorno familiar que necesitábamos y merecíamos. Creo que ni siquiera le preocupaba. No le importaba demasiado trabajar por lo que viví toda mi adolescencia con carencias y penurias a veces hasta en lo más básico. Para empeorar las cosas, aquel verano mi padre decidió enviar a mi hermano Chino, entonces con 15 años, a Oakland, California, con Ron, nuestro amigo ingeniero de 'Sea-Land' que con frecuencia se alojaba en nuestra casa y que ese año volvió a visitarnos. Chino, joven, valiente y simpáticamente travieso, siempre me arrancaba una sonrisa con su energía radiante y su positividad. Le eche muchísimo de menos. Durante años asistió al Instituto en un barrio de Oakland. A través de sus cartas, me contaba lo diferente que era el ambiente allí. Aulas dentro de remolques, con alumnos segregados por raza: negros, mexicanos y asiáticos separados unos de los otros. Algo muy distinto a lo vivido en España, con una sociedad casi sin diversidad étnica. Chino se adaptó rápidamente y se unió al grupo de los estudiantes negros. Si pensábamos que lo teníamos difícil en España, su nueva vida le dio rápidamente una perspectiva diferente del significado de la supervivencia. Sin conocer el idioma, tuvo que adaptarse rápidamente a la nueva cultura en la que la mayoría de los adolescentes de su entorno crecían en condiciones económicas y sociales más duras y adversas que las suyas. Ya en su primer día de colegio se metió en problemas. Propinó un puñetazo a otro alumno cuando este le dio una palmada en el trasero, quizá haciendo suposiciones erróneas sobre la orientación sexual de aquel chico europeo con vaqueros ajustados. Con amenidad y entre risas, Chino me aseguró años después que aquel día fue la última vez que llevó al Instituto sus vaqueros europeos ajustados. Los pantalones anchos y holgados marcaron su nuevo estilo.

Para colmo, durante ese verano repleto de sorpresas y desafíos, contraje la varicela. Mi padre aprovechó la ocasión para recordarnos lo afortunados que éramos porque él era el mejor médico del mundo. Muy simpático hasta que dejó de serlo. Como tratamiento a mi varicela me envió al tejado de casa en bikini para que el sol me quemara las ampollas y me prescribió beber coñac porque, según él, el alcohol era el remedio más eficaz para todas las enfermedades. Estábamos todos aterrados por él; nunca nadie se atrevió a desafiar su estilo de crianza tan alternativo y poco convencional. Sin atreverme a oponerme, le hice caso y tomé un par de sorbos de aquel oloroso brandy, después me tumbé en bikini y me quedé, sintiéndome enferma, dormida al sol en el tejado de casa. Desperté con un terrible dolor de cabeza y todo mi cuerpo enrojecido y achicharrado por el sol inclemente del verano. Mi enfermedad avanzaba mientras yo sufría en silencio las consecuencias de sus dementes y surrealistas métodos curativos.

En cierta ocasión mi padre usó unos alicates para arrancarse él mismo un diente que tenía dañado. Jamás visitaba al médico y se auto inyectaba penicilina cuando se encontraba enfermo.

Mi padre hizo de aquel año todo un infierno para nosotros. Sus ocurrencias disparatadas eran constantes. A veces llevaba la manguera hasta la cocina y con agua a presión limpiaba el techo, las ventanas y las paredes a la vez que se divertía con ello. Acabada la diversión yo me encargaba de recoger, fregona en mano, toda el agua encharcada y secar todos los muebles de cocina. Me pasaba así el resto del día, terminando sudada y exhausta, y con unas ganas enormes de estrangularlo. Otras veces se empeñaba en hacer de mí la sirvienta perfecta; colocaba copas de vino en hilera sobre en la encimera de la cocina y, con una botella llena de agua, practicaba escanciando en las copas, como haría un sumiller. Mientras que él dormía la siesta yo practicaba y cuando despertaba volvía para comprobar si seguía con mi trabajo. «A ver, enséñame cómo vas a servir vino a mis amigos», me pedía mientras yo demostraba mis habilidades. Su objetivo era convertirme en alguien de quien se pudiera sentir orgulloso cuando sus amigos vinieran a casa a tomar unas copas. Sin embargo, delante de ellos con frecuencia me humillaba diciéndoles que, como mi madre, yo no tenía clase y que iba a conseguir hacer de mí una autentica dama distinguida. Se jactaba ante sus amigos, y ante nosotros, de su origen y educación acomodada y de su acento en perfecto castellano. Alardeaba con arrogancia de sus orígenes y de su alta clase; nunca fue consciente de su propio comportamiento grosero y maleducado, toxico y enfermizo.

Mi madre se esforzaba en encontrar trabajo, como profesora preferentemente, pero no encontraba demasiadas oportunidades.

La mayor parte de mi infancia trabajó como maestra de primaria con lo que manteníamos una cierta estabilidad económica, pero, conforme nos mudábamos de ciudad, una y otra vez reiniciaba el proceso de búsqueda de un nuevo empleo. Nunca se quejaba, pero yo percibía sus luchas internas y se convirtieron en una obsesión para mí. Ese verano mi madre mostró una determinación y voluntad sobrehumana al compaginar el trabajo como monitora de flamenco durante el día con el estudio por la noche. Se estaba preparando unas oposiciones para el acceso a un puesto de profesora de educación especial en la escuela pública. Mi abuelita, su madre, pagó el coste de los cursos y los libros que necesita pues no podía asistir presencialmente a las clases en la academia. Estudiaba a solas y, para mantenerse concentrada y despierta, tomaba Coca-Cola por la noche y cafés cargados durante el día. Cuando llegó el momento de realizar los cuatro exámenes, que duraban un período de unos cuatro meses, mi padre aceptó un trabajo como ingeniero en una base kurda del noroeste de Irán. Mientras tanto, mi abuela costeaba los viajes de mi madre a Málaga donde se desarrollaban los exámenes de las oposiciones. Yo me quedaba en casa cuidando de mis hermanas; con la esperanza que ella tuviera suerte y de alguna manera se ganase una oportunidad de trabajo. Su esfuerzo surtió efecto y obtuvo su recompensa pues, de más de 200 aspirantes a solo cuatro plazas, mi madre lo aprobó todo y, con la máxima puntuación, consiguió una de las plazas. Fue la única de la provincia de Cádiz que aprobó los cuatro exámenes y todo ello sin asistir a la academia. Consiguió lo que en principio parecía imposible, demostrando que el poder de la voluntad no tiene límites.

Mi padre regresó antes de lo previsto cuando unos aviones militares iraníes bombardearon la base kurda donde trabajaba. Irrumpió nuevamente en nuestras vidas ahora más tranquilas y ordenadas. Aunque ileso, presumía de haber sobrevivido a un atentado en Irán y, de algún modo, se sentía indestructible. En cuanto supo lo que mi madre había conseguido durante su ausencia, le aseguró con impudicia y obscenidad: «lo que tú ganes, yo me lo gastaré en prostitutas». Esas fueron sus únicas palabras. ¡Cabrón de mierda!, fueron mis pensamientos.

El nuevo trabajo de mi madre como profesora la obligó a trasladarse a un pueblo cercano. Se llevó a mis hermanas pequeñas con ella. Mi hermano Memel y yo nos quedamos en Chiclana con nuestro padre viviendo en Villa Lichi. Sin mi madre en casa me encontré constantemente atendiendo las incesantes demandas de mi padre que parecía incapaz de realizar una simple tarea sin ayuda. Preparar el café matinal, prender un cigarrillo u ofrecerle una toalla al salir de la ducha; sus peticiones y demandas parecían no tener fin.

Justo después de cumplir los catorce años, hice un nuevo amigo. Un chico francés posiblemente un año mayor que yo cuyos padres solían alquilar durante los veranos una casa cercana a la nuestra. Por las tardes, después de cocinar y limpiar la cocina, sus padres nos llevaban a la playa, siempre con su tabla de windsurf. Agarrado al extremo de la tabla, navegábamos lejos de la orilla, y en el profundo océano, se sentaba a mi lado y me decía cosas tan bonitas como 'Je t'aime a la folie'. Yo guardaba silencio y disfrutaba escuchando aquellas palabras. Nunca le conté a nadie pues no estaba segura de lo que significaba la frase completa. Solo lograba descifrar el 'Je t´aime'. Aquellas palabras tan bonitas se quedaron conmigo para siempre. Aquellos momentos perdidos en el océano me hacían sentir libre, feliz y querida.

Una tarde de calor en el verano Andaluz, uno de mis vecinos, el Apio, solo un par de años mayor que yo, me acompañó hasta la única tienda cercana, a unos 20 minutos caminando en callecitas de arena. El paseo junto a él me encanto, aunque no recuerdo las palabras entre nosotros, todavía siento lo mucho que disfrute de su compañía. Sentí su una naturaleza buena y protectora. Al llegar a casa mi padre estaba furioso, de un humor terrible y desagradable y la cara descompuesta y retorcida por la ira. Con su típica voz violenta, no especialmente alta, pero de un tono capaz de amedrentar al más valiente, por varias veces me llamó puta, además de otros insultos de carácter obsceno y sexual. Me dijo que no quería volver a verme cerca de ningún otro imbécil, lo que me sorprendió, porque, mi padre parecía apreciar al Apio. Me dio la fregona y me mantuvo ocupada en la cocina. «La fregona puede darte tanto placer como cualquier idiota», fue su último lacerante y sucio comentario de aquel día. Aquella tarde me infligió más daño que nunca. No sé por qué. Me sentí odiada, indigna de amor y muy, muy cabreada. Lo que yo no podía imaginar en aquel momento es que ese día hice un amigo para toda la vida. Y que el Apio era el mejor chico que yo podría haber elegido para caminar aquel día. Algo tan bonito y oscurecido con las palabras y el odio de mi padre.

Mi padre no olvidó aquella tarde y, unos días después, encajó un ridículo casco en mi cabeza y me obligó a caminar a lo largo de la calle Villa Lichi, frente a la casa de los Apios, cargando grandes y pesadas bolsas de basura sólo por ridiculizarme delante de ellos. Caminé rápido por la calle mirando, temerosa, hacia el suelo, luego hice un giro hacia la calle principal hasta encontrar los contenedores de basura. Volví caminando con el estúpido casco aún sobre mi cabeza, atemorizada e incapaz de desobedecer la autoridad injusta de mi padre que me observaba, con su gran barriga, sin camiseta, en pantalones cortos y chanclas, un cigarrillo en la boca y orgulloso de sus maneras, al final de la calle. Aún retumban en mi memoria las voces de los Apios fuera de la casa. Yo pensaba que el objetivo de mi padre era que ellos pensaran que yo era idiota y tal vez así dejaran de relacionarse conmigo. Si lograba, pensaba yo, que nuestras miradas no se cruzaran, mis amigos nunca sabrían que era yo quien se ocultaba bajo aquel estrafalario casco. Sin embargo, los Apios siempre me respetaron, en cierto modo entendían mi situación y mi dolor, y nunca se burlaron de mí. Un día, mientras yo tendía la colada afuera de mi casa, justo al lado de Pepe, nuestro cerdito mascota y Willy, nuestro gran mastín que teníamos atado a un árbol, Kiko, uno de los hermanos más jóvenes, se acercó y me regaló un ramo de preciosas margaritas amarillas silvestres que había recogido para mí. Kiko tenía unas de las sonrisas más bonitas que recuerdo. Su sonrisa y el ramo de margaritas es una imagen que todavía recuerdo con cariño y que de alguna manera me hacen sentir ser querida. Desde entonces las margaritas se convirtieron en mis flores preferidas. Su sincera amabilidad fue preciosa y eterna.

Una tarde mi padre trajo a casa a sus amigos, y entre todos ellos mataron a nuestro cerdito Pepe. Recuerdo a mi madre encerrada en la habitación con tristeza y frustración, mientras yo ayudaba con la matanza con sangre en mis manos atendiendo las órdenes de mi padre.

Mi vida estaba rodeada de gente que me apreciaba y me quería, pero yo lo único que sentía era odio hacia mi padre. Un odio que me embargada y me impedía sentir o ver más allá. Aquel verano mi inocencia y humildad llegaron a su fin. Y también el fin de mi bondad, de mi docilidad, de mi contención…

CAPÍTULO 5

El fin de la obediencia

"Creo que, si te levantas y te pones en marcha,
la vida se abrirá ante ti." – Tina Turner

NADIE MÁS INTRÉPIDA QUE UNA adolescente herida y destrozada. Nada más poderoso que un intenso deseo de venganza.

Creo que, a mis quince años, la vulnerabilidad y la fragilidad que, hasta entonces, me había caracterizado, dejó de ser un rasgo de mi identidad. Tras años de soportar la angustia de ser una niña sensible y observadora, de ser testigo mudo del sufrimiento de mi madre y de aguantar con entereza la degradación y el insulto, algún poder íntimo y oculto me infundió, o avivó, un nuevo coraje que superaba incluso mi propia comprensión. Mi padre me había destrozado hasta el punto de sobrepasar los límites en los que ya no me importaba las consecuencias de mis actos, pues creía que mi vida no podía ser peor de lo que ya era. Con un espíritu lleno de coraje, y ahora rebelde, me embarqué en mi propia revolución personal. Abandoné mi fe en la Iglesia Católica y sus dogmas capitales, la idea de un solo Dios que juzga y castiga, los principios establecidos sobre el matrimonio o la familia… Dejé de ser la niña sumisa y dócil y me convertí en una fuerza social durante mis años de adolescente, sin miedo a desobedecer, a desafiar e incluso a provocar a mi padre, por primera vez en mi vida. Mi nuevo impulso, rayano en temeridad, me llevó a veces a situaciones irreflexivas y peligrosas. Sin atisbo de miedo alguno, ahora me atrevía a retar y replantear el tipo de vida que me había visto obligada a vivir bajo la tiranía implacable de mi padre. De la noche a la mañana, aquella niña timorata y obediente, se transformó, como crisálida que metamorfosea, en una joven desafiante y rabiosa con la inquebrantable determinación de luchar contra la opresión paternal que lastraba desde su infancia.

Valoraba profundamente a mis amigos y hermanos. Mis hermanos siempre fueron buenos conmigo y desde pequeña los quise y adoraba hasta el punto de querer ser tan grande y fuerte como ellos. Sin embargo, yo era todo lo contrario; femenina, pequeñita y de constitución física delicada y endeble. Ansiaba las cualidades y atributos de ellos. Tras mi catarsis personal, de repente me encontré conduciendo motos veloces, bailando hasta la madrugada en clubes nocturnos, fumando, y fingiendo ser una joven sin nada que perder. Nadaba intrépida mar adentro con la profundidad del océano bajo mis pies y me tumbaba al sol en toples, o completamente desnuda. Mi nuevo rol masculino de alguna forma me otorgaba poder, una fuerza y un control inusitado y adictivo. Nunca había conocido a una mujer poderosa, independiente, dueña de su destino y con potestad de autoridad. En aquella época cualquier mujer que intentara destacar y rebasar esa línea, se la señalaba y consideraba una especie de paria. Pero yo quería ser ella. Mas que nada deseaba independencia y fortaleza.

Encontré la inspiración y la fuerza en las cantantes negras. Las idolatraba, y se convirtieron en mis heroínas, especialmente Tina Turner, la Reina del 'Rock and Roll'. Durante un tiempo incluso me comportaba como una pequeña Tina Turner española; llevaba sus minivestidos ajustados, caminaba y me movía como ella y, a menudo, la imitaba cantando y bailando sus canciones delante de mis amigos. Ahora me pregunto cómo una mujer con una cultura tan diferente a la mía, a más de ocho mil kilómetros de distancia, me transmitía tanta fuerza. De alguna forma me identificaba con ella. Durante su matrimonio, Tina sufrió violencia de género, pero eso no le impidió empezar de cero y convertirse en una mujer poderosa, influyente y toda una leyenda de la música. Adoraba también a Whitney Houston y a Diana Ross. Las paredes de mi habitación estaban empapeladas con pósteres y fotos de ellas. Mis amigos con frecuencia me pedían que imitara a Tina o que cantara el 'Smooth Operator' de Sade. Nunca tuve voz para cantar, pero sí la disposición de entretener a mis amigas; ellas ocupaban un lugar especial en mi corazón. En aquella época descubrí un mundo nuevo y lo único que verdaderamente me hacía ilusión era salir los fines de semana. A veces mi padre ni se quejaba ni me lo prohibía, y otras parecía estar demasiado bebido para preocuparse. En ocasiones, simplemente me escapaba aprovechando que dormía. No pudo controlarme y la intimidación dejó de funcionarle conmigo.

Durante el día mi padre me pedía que liara y encendiera sus cigarrillos de hachís, una resina concentrada de marihuana, de origen marroquí. A menudo daba unas caladas antes de pasárselo, lo que me dejaba un poco mareada y desorientada, aunque, en cierto modo, también me relajaba. El hachís no me enganchó, ya que, a pesar de dejarme medio atontada, era caro y no fácil de conseguir. En cambio, disfrutaba encendiendo sus cigarrillos de tabaco. Con el tiempo, empecé a robárselos y consumirlos pues parecían calmarme los nervios. Casi sin darme cuenta, a mis quince años, era completamente adicta a los cigarrillos Marlboro. Mi adicción duró siete años. Aún hoy, inconscientemente, a veces me sorprendo sosteniendo mis bolígrafos como si fueran cigarrillos. Este gesto familiar me sigue produciendo un sutil efecto calmante.

Por las noches, Carmen escondía bajo mi almohada pequeñas notas de amor y las acompañaba con cigarrillos robados a mi padre. Tiernos mensajes manuscritos para recordarme lo muchísimo que me quería. Dormíamos abrazadas. Tan fuerte que, a veces, casi no me dejaba respirar. Carmen, una gran amante de los animales, se empeñaba en que los perros que teníamos durmieran en nuestra cama y, aunque a mí no me gustaba pues temía a las pulgas y garrapatas, a veces accedía con tal de sentir sus brazos a mi alrededor; un remanso de paz en mi agitado mundo, una tregua en mi ajetreada vida.

Los encontronazos conflictivos con mi padre continuaron varios años. Una mañana, mientras me dirigía a la entrada de casa para tender la colada, hizo un comentario sobre el crecimiento y buen aspecto de mis senos, y al mismo tiempo intentó tocármelos de forma vulgar. Estos intentos no eran ni nuevos ni me parecían extraños. Así era el 'viejo', y de alguna manera había que soportarlo. Había aprendido a evitarlo, alejarme e ignorar sus intenciones. Pero en ese momento, esa mañana mi actitud y mi reacción fueron muy diferentes. Memel, aunque de corazón noble y pacífico, ya era cinturón negro de kárate y un boxeador consumado. Había visto mucho boxeo en casa entre mi padre, feroz y siempre dispuesto a la pelea, y mi hermano. Aquel día, ante aquel incidente, me giré instintivamente y le propiné un gran puñetazo en la nariz. Perfecto e implacable, justo en el blanco. Me sentí orgullosa de mi osadía y mi fortaleza, y por un momento fui otra versión de mí misma: fuerte, intrépida, marcando límites e imponiendo el respeto que merecía.

Para mi desgracia, mi padre no valoraba ni compartía mi orgullo por el puñetazo que le había arreado. Estaba a punto de pegarme cuando, de repente, empecé a llorar y gritar sin parar, como si me hubiese vuelto loca, mientras me agarraba mi propia mano con un dedo medio partido. El puñetazo había sido fuerte, lo sabía, y lo había sentido. Tanto que mi dedo quedó hecho polvo. No recuerdo que nadie más de mi familia mostrara sus emociones con este ímpetu. En mi casa, nadie ni lloraba ni gritaba. Ya fuera por miedo o por costumbre, los dolores tanto internos como externos se aguantaban. Mis chillidos de dolor me libraron de otras consecuencias más graves. Mi padre, impávido y sin mediar palabra, me llevó al servicio de urgencias del hospital. Fingiendo un dolor atroz continué llorando, con el miedo de que me pegara en cualquier momento un bofetón. El doctor llego, y delante de él, mi padre se puso el traje de encantador y elocuente para proteger su propia versión de la historia. El médico me lanzó una mirada de decepción y desaprobación después de que mi padre le explicara, con aire de sufrida resignación, que yo le había golpeado en un arrebato propio de mi carácter de adolescente rebelde y que yo era una niña que 'nunca hacía las cosas bien'. Le encantaba recordarnos a toda la familia que 'nunca hacíamos nada bien'. Era su frase favorita, una y otra vez. Lo repetía como un disco rayado. El médico, ingenuo y ajeno a la verdad, se compadeció de él. Nunca me había importado menos sufrir un daño físico; mi dedo dislocado era un mal menor que, tal vez, evitó un daño mayor en mi cara.

Cada altercado con mi padre, cada insinuación de trasfondo sexual, cada ademán con intención de tocarme lo que no debía me empujaba cada vez más hacia un abismo donde me sentía perdida, aislada en medio de aquella tormentosa realidad. Por las noches lloraba a solas y en silencio. Amargas y solitarias lágrimas de frustración y dolor. Mi madre trabajaba lejos, en otra ciudad, por lo que irremediablemente pasaba mucho tiempo en casa a solas con mi padre y mi hermano Memel. Chino vivía todavía en Estados Unidos, con Ron. En medio de esta situación, en la que me sentía prisionera de mis circunstancias, encontré consuelo y apoyo en dos figuras fundamentales de mi vida.

Mi madre y mi abuela materna fueron mis faros de esperanza durante aquellos días aciagos. De pequeña, mi abuelita me llamaba, cariñosamente, 'muñequita de cristal'. Supongo que sabía que era muy sensible, frágil y que junto a ella lloraba con facilidad. Recuerdo un día, tendría unos seis años, en que estaba en la cocina observando, tranquila y en paz, a mi abuelita cocinar cuando, de repente, oí la voz de mi padre llamándome desde fuera: «Munini, ven aquí ahora mismo». Esa frase me asustaba como ninguna otra. Como un soldado que obedece a su superior, corrí, obediente, hacia él. Sostenía por la cola a un camaleón verde y me pidió que lo sujetara. Aterrorizada, volví corriendo a la cocina, buscando la protección de mi abuelita, pero mi padre me acorraló entre el fregadero y la mesa. Me desplomé en el suelo, sujetándome las rodillas y gritando, con lágrimas de desesperación. Colocó el camaleón sobre mi cabeza durante un instante y yo me tapé los ojos mientras lloraba desconsoladamente. Al fondo, escuchaba la voz alterada pero firme de mi abuelita: «José Hilario, es solo una niña, ¡por favor!». ¡Esa voz tan dulce y delicada!, todavía en mis oídos. Mi padre, a la izquierda, con el camaleón en sus manos, susurraba: «Ya aprenderá a no ser tan cobarde». Corrí hacia mi abuela y la abracé con fuerza, llorando angustiosamente aún. Con voz tierna me aseguró que el camaleón era mi amiguito y que estaba tan asustado de mi padre como yo. Aquello me reconfortó.

Mi abuela recomponía las partes fracturadas de mi espíritu, hecho añicos durante mi infancia y, aún más, en mis difíciles años de adolescente. Esos años que tanto me definieron, esos en los que tanto sufrí. Ella me dio atención y amor y siempre me alentó e inspiró a luchar por alguna razón, con alguna meta en el horizonte y a no permitir que nada ni nadie abrasara mi alma. A resurgir de las cenizas, como ave fénix, como mujer cada vez más fuerte. Ella creía en mí y estaba segura de que iba a lograr disfrutar de un futuro feliz. Me ayudaba en todo cuanto estaba en su mano; incluso escondía de mi abuelo y el resto de la familia mis cigarrillos furtivos que, aunque dañinos, entendía que los necesitaba. Escuchaba con una paciencia infinita mis interminables historias de adolescente y, con talante amable y comprensivo, me hacía sentir esperanza en el porvenir. Cuando le revelaba que jamás amaría a un hombre y nunca me casaría con ninguno ella me aseguraba convencida que «No todos los hombres eran como mi padre y que existían grandes hombres en este mundo». Yo nunca llegaba a entender su positividad y optimismo, pero ella, muy sabia, sí lograba comprender mi dolor. Al margen de las circunstancias y de los acontecimientos cotidianos, mi abuelita siempre me arrancaba una sonrisa.

Los martes almorzaba en casa de mi abuela. Me desplazaba en mi Vespa desde el Instituto hasta su casa. Solía cocinar mi pasta favorita y después de comer, abría la nevera, untaba mis dedos con crema de cacao Nocilla y chupeteaba la leche condensada en lata. Este ritual se convirtió en mi rutina favorita. Después, nos sentábamos a tomar el sol en su jardín de rosas y, a veces, tejíamos mientras yo escuchaba heavy metal. Scorpions y AC/DC eran unos de mis grupos favoritos entonces, a pesar de que no entendía nada de sus letras en inglés. Mi abuela, siempre comprensiva, nunca se quejaba del tipo de música ni del volumen de mi reproductor de casetes, por estridente que fuera. Mientras yo estuviese contenta, ella sonreía. Cuando me lo pedía, yo la peinaba, le ponía crema hidratante en las piernas y le arreglaba las uñas. «Eres la única que sabe hacerme las uñas. Me gustan largas y finas, para parecer más joven», me confesaba, coqueta. Quizá por mi juventud no entendía el deseo de querer parecer más joven. Ella tenía unos sesenta años, la tez clara y el cabello negro brillante y rizado donde destacaban algunas canas incipientes, las manos suaves y una sonrisa tierna. Natural y muy hermosa.

Justo antes de montar mi Vespa para volver al Instituto para el turno de tarde me pasaba por su cuarto de baño y me rociaba con su perfume. Por su olor inconfundible mis amigos adivinaban que volvía de casa de mi abuelita. A veces, al anochecer, volvía a su casa y, entonces, me preparaba una tortilla de patatas española y me reservaba, solo para mí, las partes más sabrosas del puchero. En cierta ocasión me llevó de compras. Una vez, caminamos durante media hora hasta la tienda más cercana con la intención de comprar ropa básica y práctica, vaqueros y camisetas, pero, en lugar de eso me compró una chaqueta rosa super chula, vaporosa y atrevida. Sabía que no era muy práctica, y que yo necesitaba ropa de vestir para ir al Instituto, pero la compró porque me gustaba. Me sentí especial.

Sentado en su sofá, mi abuelo se quejaba de la política mientras veía las noticias del día por televisión. Mi abuelita, diligente y servicial, le servía la cena en bandeja, pero él apenas reparaba en ella. Tan sólo en una ocasión vi a mi abuela realmente enfadada, levantando un poco la voz porque a mi abuelo no le había gustado la cena de aquella noche. Ya entonces yo no lograba entender ni asimilar cómo mi abuelo daba por sentada con total naturalidad su dedicación servicial hacia él. Sus cenas estaban perfectamente preparadas, con una presentación detallada y un sabor casero delicioso.

Mi abuelo, un hombre particular y metódico, había luchado en la Guerra Civil española, en el bando nacional dirigido por el general, de estilo fascista y con tintes autoritarios, Francisco Franco. Ya desde aquella terrible guerra, adoptó la ideología y las creencias de corte conservador propias del régimen opresor franquista, incapaz de asumir y respetar perspectivas y doctrinas diferentes. Callado e inflexible, sin embargo, era muy respetado por su generosidad y el buen trato con la gente del pueblo. Le llamaban El Capitán. Le recuerdo de niña, como un buen abuelo, sentado a mi lado, cuidando con esmero que no me saliera de las líneas al colorear.

Mi abuela discrepaba de las creencias políticas y religiosas de su marido. Sencillamente se limitaba a callar sus opiniones y ocultar a mi abuelo sus propias convicciones espirituales; también los libros que leía, la mayoría de ellos adelantados a las ideas dominantes en su época y generación. Creía firmemente que los jóvenes tenían el poder, y el deber, de cambiar sus circunstancias y hacer del mundo un lugar mejor. Ella, sin embargo, aceptaba sin cuestionarlo, las circunstancias y el modo de vida que le había tocado vivir, sin sueños utópicos ni deseos de una vida diferente. El gran propósito de su vida, su razón de existir parecía claramente decidido; atender y mejorar la vida de sus hijos y nietos. Todo el mundo a su alrededor daba por hecho esta dedicación detallista de mi abuela hacia los demás. Sin títulos académicos, sin una búsqueda de realización personal y sin reconocimientos ajenos, su aportación más valiosa pervive aún en las personas que vivieron a su alrededor. En cierta ocasión sabiamente aseveró, con sabia indulgencia y compasión: «Almudena, tu padre no quiere ser un mal hombre. Está enfermo y nadie puede ayudarle». Tardé años en aprehender el verdadero significado de aquello.

La casa de mi abuela estaba cerca del instituto, por lo que convenció a mi padre para que me dejara quedarme a vivir con ella durante los días de colegio entre semana. Me hizo feliz, inmensamente feliz. En mi habitación en casa de mi abuela, me encerraba en una de las estancias llenas de libros, escondía tras ellos mi diario, y ahí me pasaba horas escribiendo, pretendiendo estar estudiando. En la estantería encontré el libro escrito por León Tolstói, 'Anna Karenina', y poco a poco lo leí, página por página. Quedé fascinada con la vida de Anna Karenina. Estas historias de amor me consumían con deseos de algún día poder sentir aquello en lo que no creía.

Una de aquellas noches, mientras ya en pijama me disponía a acostarme en la acogedora cama que mi abuela me preparaba, escuché cómo mi padre entraba, malhumorado, en la hasta entonces apacible casa de mi abuela. Nos asustó sin levantar la voz; tenía esa siniestra capacidad. Me ordenó salir de la casa y subir al coche mientras avisaba a mis desconcertados y temerosos abuelos que nunca más volvería, que mi sitio estaba en mi propia casa, limpiando, cocinando y ayudando a mi madre con las tareas domésticas. Maldito imbécil desaprensivo. La desolación grabada en el rostro de mi abuela aún me atormenta. Mi abuelo, a pesar de su fortaleza y valentía, no se atrevió a enfrentar con mi padre. Nadie en mi familia tuvo jamás el valor de hacerlo y yo me preguntaba el por qué. El por qué nadie podía hacer frente a los comportamientos lunáticos de aquel hombre. Por el momento no tenía respuestas.

Aquel suceso perdura indeleble en mi memoria y aflora, recurrente, en un sueño angustioso y tenaz. Una atmósfera de luz áurea y acogedora envuelve el ensueño. Estoy en casa de mi abuelita. Un pálpito me sobresalta y me escondo tras la puerta de mi habitación. Una atmósfera de luz tenebrosa e inquietante envuelve el sueño convertido, ahora, en pesadilla. Un león hambriento camina lentamente por la casa. Oigo su rugido. Presiento su cercanía. Su intención por hacerme daño. Me huele, me busca. La puerta que nos separa no me protege. Se supone que en casa de mi abuelita debo sentirme segura. Pero no es así. La fiera me encontrará…

Vivir bajo el mismo techo que mi padre se me hacía

insoportable. Cada día le saludaba con un hola, un beso y una sonrisa teatral. Era lo que exigía. Aún tenía quince años cuando, una mañana como otra cualquiera, me harté. Creo que el incidente en casa de abuelita supuso la gota que colma el vaso y me llevó a un nuevo nivel de miseria y hartazgo. Aquel día, me dirigía hacia el baño cuando mi padre me interceptó en el pasillo bloqueando mi camino y pidiéndome una sonrisa. «No tienes motivos para no hacerlo», dijo, frunciendo el ceño. Aborrecía su voz despótica así que, instintivamente, le repliqué con un tajante «No». Una negación desafiante que le hizo abofetearme fuertemente antes de volver a solicitarme la sonrisa. «Sonríe», me volvió a decir con su voz de odio y domino. «Pégame si quieres, porque no te voy a sonreír», respondí con firmeza, y ya sin miedo ninguno. De repente, me di cuenta de que había alguien en este mundo capaz de hacer frente a los comportamientos lunáticos de aquel hombre. Y esa persona era yo. Yo, y nadie más, lo confrontaría. Esta vez no hubo lágrimas ni gritos, ni miedo ninguno. Me abofeteó una vez más, agarrándome y sacudiéndome con fuerza. Yo permanecía indolente e impasible por lo que, al no obtener ninguna reacción por mi parte, se limitó a llenar un gran cubo de agua con lejía y enviarme a limpiar las paredes exteriores de la casa hasta dejarlas impecables. Me pasé el día fregando, sin guantes y con lejía abrasiva, aquellas grandes paredes que desprendían un calor insoportable, sin comer ni beber, con mi piel abrasada por el sol, con el odio creciendo en mi interior, insuflándome valor y preparándome mentalmente para salir de su vida. O hacer que la suya saliera de la mía. Ante mí, la terrible encrucijada entre huir o acabar con su vida.

Aquella noche me aventuré a un campo baldío, cercano a mi casa, donde logré encontrar y recoger unas plantas de cicuta. La cicuta es una planta tóxica, abundante en ciertas partes de Andalucía, parecida al hinojo y tradicionalmente usada como un veneno potencialmente mortal y de efectos parecidos al curare amazónico. La historia cuenta que el año 399 a.C., tras la puesta de sol, Sócrates, a los 70 años de edad, injustamente condenado a muerte, tomó serenamente el vaso de cicuta que le provocó la muerte. Esa noche, con el poder de la cicuta en mis manos y sus historias en mi mente, regresé a la cocina con una determinación consciente azuzada por el odio. Mientras mi padre charlaba y bebía con sus amigos en el salón de casa, les preparé un aperitivo a base de anchoas, sustituyendo el perejil por la cicuta troceada. Absorbida en una nube de odio, se lo presenté solo a mi padre, pero con la suerte de su parte; enseguida reconoció el peligro. «Crees que puedes matarme, pero ni siquiera las bombas de Irán pudieron hacerlo, ¡idiota! Esto sólo me dará dolor de estómago», se burló complacido y con prepotencia. Descubierto mi malvado plan, supliqué instándole a que demostrara su fuerza, su capacidad inmortal. No era tan tonto como para consumir el veneno así que se rió de mí y pidió más vino para él y sus amigos. Mientras le servía se me saltaban las lágrimas de frustración por mi intento fallido de acabar con su vida.

Mi padre aprovechaba cualquier oportunidad que se la presentaba para degradarme, avergonzarme y hacerme sentir sucia e indigna. Sus palabras hacia mí eran detestables y así torturaron mi ser interior durante años. Mi existencia fue un entretenimiento para su mente depravada.

En presencia de sus amigos, con una sonrisa oscura y perversa, solía llamarme 'bonita y tonta', acompañado de comentarios sexuales inapropiados. Se aseguraba de que yo, fuera consciente que era sexualmente atractiva. Me decía a menudo que tenía piernas largas y delgadas, y el pecho perfecto para satisfacer a cualquier hombre. Me recordaba cómo una mujer debería amar al hombre. «Un hombre debe de dar las gracias a la mujer después del sexo. ¿Te dan a ti las gracias?», me preguntaba con obsceno retintín. Sembraba la semilla que acaba germinando en la idea de que el valor de una mujer está determinado por su rendimiento sexual.

Mientras tanto, mi felicidad estaba en mis momentos fuera de casa. Unas amigas del pueblo y yo hicimos amistad con un grupo de hombres mayores que nosotras; conducían buenos coches, tenían casas en la playa y frecuentaban el club 'Opal', al cual mis amigas y yo íbamos por las noches los fines de semana. Con sus formas, sus bromas y sonrisas, sus muestras de atención y complicidad, se ganaron nuestra confianza. Demasiado ingenuas e ignorantes de sus intenciones, jugábamos a su juego sin percatarnos de sus intenciones reales y ocultas. Recuerdo detalles inolvidables de aquella noche en que, junto a mis amigas, fuimos, en nuestras Vespas, a una fiesta en una casa de playa. Bailaba canciones de David Bowie cuando uno de ellos cogiéndome de la mano sin mediar palabra me llevó a un dormitorio. Sin dudarlo, le seguí. Experimenté una sensación de seguridad cuando entramos a la habitación. No sentía atracción por él, ni tampoco temor alguno. Yo estaba platónicamente enamorada del actor y modelo Rob Lowe, y este tipo que me cogía de la mano era totalmente lo opuesto. No me resultaba atractivo para nada y, quizás, hasta un poco repulsivo. Aun así, me dejé llevar sin resistencia, no sentí ninguna preocupación ni hice ninguna pregunta, simplemente le seguí ciegamente. En el cuarto, me besó y tocó mi cuerpo de una forma que nunca antes nadie había hecho. Era amable y apacible, incluso cariñoso. Sin dominar mi papel en este juego e inconsciente de las consecuencias, de repente me encontré bajo su cuerpo acostándome con él, sintiendo sus besos, su pasión y su intenso deseo de controlar todo mi ser. Me costaba respirar bajo su cuerpo sudoroso. No sabía muy bien qué hacer, decir o, incluso, qué debía sentir. Pero si echaba en falta expresar mis propias emociones, mi propia identidad, mi propio derecho a sentir, a reivindicar mi existencia y mi ser. No sabía que tenía elección.

Durante años me he preguntado si, en aquella época, mi estado de insumisión y rebeldía era realmente genuino o, por el contrario, bajo esa máscara de insubordinación seguía comportándome y siendo una persona obediente y sumisa. Aún no sé en qué estaba pensando aquella noche. Por ignorancia, abandono o, quizá, por curiosidad, crucé la línea y no había vuelta atrás. Culpa mía. TODA mi puta culpa. Para mí, esa noche significaba quizás la posibilidad de algo nuevo, de explorar, con curiosidad, lo desconocido. Para él, no significo nada. Tal vez sólo una joven más que añadir a su lista o de la que alardear ante los amigos. Perdí mi virginidad esa noche y nunca compartí aquella vivencia hasta estas líneas. Indolente me dejé llevar, no me opuse, no le detuve, y no disfruté de la experiencia, absolutamente nada. Me sentí avergonzada, perdida, desorientada y no entendía por qué. Lo único que se me quedo en la cabeza, es que era muy feo, y que era el novio de una de las niñas del pueblo a la que yo conocía. Imagino que, si hubiese sido más joven, si aquello hubiese sido sólo el final de un camino natural ahora tendría una historia diferente que contar. Tal vez habría estado a la altura de la situación. Odiaba ese doble rasero. Recuerdo a mis amigos varones del Instituto fardando de sus encuentros sexuales. Yo no sentía lo mismo. No quería sentirme mal por aquel encuentro sexual, pero así era. Con mis emociones desordenadas y sentimientos culposos, una parte de mí se sentía aprovechada, utilizada y otra se sentía culpable por consentir todo aquello. Pensamientos confusos e incontrolables y una profunda ansiedad interior se apoderaron de mí. Quería olvidar.

Tarde muchos años en entender, que al igual a otras muchas mujeres jóvenes, raramente era consciente de mis propias vulnerabilidades y fortalezas. Corría el riesgo de convertirme en una víctima de mi propia sexualidad. Sin modelos positivos, a una edad tan temprana, con la influencia y acosos constantes de mi padre, no entendía que mi valía y éxitos no se debían a mi faceta sexual, sino a mi extraordinaria capacidad de esfuerzo y perseverancia. Como mujer debería de haberme enorgullecido de mi cuerpo y disfrutar plenamente de mi sexualidad de una forma segura y con el poder de saber tomar mis propias decisiones. Era necesario e importante aprender cuanto antes que mi cuerpo me pertenecía en exclusividad. El poder sexual es nuestra capacidad de participar consciente y confidencialmente en actividades sexuales alineadas con nuestros valores. Este poder debe desarrollarse a una edad temprana para evitar disrupciones vitales no deseadas; embarazos no planificados, abortos, relaciones sexuales o sentimentales con personas equivocadas, dolores sentimentales. En retrospectiva, a mis quince años, aún no comprendía mi propio mundo y valía sexual.

Unos meses después, ya en verano, acababa de cumplir dieciséis años cuando, en uno de los chiringuitos de la primera pista de la playa de La Barrosa, conocí a un chico belga un par de años mayor que yo. Su estilo único me llamó la atención de inmediato. Llevaba un peinado estilo punk, pantalones negros holgados y una camiseta de tirantes blanca ajustada. Tenía la piel bronceada, el pelo oscuro y una sonrisa acogedora, con un toque pícaro. En cuestión de días, nos volvimos locos el uno por el otro. La locura fue solo sexual ya que no recuerdo conversaciones entre nosotros. Yo era una mujer de pocas palabras, y justo me encontré con alguien igual que yo. Pasamos el verano juntos entre la playa y el camping donde se hospedaba con sus amigos. Fue mi primer amante, muy distinto a aquella confusa noche bailando a David Bowie. La primera noche con mi belga llegué tarde a casa conduciendo mi moto desde la playa y entré con prisas al dormitorio donde dormía mi madre. Mi padre no estaba y, en la oscuridad de la habitación, le confesé a mi madre que me había acostado con un chico belga encantador y super 'guay'. No recuerdo su opinión, pero sí su comprensión y tranquilidad. Me sentí contenta de poder haber compartido con mi madre aquel secreto sobre mi virginidad pues ella no sabía nada de mi primera experiencia. Unos días después, mi madre me llevó al ginecólogo, donde conversamos con madurez y sinceridad sobre sexualidad, precauciones y, sobre todo, las consecuencias que, hasta entonces, joven e ignorante, no había tenido en cuenta. Ahora, con aquel chico, me sentía llena de vitalidad, entusiasmo y la excitación propia del amor juvenil. Sensaciones efímeras, pues unas semanas después, él y sus amigos volvieron a su país. No volví a verle. Joven y enamorada, lloré por él. Volví a mi soledad frente a los avatares de la adolescencia.

Mi deseo de escapar del torbellino de mi mente adolescente atormentada me llevó, en ocasiones, a exponerme imprudentemente a situaciones arriesgadas. Parecía, de alguna manera, que había perdido la cabeza, porque no me las pensaba. A altas horas de la noche, mi padre y yo volvíamos de visitar a mi madre y hermanas que estaban viviendo en Villa Martin, cuando el coche se averió en mitad de la nada; el pueblo más cercano estaba a varios kilómetros de distancia, y nuestra casa, aún más lejos. Con el coche aparcado en el arcén, mi padre, despreocupado, se quedó dormido dentro.

Decidí salir sola y caminar por el borde de aquella carretera de doble sentido, desierta y oscura. Ya a mucha distancia, distinguí las luces de un coche que se acercaba y levanté el brazo, señalando autoestop con el pulgar. El coche se detuvo inmediatamente y, sin dudarlo, abrí la puerta trasera y subí al asiento de atrás. Los dos hombres que estaban dentro me sermonearon, y con razón, sobre la temeridad de caminar sola y de noche por una carretera tan peligrosa, especialmente siendo una mujer joven.

Les conté que no me quedaba otra opción, ya que mi coche se había averiado. No mencioné que había dejado atrás a mi padre, pues mi deseo de huir de él pesaba más que el miedo a los extraños. Por suerte, resultaron ser buena gente y me llevaron al club 'Opal', donde sabía que podría encontrar a mis amigos.

Después de tomarme un cubata y bailar un par de canciones, les conté que había dejado a mi padre dormido en el coche averiado en la carretera. Nos reímos del disparate.

El dueño del club, que conocía a mis padres, se ofreció a llevarme de vuelta a recogerlo, y allí estaba él, aún dormido, ajeno a todo. Tuve suerte y finalmente todo se resolvió bien. Imagino las cosas que podrían haberme ocurrido aquella noche. Doy gracias a la suerte, al universo o quizás a un Dios que desconozco por protegerme y mantenerme viva e ilesa. A pesar de ese incidente y otros, parecidos o distintos, de algún modo logré sobrevivir y salir indemne de mi etapa adolescente. Desgraciadamente muchas jóvenes, con el mismo deseo de huida, no corren la misma suerte. Demasiadas cotidianas las tristes noticias de adolescentes fugitivas encontradas sin vida o forzadas a la prostitución. Sucesos que me devuelven a los años intrépidos en los que caminaba con el alma rota.

En casa, mis frustraciones y desencantos crecían con cada amanecer. Mi padre no solo no me ayudaba con mis deberes del Instituto, sino que me entorpecía constantemente. No me dejaba estudiar, y para colmo, decía que era «tan estúpida como una lavadora». Me las arreglaba como podía para seguir yendo los martes a comer a casa mi abuelita. Era para mí una necesidad casi vital. ¡Ella y mi madre eran perfectas! Luces en mi oscuridad. Me preguntaba la razón que mantenía a mi madre en la familia, el por qué no nos abandonaba, dónde encontraba la fuerza para no huir, rompiendo con todo, a pesar de su desdicha e infelicidad matrimonial. Su presencia era para nosotros el faro que nos guiaba, el pilar que nos sostenía. Mi madre y mi abuela eran mi espejo y la fuente de mi fuerza. Me mostraban lo que nunca pude ver en mí. Sus palabras de consuelo me impedían cruzar la línea entre la esperanza y la desesperación. Pero, a mi pesar, mi pequeño diario manuscrito que escondía en casa de mi abuelita se fue colmando de frases de odio y resentimiento. La oscuridad se cernía sobre mí. Tenía que escapar.

El día en que cumplí diecisiete primaveras, Chino regresó de California, lo que supuso un rayo de luz en mi apagada vida. Volvía con su contagioso optimismo, sus cautivadoras historias americanas y su maestría en el 'break dance'. Aquel baile rompedor se hizo muy popular entre nuestros amigos del instituto; todos intentaban aprender sus complicadas cabriolas. Chino era el chico de moda; yo le admiraba y anhelaba seguir aquel estilo de vida americano. Aunque americanizado en sus formas e ideales, seguía muy identificado y unido a sus raíces.

Chino y yo asistíamos a diario a una academia donde nos matriculamos en un curso de programación informática. Fue idea suya, una genialidad que llegó justo cuando más lo necesitaba, ya que los estudios no me iban bien para nada. Me encantaba ir y volver con él en su coche, y así seguí, ilusionada, sus pasos para aprender a programar.

A principios de verano, mi padre y Chino cayeron gravemente enfermos, con fiebre alta durante varios días. Memel cumplía el servicio militar obligatorio que se exigía a todos los jóvenes en aquella época en España, así que yo sola me encargaba de cuidarlos diligentemente, midiéndoles la temperatura y administrándoles analgésicos periódicamente. Por las noches, mi padre cerraba su puerta con cerrojo y solo me permitía entrar cuando él me llamaba; temeroso de que aprovechara su debilidad para acabar con su vida, tomaba sus precauciones. Una vida sin él era un sueño que nunca imaginé que pudiera hacerse realidad. Pasaba las noches tumbada junto a Chino, cuidándolo y esperando su recuperación, mientras, en secreto, deseaba que la enfermedad quebrara definitivamente la salud de mi padre. En apenas una semana, ambos se recuperaron y la vida continuó como siempre. Todo seguía igual, salvo mi odio hacia mi padre, que, día tras día, no dejaba de crecer.

Llegó el día en que los tortazos iban y venían sin que tuvieran nada que ver con mi comportamiento. Su ira se desataba cuando sus circuitos mentales fallaban. Una noche decidió que no me iba a dejar salir a ver a mis amigos, y nada de lo que hiciera o dijera parecía tener sentido. Me levanté de madrugada, le robé las llaves de su viejo coche, y sin carné de conducir, recogí a mi amiga Mili y a su novio. Nos fuimos hasta la ciudad de Cádiz, pero tuvimos la mala suerte de involucrarnos en un accidente de varios coches. Asustada, y sin pensarlo, seguí conduciendo, mientras mis amigos me decían que debía parar, pero, nerviosa, no lo hice hasta estar bastante lejos del accidente. Una vez que nos detuvimos, cortamos los cables del coche, intentando fingir que había sido robado de mi casa por alguien más. Poco pensamos en el detalle de que tenía las llaves en mi bolsillo, y que tanto el coche como yo habíamos desaparecido de casa a la misma vez. Fuimos caminando hasta la casa de una amiga, donde nos quedamos a dormir. Al día siguiente, la policía contactó con mi padre, quien, sin que yo lo supiera, no dijo nada sobre mí. Cuando volví a casa, mi padre estaba bebido. Me dijo que sabía que había sido yo quien robó el coche, que me había denunciado a la policía, que me estaban buscando y que acabaría en la cárcel. Yo, asustada, seguí con mi vida, sin saber qué me depararía el futuro, pero al menos contenta de no haber recibido un bofetón.

El año de mis diecisiete llegaba a su fin, con sus locuras y agonías. Con mi mayoría de edad a la vuelta de la esquina, un día mi madre me dijo: «Almudena, esta no es tu vida, sino la mía. Pronto serás libre, con una vida completamente nueva y todo un porvenir por delante». Pero yo pensaba: *¿Y qué, mamá? ¿Olvidarme de ti y del daño que te hace?* Mi presente era la única realidad que conocía. Crecer con un padre como aquel me hacía sentir débil, estúpida, avergonzada, vacía... y sin futuro. Como un insecto desgraciado atrapado en ámbar, me sentía inmóvil, atrapada, incapaz de imaginar un futuro para mí, y mucho menos momentos apacibles y felices.

Tenía que hacer algo, y me pasé días y meses planificando mi huida de aquella casa donde nadie tenía voz ni opinión, salvo mi padre. «El día en que cumpla dieciocho años me iré de casa para nunca volver», le dije a mi padre con frialdad. «No tienes los cojones», me retó, con una mirada arrogante, mientras marcaba mi próximo cumpleaños en el calendario. Me dio mi meta. Le demostraría su error y mis verdaderos 'cojones', como él decía. Mi odio y coraje, el deseo de contradecirle y la necesidad de, quizás en un futuro, poder ayudar a mi familia, se convirtieron en mi arma de fortaleza.

SEGUNDA PARTE

CONQUISTAR

CAPÍTULO 6

El coraje de dar el primer paso

"El secreto de la felicidad es la libertad, y el secreto de la libertad es el valor." – Tucídides

LA NOCHE ANTERIOR A MI DÉCIMO octavo cumpleaños se me hizo interminable. Mentalmente, sopesaba las posibles consecuencias de mi plan y buscaba distintas maneras de reunir el valor necesario para dejar a mi familia. En la cama, abrazada a Carmen, estuve dándole vueltas a la cabeza hasta que mis párpados se cerraron, vencidos por el sueño. Tal vez aquella sería la última noche soportando la habitual conducta agresiva de mi padre, pensé. Mis sentimientos de odio habían superado mi miedo hacia él, y ahora sentía que tendría el coraje para dar el primer paso.

Al día siguiente, llevé a cabo mi plan. Estaba decidida y no permitiría que la duda volviera a apoderarse de mí, así que, aquella mañana, sin pensarlo demasiado y sin compartir mi decisión con nadie, me fui de casa. Lágrimas incontenibles nublaban mis ojos cuando, en un último gesto de despedida, volví la vista atrás. Allí, bajo el dintel de la puerta de nuestra destartalada casa, mis hermanas pequeñas me observaban inmóviles, llorando. Aún me persigue esa imagen de Carmen y Ana en el umbral, suplicándome entre sollozos que no las abandonara; más de tres décadas después, sigue acechándome como una pesadilla insistente: colosales olas oceánicas engullendo a mis hermanas mientras ellas, impotentes, claman por mi ayuda. Pesadillas y zozobras que avivan el dolor de aquella desgarradora separación.

Una parte de mí se apagaba con cada paso. Como luminarias que se extinguen. Detrás escuchaba las llamadas de mis hermanas todavía pequeñas, frente a la casa, pronunciando mi nombre, «Munini, Munini no te vayas. No nos dejes». Mientras escuchaba sus voces yo me tragaba mis propias lágrimas amargas. Dentro, mi madre con el corazón doblemente roto entre una hija que abandonaba el hogar y un matrimonio aterrador que la atrapaba. Con un obstinado mantra me repetía a mí misma, mientras me alejaba, que volvería a vivir con ellas en un futuro. Necesitaba concentrar toda la fuerza racional y sentimental de cada gota de mi ser para no renunciar a mi plan y ceder al poderoso impulso de volver corriendo hacia ellas, hacia nuestra vida dañada. Quería protegerlas y estar a su lado. Sin mi madre, yo dudaba si lograría sobrevivir, si podría siquiera existir. Ojalá pudiera rebobinar el tiempo hasta aquel momento; hacia esas niñas, hacia esa madre y hacia esa adolescente que era yo; abrazarlas y decirles que el futuro brillaba con sueños del más allá, más allá de las únicas vivencias que conocíamos. Mas allá del sufrimiento diario. Pero ese momento era irrecuperable. Ya pasó.

Con mi hatillo de ropa en bolsas de plástico, me encaminé en dirección al campo donde vivían Carlos, el hermano mayor de mi Mili, y Rosa, su compañera. El trayecto fue largo. Horas caminando por solitarios caminos de tierra, bajo el sofocante calor andaluz y sin más compañía que mis remordimientos, mis tormentos y mis esperanzas. Llegué a mi destino atormentada y sollozando. Carlos y Rosa, no se sorprendieron de mi estado ni cuestionaron mi decisión o mi falta de objetivos concretos; conocían bien mi situación y a mi padre y sobraban las justificaciones y explicaciones. Con generosidad sincera me ofrecieron cobijo y comida.

Yo no tenía planes más allá del momento presente ni siquiera una leve visión sobre mi futuro. Pasé el verano en el campo con Rosa, Carlos y su hijo Carlitos, rodeada de caballos, gallinas, perros y un ambiente pacífico. Mili se quedó conmigo y, a pesar de todo, disfrutamos de las mañanas durmiendo, tardes de playa y noches de juerga en los chiringuitos. Mili llevaba unos años saliendo con Andrés, un asturiano de buena familia, que, entre su acento del Norte y su buena presencia, nos conquistó el corazón a las dos. Éramos sus niñas, a Mili la adoraba y a mí me quería por lo bichito y glotona que era. Con él viajamos a Asturias. Con él disfrutamos de los mejores paisajes y restaurantes asturianos.

Hacia finales de verano, después de nuestro viaje a Asturias contacté por teléfono con María; vecina de mi familia y propietaria de la casa de alquiler donde vivíamos. Antes de correr a avisar a mi madre para que pudiera hablar conmigo ya me adelantó que mi padre estaba en Barcelona por motivos de trabajo. Emocionada al oír mi voz, mi madre se alegró mucho al saber que, a pesar de mi valiente decisión y de mis aventuradas andanzas, me encontraba bien. Me informó que mi padre deseaba mi vuelta a la familia, a nuestras vidas; sin necesidad de convivir bajo el mismo techo, pero con la posibilidad de visitarlos con frecuencia y sosiego;

que estaba dispuesto a cambiar, mejorar y empezar de nuevo. Incluso me dijo que mi padre había llorado, lo cual no creo que hubiese sido por pena sino, más bien, por soberbia. Para poder ver a mi familia de nuevo, mi padre pidió que viajara hasta Barcelona, reencontrarnos y, de alguna forma, firmar algún tipo de paz. Acepté dubitativa y para suavizar y hacer menos incómodo el encuentro me llevé a mi hermana Ana conmigo. Aunque ella solo tenía once años, ya comprendía mi pavor hacia mi padre pues también ella había sufrido sus tropelías lo suficiente como para poder compartir esta experiencia conmigo. Días después, tras muchas horas de viaje, un chirriante tren expreso nos llevó hasta Barcelona.

El reencuentro con mi padre fue correcto y formal. Desapasionado. Me abrazó, me besó y me dijo que me quería, pero, más allá de algún asunto sin importancia, no evocamos ni hablamos casi nada sobre nuestra pasada y áspera historia personal. El tema permanecía latente, pero quizá, lo normal para nosotros. En todo momento me mantuve lo más callada posible, atenta y expectante, con mis cinco sentidos alerta e intentando no provocar pelea. Mi padre, cuando quería o le interesaba, se comportaba con clase, actuando como un hombre muy cortés y, casi abrumadoramente, cariñoso. La verdad es que nunca disfruté de aquellos simulacros de afecto, de sus sofocantes abrazos, del aroma que le envolvía y de sus suaves y gruesos labios. En nuestro primer día en Barcelona callejeamos un poco, nos llevó al circo y terminamos la noche en una cara marisquería cerca del mar, cenando percebes y marisco. Hacía gala de su educación con exquisitos modales en la mesa y atentos cumplidos biensonantes. Yo había vivido y experimentado, demasiadas veces ya, situaciones parecidas donde mi padre desplegaba ese comportamiento pretencioso y vanidoso y siempre me había parecido un embaucador enfermizo. Sólo un par de días después Ana y yo volvimos al sur. Vivimos dos días en una realidad falsa, en un mundo ajeno a nosotras donde nos sentíamos extrañas, en una ciudadela emocional que solo habitaba él. A pesar de todo fue muy agradable el tiempo que pasamos en el tren mi hermanita Ana y yo, juntas y solas, bromeando y riendo. Ana era traviesa, muy espabilada y vivaracha. La perfecta compañera para hacer olvidar. Por otro lado, estaba feliz y satisfecha pues había conseguido el objetivo de nuestro viaje; quedar bien con mi padre, lo que me abría la posibilidad de visitar mi casa y mi familia libremente.

A mi regreso, y tras dejar a mi hermana en casa con mi madre, volví con mis amigos Carlos y Rosa a su cortijo donde, después de unos meses de confusión y reflexión, finalmente tomé la decisión de continuar mis estudios de informática en la ciudad de Granada, a unas cinco horas de viaje desde mi pueblo. Con la ayuda económica de mi abuelita compré un billete de tren y con el dinero que mi madre había ahorrado para mí, bien guardado en mi bolsillo interior, puse rumbo hacia una nueva aventura con valiente determinación.

Abstraída en mis contradictorios pensamientos, contemplaba el paisaje andaluz pasar veloz y cambiante tras los cristales rayados de la ventanilla, mientras los vaivenes del tren y la cadencia de su ronquido metálico me producían una apacible calma y un agradable sopor. Sentada en el tren durante horas, tuve tiempo para una profunda y sincera reflexión sobre mi situación. De qué mundo venía, donde estaba y hacia qué vida me encaminaba.

Tenía dieciocho años y me sentía libre. Por primera vez, llevaba en mi mano las cartas de mi propio destino. Ahora dependía de mí, solo de mí, el cómo jugarlas. Sabía que los siguientes pasos iban a ser decisivos. Granada suponía un nuevo comienzo, lo suficientemente cercano, lo suficientemente lejano, de todos y de todo. Arrellanada en el incómodo asiento, y todavía medio adormilada, abrí los ojos lentamente. Aún sin nieve en sus altas cumbres, en el horizonte se adivinaba Sierra Nevada, bajo ella, la imponente silueta rojiza de la Alhambra con la ciudad de Granada, repleta de oportunidades, a sus pies.

Ciudad turística, Granada era y es, ante todo, una ciudad universitaria, preciosa, multicultural, acogedora y con una festiva e interminable vida nocturna estudiantil. Sin duda, un lugar idóneo para estudiar, trabajar y socializar.

Levantada, por razones defensivas y simbólicas, en la colina de la 'Sabika', uno de los puntos más elevados de la ciudad de Granada, se encuentra la Alhambra —la Roja— el singular e impresionante conjunto palaciego, sede de la corte del reino nazarí y, más tarde, residencia de los reyes cristianos de Castilla. La Alhambra me cautivó desde el primer día. Más allá de los maravillosos palacios, patios y jardines interiores de la ciudad palatina, me sedujeron sus historias, los personajes que los habitaron, sus lances, sus complejas relaciones familiares, sus amores y desencuentros… Las historias de amor, poder y conquista siempre han despertado mi imaginación y curiosidad y la compleja y azarosa vida de Boabdil, el último sultán de Granada, me llamaba especialmente la atención.

Boabdil el Chico fue el último sultán del reino nazarí de

Granada. La predilección de su padre hacia una hermosa cristiana conversa que adoptó el nombre árabe de Soraya, hizo que Boabdil se posicionara a favor de su madre, relegada y despechada, y comenzara una rivalidad entre padre e hijo. Destronó a su padre con el apoyo de su madre y de la familia de los Abencerrajes. Tras un período de luchas, discordias familiares, vasallajes y batallas, finalmente, el 2 de enero de 1492, tras la Guerra de Granada y la firma de las Capitulaciones, Boabdil, hacía entrega de las llaves de la fortaleza de La Alhambra a los Reyes Católicos y el reino nazarí de Granada pasó a formar parte de la Corona de Castilla lo que supuso la unificación de la Península Ibérica bajo el dominio cristiano obligando a los musulmanes a convertirse al cristianismo o enfrentarse al exilio. Boabdil abandonó Granada junto su séquito y su familia, ahora sí, unida. Cuenta la leyenda que, camino a su destierro, Boabdil no pudo volver la mirada hacia Granada hasta la última colina desde la que se divisaba en que, observando por última vez su ciudad y su palacio, rompió a llorar. «Llora como mujer lo que no supiste defender como hombre» le dijo, airada, su madre Aixa. Poco después fallecía Morayma, su bella esposa sultana. Boabdil murió, batallando, en Fez, Marruecos, en 1533.

Siempre he asociado la Historia y sus relatos, con mi madre. Las clases y crónicas sobre la Historia de Europa que ella me contaba con pasión han ocupado un gran espacio en mi cerebro y en mi corazón. A decir verdad, nunca tuve un especial interés por la Historia y no logro retener con facilidad datos y pormenores, pero, de alguna forma, despiertan mi curiosidad, y calan en mi alma, las enseñanzas y mensajes soterrados que los protagonistas y los acontecimientos históricos encierran. Más que los mitos y sus gestas fabulosas, me atrae la condición humana de los personajes; heroínas, reinas y emperatrices poderosas que padecieron terribles adversidades, con vidas destrozadas a pesar de su esfuerzo, determinación e inteligencia. Creo que estos pensamientos, junto a mi propia experiencia, con el tiempo me llevaron a ser extremadamente cuidadosa con los hombres de mi vida.

La Alhambra me inspiraba, me traía a la memoria las historias, casi olvidadas, que mi madre me contaba de pequeña y me mostraba, de alguna forma, la desdichada vida que algunas mujeres soportaban antes y soportan hoy. La Historia me hablaba desde La Alhambra, desde sus pasadizos arcanos y sus siniestras mazmorras, desde sus patios de arrayán y fuentes cantarinas. Desde las tinieblas y desde la luz, me inspiraban e infundían una obstinada fuerza para perseverar y luchar por mi destino deseado. Mi vida y la de Boabdil distaban cinco siglos, pero, de alguna forma, encontraba semejanzas y reflejos entre ellas; sus tormentos y zozobras; las afrentas hacia su padre y la complicidad con su madre; sus aciertos y desatinos; sus luchas visibles e invisibles; su destierro…

En una ciudad universitaria repleta de estudiantes de distintas procedencias, nacionales y extranjeros, con anuncios de ofertas de alquiler de vivienda y de pequeños trabajos por doquier, no me fue difícil encontrar un piso para compartir, junto a otras tres estudiantes universitarias, y un trabajo de canguro a tiempo parcial. También me matriculé en una escuela técnica donde continuaría mis estudios de informática. Todo parecía ir sobre ruedas. Empezaba a tener forma mi sueño de vivir en esta magnífica ciudad de ambiente universitario y llena de oportunidades. El edificio donde vivía se encontraba junto al Campus universitario por lo que en el bloque muchos de los pisos estaban alquilados y compartidos por jóvenes estudiantes inquietos y con una intensa vida social. Uno de aquellos estudiantes era Juan. El azar, siempre tan caprichoso, quiso que coincidiéramos en el tiempo y el espacio, que se cruzaran nuestros caminos y suertes. Allí nos conocimos y en algún momento de aquellos días otoñales prendió la chispa. Estudiante de biología, aficionado a la pintura y con un trasfondo intelectual y espiritual. De repente me sentía serena, confiada y amable. Creo que con él descubrí el significado del amor verdadero, del buen amor. Lo quería, pero nunca se lo dije lo suficiente, nunca con palabras, quizás en escrito. Tres años se entrelazaron nuestras vidas. Mañanas de clases, tardes de cafés, estudio y tertulia y noches juntos, leyendo poesía y escuchando canciones de Joan Manuel Serrat —Penélope, paradigma de fidelidad y espera, se convirtió en nuestra canción preferida, en icono de nuestra relación—. No siempre fue todo perfecto, no siempre fui la compañera más agradable; mi mal genio surgía, a veces, de la nada más tonta, pero él siempre respondía con dulzura y comprensión ante mis arrebatos temperamentales. Dejaba bajo mi puerta pequeñas y furtivas notas manuscritas. Mensajes de reconciliación para volvernos a encontrar. Recortes de papel con un cómplice «Ya sabes nuestra contraseña», escrito al final. Golpeaba tres veces la pared del pasillo que daba a su habitación, a veces a deshoras; la contraseña que abría su puerta. Sus besos y abrazos me revelaban lo valiosa y adorable que era, más allá de mi belleza física.

Con Juan fui tomando consciencia de todo cuanto desconocía

del mundo, de las personas, del amor mismo. Hasta entonces mi percepción de la realidad había sido muy limitada. Con pensamientos desordenados y emociones no deseadas que brotaron y florecieron constreñidos por las alambradas de mi disfuncional hogar. Un nuevo mundo por explorar, rico y diverso, se desplegaba, bello y diáfano, ante mí. Y decidí comenzar una nueva vida. Me reinventé, me imaginé y construí un nuevo yo reconfigurando mi pasado y ocultando mi verdadera historia personal. En lugar de airear, compartir y exorcizar mis demonios, los soterré bajo capas de apariencia y medias verdades. Y así, de alguna forma, vencí mis vivencias de infancia y juventud, mis herencias del pasado. Ahora identificaba mis creencias limitantes, los mensajes y ataduras que aún resurgían pero que ya no acataba. Ahora el poder lo tenía yo. Me convertí en una mujer renovada, vital y radiante. Con la chispa de la juventud a flor de piel.

Unos meses después traje a Carmen a vivir conmigo, y con las otras compañeras con quién compartía piso, en Granada. Cada mañana Carmen se levantaba, se aseaba, desayunaba y tomaba un abarrotado autobús para llegar hasta su colegio. Con tan solo diez años ya era responsable y autosuficiente. Me obsesionaba y esforzaba por cuidarla y porque, sobre todo, tuviera una alimentación saludable. Purés de verdura y sopas caseras; insípidas pero saludables. Los fines de semana compensábamos el sacrificio a base de sabrosos y crujientes cruasanes de chocolate en la cafetería bajo nuestra vivienda. Juan y mis compañeras de piso la mimaban y cuidaban a menudo. Entre todos lo hacíamos lo mejor que podíamos. O sabíamos. Más allá del cuidado de mis hermanitas pequeñas, yo no contaba con experiencia para mi nuevo papel de madre. Hice lo que pude y quizás no lo mejor. No fue hasta que tuve mis propios hijos cuando comprendí lo valerosa que fue Carmen a esa edad tan temprana. Se adaptó, a su manera, al vibrante ritmo de vida de los estudiantes universitarios.

Carmen es una parte fundamental e inseparable de mi pasado. Juntas sorteamos muchos obstáculos y corrimos mil aventuras. No entendería mi ayer sin ella. Ni mi presente. Ella es una compañera esencial en mi vida. Más joven que yo, inteligente e ingeniosa es una mujer fuerte y bella, vital y tremendamente divertida.

En mi segundo año en Granada sufrí como nunca había sufrido antes. Mi abuelita falleció. Recuerdo el día; me encontraba con Carmen en la cafetería de los cruasanes. Mi familia no contestaba a mis llamadas por lo que, preocupada, llamé a mi amiga Mili. Por su voz apagada, sus palabras vacilantes y su entrecortado silencio intuí que algo no iba bien. Así fue; mi abuelita había fallecido inesperadamente a causa de un derrame cerebral. Incrédula, mi corazón dio un vuelco de rabia y dolor mientras el teléfono resbalaba de mis manos temblorosas. Carmen, a mi lado, sorprendida, sin saber qué decir, empezaba a entender y sollozar. Aquel fue el día más triste de mi vida. Ninguna experiencia dolorosa, ningún suceso sufrido en mi vida me había preparado para este momento de impotencia y desconsuelo. Grité y lloré sin pudor mientras mi mundo se derrumbaba hacia el abismo. Por primera vez en mi vida experimenté la inevitable realidad de la muerte. Sin remedio, sin vuelta atrás, sin esperanza, sin posibilidad de lucha ni rebelión. La partida eterna sin retorno. El vacío.

Pasé una noche interminable de insomnio y congoja. Me levanté temprano y di el habitual largo paseo hacia mi trabajo de canguro. Arrastraba con pesadez mis pasos en aquella mañana triste, más oscura y gélida de lo normal. Llegué pronto. La pequeña Maite se alegró al verme, siempre dispuesta a jugar un ratito antes de llevarla al colegio. Le expliqué a su padre la razón de mi tristeza y él me expresó sus condolencias y me agradeció el no haber descuidado mi trabajo aquel triste día. Me sentía desolada, yerma por dentro. Me atenazaba la culpabilidad por alejarme voluntariamente de mi familia, el remordimiento por no haber pasado más tiempo con mi abuelita. Y ya no había vuelta atrás, no podía remediarlo. Aquellos sentimientos me martirizaban, pero de alguna forma, aquel dolor también me daba fuerza para no faltar a mi trabajo y asistir a todas mis clases; ella siempre creyó que yo estaba destinada a algo más grande y ahora no podía defraudarla. De algún modo, desde algún lugar puro y etéreo de este vasto y misterioso Universo, sentía que ella me observaba y me protegía.

Le lloré mucho tiempo. Aún hoy lo hago, pero ahora, sin amargura; con lágrimas de nostalgia y gratitud. Con lágrimas de amor. Guardo, como un pequeño tesoro, algunas de sus pequeñas pertenencias; unos pendientes, un suéter, unas fotos… y los mejores recuerdos. Siempre me acompañará.

CAPÍTULO 7

Decepciones y fracasos

"Cuando una puerta de felicidad se cierra, otra se abre, pero muchas veces miramos tanto tiempo la puerta cerrada que no vemos la que se ha abierto para nosotros." – Helen Keller

A MIS VEINTIÚN AÑOS, después de tres años viviendo en Granada, y con el título de Técnico Superior en Informática bajo el brazo, volví a mi pueblo, y a casa de mis padres. Juan y yo nunca terminamos formalmente nuestra relación. Simplemente se fue desdibujando entre las mareas de la distancia y el tiempo. El retorno a mi pueblo, a varios cientos de kilómetros del suyo, y las dificultades para contactar, siquiera por teléfono, eran obstáculos, señales que auguraban la bifurcación de nuestros destinos. A pesar aquellos presagios, durante todo el año siguiente seguí pensando en él; creyendo, confiada, que aparecería en cualquier momento. Con una mezcla de ingenuidad y curiosidad incluso visité, en una ocasión, a una pitonisa para que adivinara mi futuro, algo habitual entonces en el sur de España. «Viajarás lejos, mi niña, y ese novio tuyo no estará contigo», profetizó, ante mi pregunta de si Juan volvería conmigo. Fueron las únicas palabras que recuerdo y no les di crédito alguno. Continué mi vida confiada en que, de alguna manera, Juan no me dejaría. Que volvería.

Aquel año de mi vuelta, por suerte, mi padre casi nunca estaba en casa. Le había salido un contrato de trabajo como marino mercante navegando por el Atlántico Norte y por la costa occidental africana. Chino había vuelto de nuevo a California, confiándome su trabajo como ingeniera informática; se lo agradecí infinitamente pues aquello supuso mi primera gran oportunidad de demostrar mi valía en el mundo laboral y marcar la diferencia por mí misma. Disfrutaba codificando en COBOL, el principal lenguaje de programación informática que aprendí en el Instituto Politécnico. En aquella época los ordenadores no tenían interfaz gráfica de usuario (GUI) y toda la interacción con mi ordenador IBM era en la línea de comandos utilizando una versión temprana del sistema operativo Unix. Todo aquello me resultaba mágico y alucinante por lo que acudía al trabajo motivada, con ganas e ilusión. Mi madre, a pesar de su humilde sueldo de maestra, fue una de las primeras personas de la zona en comprar un ordenador IBM, caros aún a finales de la década de los 80. Inquieta y autodidacta logró aprender a programar en BASIC, el primer lenguaje de programación, e incluso a utilizar algunos de sus programas informáticos para enseñar a niños con necesidades especiales en el colegio donde trabajaba. Mi madre y yo nos embarcamos juntas en el aprendizaje sobre cómo programar el IBM.

Recuerdo cómo 'las malas lenguas' me decían lo mucho que me parecía a mi padre. Heredé de él su figura delgada, su piel aceitunada y sus labios grandes. También sus habilidades analíticas. Mi madre es bien distinta; piel clara, cabello rubio oscuro y una envidiable figura de reloj de arena, en forma de guitarra; una Brigitte Bardot española. Siempre he aborrecido el parecido con mi padre. Sin embargo, creo que, con el paso del tiempo, a medida que cumplo años y gano en madurez, más me identifico con mi madre; no tanto por mi aspecto físico, sino, más bien, por mi insaciable sed de conocimiento, mi aprecio por la cultura y la gran pasión por la lectura que compartimos. Asumo el parecido físico con mi padre únicamente como un tributo sujeto a las inevitables leyes de la genética.

No conservo demasiados recuerdos del año siguiente a mi obtención del título de informática y mi vuelta de Granada. En cambio, si recuerdo —bastante bien— las tecnologías que aprendí entonces. A los veinte años dominaba y era capaz de codificar en varios lenguajes de programación: COBOL, BASIC, FORTRAN, PASCAL, C y ensamblador. El trabajo que me dejó mi hermano ocupaba gran parte de mi tiempo; reuniones intensas con clientes de negocios diversos; empresarios, bodegueros y otros gremios. Mi trabajo consistía en detectar y solucionar fallos en su código de programación y diseñar y desarrollar programas de contabilidad para sus empresas locales. Un trabajo retador y estimulante que me encantaba.

Durante mis pausas para el almuerzo, conducía hasta la playa, donde aprovechaba para tomar el sol y echar una siesta, despreocupada. En topless y con el cuerpo untado de aceite de oliva, mi piel adquiría gradualmente un hermoso bronceado estival al ritmo pausado de las olas. Como es costumbre en España, al final de la jornada casi siempre quedaba con amigas para tomar unas copas y unas tapas; charlar, reír, disfrutar de la compañía y celebrar, sin más pretensión, la vida. Mis días se dividían entre el trabajo, el descanso y las relaciones sociales.

Había encontrado un equilibrio perfecto entre las exigencias laborales y los placeres que la vida ofrecía. Eran días productivos, tranquilos y dichosos. Me sentía plena. Feliz.

Satisfecha y orgullosa de poder contribuir —por primera vez en mi vida— a los gastos de la casa, le entregué a mi madre mi primer sueldo mensual. Mi padre, que trabajaba lejos, era un derrochador y no se molestaba en enviarnos dinero; se desentendía de sus obligaciones y ni siquiera se preocupaba por la economía familiar, por lo que dependíamos totalmente del sueldo de mi madre como profesora. Poder ayudar en el sostenimiento de la familia me llenaba de orgullo, me motivaba y era una razón más para seguir con mi trabajo.

A principios de la década de los 90, no era habitual encontrar a una mujer joven trabajando en la industria del software. A pesar de mi interés y entusiasmo inicial, mi primer trabajo no duró mucho; mi jefe no me pago después del primer mes. Me encantaba mi trabajo como programadora, pero aquella experiencia, que al principio parecía prometedora y gratificante, se desvaneció rápidamente. Solo duró un mes de sueldo, y un par trabajando.

A pesar de mi fiasco laboral, la vida social y, sobre todo, el mar y la playa, me mantenían ocupada y animada. Varias veces seleccionadas como las 'mejores playas de España', las de Chiclana son un verdadero paraíso, quizás un secreto bien guardado. Un litoral bañado por el Atlántico, con kilómetros de arena fina y dorada, agua cristalina, suaves olas y una oferta gastronómica que se despliega en bares y chiringuitos. Los atardeceres de ensueño dan paso a noches veraniegas fascinantes e interminables; familias y amigos se reúnen bajo una luna que riela sobre el oscuro mar.

Guardo recuerdos de momentos mágicos en aquellas playas; puestas de sol junto a seres queridos mientras el rumor de las olas se entremezcla con la música española que se escapa de los chiringuitos; risas despreocupadas, conversaciones ligeras, el acento andaluz; el olor del mar, la textura de la arena, la sal adherida al cuerpo. Pura alegría. Vida. Sensación de libertad. Cierro los ojos y, atravesando el tiempo y el espacio, mis sentidos despiertan, recobran aquella vida y me transportan a esos instantes mágicos. Por un breve momento, los revivo. La imagen es vívida y poderosa, conectándome con mi pasado y con todas las personas que he amado.

He pasado incontables horas caminando en soledad por aquellas orillas, con un mar furioso a veces, sereno otras. He sentido su extraordinario poder y su acogedora serenidad. Es extraño y real cómo esta colosal fuerza transmitía una infinita paz a mi alma. Ese océano no era sólo una parte de mi vida, sino mi vida misma. Podría susurrar al Atlántico lo que Serrat cantaba al Mediterráneo... Llevo tu luz y tu olor por dondequiera que vaya / Y amontonado en tu arena, guardo amor, juegos y penas.

Recuerdo los días y noches de aquel verano en la playa junto a mi nueva amiga Carmela. Era mayor que yo, rubia, con la piel bronceada, extrovertida y muy segura de sí misma. Vivía en una casa con piscina cerca de la playa y, aunque nunca la vi trabajar, parecía tener una buena situación económica. Me encantaba su casa y con ella me lo pasaba pipa. Un día, recuerdo que fuimos a su casa, nos duchamos, cenamos, y luego me llevó en su coche amarillo hasta los chiringuitos de la primera pista de La Barrosa. Nada más llegar, un grupo de chicas conocidas nos dijeron, entusiasmadas, que acababan de llegar en motos impresionantes dos pedazos de alemanes, guapísimos y super atractivos. La gente joven de mi pueblo estábamos todos muy unidos; nos conocíamos todos y sabíamos de nuestras vidas. Quizás demasiado. Cualquier noticia corría como la pólvora. Chiclana, y toda la costa de Cádiz, con sus impresionantes vistas al mar y su animada vida nocturna, era un destino popular entre los jóvenes turistas del norte de Europa.

Carmela y yo caminamos, curiosas y decididas, hasta el chiringuito donde según nuestras amigas estaban los alemanes tomando copas. Solo entrar por la puerta, mis ojos se clavaron en el extranjero rubio, alto y más guapo incluso que las brillantes descripciones de mis amigas. También él se fijó en mí, despertando mis sentidos y cada fibra de mi ser. Mantuvimos nuestras miradas una fracción de segundo con una intensidad involuntaria. Carmela y yo nos sentamos en la barra y pedí mi bebida favorita, un 'gin lemon'. Mi piel morena de verano, radiante, acentuada por el color azul de mi minifalda y un diminuto top, también azul, adornado con numerosas pulseras de cuero africano; los labios pintados de un rojo intenso y los ojos delineados con una gruesa aplicación de lápiz de ojo negro y máscara de pestañas; el pelo me caía por la espalda en rizos castaños playeros y mi joven alma ardía.

Un conocido de Carmela se acercó a hablar con nosotras; claramente atraído por ella, soltó un comentario desatinado sobre los efectos de mi maquillaje, diciendo que, según él, me haría envejecer rápidamente. Luego miró a mi amiga y le dijo que su piel, por el contrario, se mantendría joven para siempre. 'Vaya idiota', pensé. Y qué manera más absurda de intentar ligar con mi amiga, agraviándome a mí en el proceso. Mientras escuchaba estos comentarios, el guapo alemán de repente se acercó y se sentó a mi lado con una cerveza en la mano y una sonrisa que derretía mi esencia. Rápidamente capturó mi mirada y toda mi atención. Solo hablaba unas pocas palabras de español y, al contrario que él, yo no hablaba ni una palabra en alemán ni en inglés. En estas circunstancias, el lenguaje corporal se convirtió en nuestro único idioma. Sentada a su lado, sin pensármelo dos veces, le cogí de la mano y lo saqué del chiringuito. Me sentí más que atraída por él, sin duda alguna. Quizás demasiado. Y él me siguió, dejando atrás a su amigo. Aunque era un completo extraño, sentí confianza, quizás cegada por un subidón de oxitocina.

Creí entender que se llamaba Mongo, aunque seguramente estaba pronunciando y escribiendo su nombre de forma incorrecta. De todas formas, decidí llamarle así. Mongo y yo nos subimos a su moto, que había traído desde Alemania, y fuimos al chiringuito donde estaban mis amigos íntimos, en la segunda pista de la playa La Barrosa. Sabía que Mili estaba allí y quería que lo conociera. Mongo perdió de vista a su amigo aquella noche, y yo a Carmela. Encontramos a Mili sin dificultad, y rápidamente me dio su aprobación con un pícaro y cómplice guiño, acompañada de esa sonrisa traviesa que siempre la caracterizaba. En cuestión de horas, Mongo conquistó las partes más profundas de mi ser. Tenía una delicadeza poco común, una mirada que inspiraba confianza. Me entregué a él como si lo hubiera conocido toda la vida. Pasamos juntos el resto del verano, entre días en la playa y noches en las dunas, con hogueras y una tienda de campaña ridículamente pequeña. Con su cuerpo alemán, grande y alto, me abrazaba y me perdía en sus brazos de tal manera que no quería regresar nunca al mundo real. Terminábamos nuestras noches nadando desnudos en el océano, besándonos sin necesidad de palabras. Por las mañanas, íbamos todos los días a mi casa a ver a mi madre, Ana y Carmen. Ana, con sus catorce años, en cierto modo también se enamoró de Mongo. A veces se unía a nosotros en la playa, disfrutando de cómo Mongo lamía el helado que caía en mi cuerpo de su boca, disfrutando la escena.

A finales de agosto, Mongo volvió a Alemania. La mañana de su partida, me dejó en casa, nos besamos, tratando de mostrar indiferencia hacia el amor que compartíamos, o quizás resignación. Pero cuando se marchó, me invadió una fuerte mezcla de emoción y tristeza. Sentí unas ganas horribles de llorar, de correr hacia él y no dejarlo ir. En su ausencia, el mundo parecía sombrío y vacío. Mis propios sentimientos me aterrorizaban. No lloré e intenté por todos los medios ocultar mi dolor, mi coraje y la impotencia de no poder controlar mi destino.

Pasé el día intentando distraerme, cocinando, limpiando y pasando el rato con Ana y Carmen. Por la noche, me tumbé en la cama incapaz de procesar o entender mis emociones. De alguna manera, estaba asustada. Como la mayoría de las noches de verano, hacía mucho calor, pero yo estaba demasiado agobiada para salir de mi sofocante dormitorio. Miraba el techo de mi habitación, incapaz de sacudirme el profundo dolor en mi corazón. Fue entonces cuando oí la voz de Ana gritando emocionada, «¡Munini, el alemán ha vuelto! ¡Está fuera con su moto chula!»

No me lo podía creer, así que, sin pensarlo dos veces, salí corriendo de mi habitación, ignorando que iba descalza, en camiseta y bragas. Mientras corría fuera de casa, pensé por un momento que sería una de las bromas de Ana. Para mi sorpresa, Ana había dicho la verdad: Mongo había vuelto. Lo abracé y lo besé sin palabras. Sentí que el mundo volvía a su sitio y que mi corazón rebosaba de alegría y alivio. Nunca lo dejaría ir, pensé.

Mongo y yo pasamos una noche más en la playa durmiendo en las dunas sin comunicar nuestros sentimientos. En sus brazos me perdí. La mañana llegó antes de lo esperado y volvió a marcharse, esta vez para siempre. Con su español entrecortado, pensé que me había insinuado que me fuera con él. Ignoré la posibilidad de que tal vez quisiera algo más que pasar el verano conmigo. Le conocía tan poco, pero a la vez tanto. En mi mente, me intente convencer no era más que un amor de verano al que tenía que dejar marchar. Al que tenía que olvidar.

Mongo volvió al año siguiente, más o menos por la misma época, fue hasta mi casa, hablo con mi madre, pero no me encontró. Me había ido a un lugar donde ninguna motocicleta podía llegar. Después de aquello, aún con el corazón abatido, volví a salir, como siempre, con Mili, Carmela y otros amigos; les dije que Mongo no me importaba, que sólo había sido una fugaz y calurosa aventura de verano. Mentía, siempre mentía por tal de ocultar mis sentimientos. Incapaz jamás de decir lo que sentía, de darle fuerzas al dolor.

A pesar de mi empeño, no encontré ninguna oportunidad de trabajo como informática, por lo que, a través de un conocido que trabajaba en una agencia inmobiliaria, acepté realizar una entrevista para un puesto de recepcionista. El recuerdo de aquella humillante entrevista aún me produce ansiedad y resquemor.

Nada más llegar, el entrevistador me sentó tras el mostrador de recepción y, entregándome una especie de guía informativa, me pidió que atendiera las llamadas de teléfono. Parecía una tarea sencilla que cualquiera podría desempeñar, sin embargo, para mi sorpresa, me costó responder y desenvolverme correctamente, incluso ante las peticiones más simples.

Me había sobreestimado y la realidad me enfrentó con mis prejuicios; faltaba de habilidades comunicativas y competencias profesionales para aquel puesto. Con escasa autoconfianza, mi mente se quedaba en blanco y guardaba silencio, sin saber exactamente qué decir ni cómo reaccionar, nerviosa y bloqueada. Las burlas jocosas de mi padre y sus comentarios sarcásticos sobre mi lentitud mental aumentaban mi dolor y sentimiento de ineptitud; ni siquiera era capaz de superar una entrevista básica de recepcionista. Fue un golpe desalentador y frustrante para mí. Me sentía fracasada. Ignorando mis fortalezas, me ahogué en mis debilidades. Incapaz de conversar con soltura y seguridad, cuestionaba mi inteligencia y me torturaba con interrogantes sobre mi futuro.

Después de ese revés, continué buscando oportunidades de trabajo hasta que, consciente de mis escasos éxitos y ya en pleno otoño, decidí prepararme para las oposiciones de ingeniera en Telefónica, la principal empresa de telecomunicaciones de España. Los exámenes consistían en una serie de pruebas estandarizadas basadas en un temario específico, diseñado principalmente para personas con titulaciones en informática e ingeniería. Quería asegurarme de evitar otro fracaso, por lo que esta vez planifiqué mi estrategia meticulosamente. Siguiendo el consejo de mi madre y con su apoyo, me matriculé en una academia en San Fernando, un pueblo cercano. Motivada y con una disciplina implacable, asistí a clases por las mañanas y estudié durante las tardes todo el invierno. Me esforcé como nunca, hasta que tuve la confianza de que lo iba a conseguir. Lo presentía; sentía que lo merecía, y que uno de aquellos puestos tenía que ser mío. Estaba casi segura de ello. El día de las pruebas me sentía preparada y confiada en mis capacidades. Las pruebas consistían en preguntas escritas y eso de no tener que hablar me hacía sentir mejor. Hicimos los exámenes.

Recuerdo la alegría que llevaba tomando el autobús para ir a ver la lista de aprobados. De camino pensaba cómo, unos años antes, mi madre, con una situación mucho más difícil que la mía, había logrado aprobar las oposiciones para un puesto de profesora de educación especial; pruebas más complicadas y competitivas que estas a las que yo me enfrentaba. Imaginé —casi lo saboreaba— cómo iba a comunicar mi aprobado a mi madre; haría que se sintiera orgullosa y podría ayudarla económicamente.

Cuando llegué, me encontré con muchísima gente en aquel pasillo. Clavada con chinchetas en el panel de corcho del tablón de anuncios, colgaba la lista de aprobados. Busque y busque, hasta que casi quede sola. Por más que busqué, mi nombre no aparecía en el listado. Desesperada, avergonzada y confundida, con lágrimas en los ojos, abandoné el lugar. Quería que la tierra me tragara. Desaparecer de este mundo y no tener que admitir que había suspendido, que había fracasado. Sentía en lo más profundo que me merecía uno de esos puestos y no podía comprender por qué había suspendido. No era la única; probablemente toda aquella gente sentía lo mismo. Pero me encontré sola. A pesar de mi intensa decepción, no quería llamar la atención sobre mi inmenso fracaso. Una vez más, reprimí mi rabia y seguí adelante. Sin embargo, mi disimulo no logró engañar a mi madre. Yo notaba que ella percibía mi frustración y mi dolor, y eso me entristecía aún más. Nuevamente, los días de playa y las noches con mis amigas parecían tranquilizarme. Al menos temporalmente. Con el buen tiempo, los días a menudo se prolongaban hasta el amanecer. Sin dormir, saludábamos al nuevo día con churros y chocolate caliente.

La primavera ya despuntaba. Como siempre en esa época, el mar, bello y poderoso, me atraía y me invitaba a disfrutarlo en soledad. Fiel a mi rutina diaria, una de aquellas mañanas acudí a la playa a dar un baño fresquito y vivificante y un buen paseo que me ayudara a reflexionar y poner en orden mis pensamientos; repensar y encajar en mi alma mis fracasos y decepciones. Juan nunca volvió por mí. Mongo se fue para siempre. Menos Carmela, la mayoría de mis buenas amigas, Mili incluida, estaban comprometidas en relaciones de pareja. Yo ni lograba mantener una relación estable, ni encontrar un trabajo; empecé a sentir que algo en mí debía de andar mal. Ensimismada en esos pensamientos, sin pensarlo, en un loco impulso corrí, arrebatada, hacia el mar. Quizá con la intención de sacudirme la desesperación, pues intuía que el océano tenía el poder mágico de cambiar mis emociones; otras veces lo había hecho. Pero, aquel día, las olas parecían tan confusas y enfurecidas como yo lo estaba. Y me traicionaron. No lograba encontrar la forma de salir del agua, algo que nunca me había ocurrido. A ese mar, en la costa de Chiclana, lo conocía como a mi propio hermano; jamás me traicionaría o haría daño.

Pero ese día las olas me zarandeaban con furia en medio de un caos de espuma y sal. Una fuerza, poderosa e invisible, me arrastraba hacia el abismo. Casi sin fuerzas luché por zafarme de aquel oleaje mortal, buscar aire y sobrevivir, pero le resaca marina me vencía y mi cuerpo exhausto se rendía. Sentía que también mi alma se entregaba, se soltaba sin resistencia, con una deliciosa sensación de alivio, ante una vida que parecía no tener sentido…

Alguien me rescató de ese instante eterno. Fue mi amigo Juan Manuel Bejerano, mi príncipe del océano, que casualmente paseaba por la playa y presenció mi lucha. Me trajo a la orilla. No recuerdo haber visto a nadie cuando corrí impávida hacia la mar, pero él, afortunadamente, estaba por allí. Me rescató en estado de inconsciencia y me salvó la vida. Le llaman el Loco, por simpático y atrevido, y, como un loco valiente, luchó contra las olas, las venció y me devolvió a la vida arriesgando la suya. Alguna vez hemos recreado y revivido juntos aquella experiencia sin encontrar explicación humana a su intrépida proeza. Agotada y recompuesta después del suceso, regresé a mi casa en mi Vespa, aún con el susto en el cuerpo y mis pensamientos inquietantes en la mente. No le conté nada a mi madre cuando llegué a casa; ya tenía mucho de lo que preocuparse conmigo. Ella sabía de mi infelicidad y esto me preocupaba día y noche. Sabía que, tarde o temprano, mi padre volvería a casa de su viaje a África, y eso me retorcía por dentro. Como mi madre me decía: «con tu padre y tú en casa, esto va a ser peor que un terremoto diario». Yo sentía que, lejos de ayudarla, empeoraba cada vez más la situación y sus sentimientos, con mis continuos vaivenes y fracasos, y la cercanía de mi padre.-

Aquella noche estuve pensando en todo lo sucedido; el mar me atrapó en un abrazo mortal para después liberarme hacia la misma vida tortuosa de siempre. Un sinsentido, pensé perpleja. O quizá no; ¿fue una traición? ¿el azar? ¿la suerte? ¿un escarmiento? ¿un mensaje del universo? Unos días después volví, en mi Vespa, hasta el final de la playa. Esta vez hacia una zona, todavía tranquila y abandonada, la tercera pista, con sólo unas cuantas casas alrededor. Dejé mi moto junto a las dunas y me tumbé al sol en toples esperando a mi amiga Chantal. A veces quedábamos en la tercera pista, que estaba apartada y en esta época del año bastante tranquila y silenciosa. Nos encantaba tomar el sol desnudas, buscando un bronceado total, sin las marcas del bikini. Admiraba el gran sentido de la independencia, la confianza que llevaba y sobre todo el estiloso francés encantador de Chantal. Siempre tan bonita y segura de sí misma.

Tumbada —y sola aún— por el rabillo del ojo me percaté de la presencia de un joven con vaqueros ajustados y camisa roja que me observaba parapetado tras una duna cercana. Asustada me cubrí rápidamente y me encaminé deprisa hacia mi Vespa. Aquel pervertido corrió, endemoniado como un poseso, hacia mí. Me alcanzó y, derribándome al suelo arenoso, me manoseó los pechos con babosa lascivia. Sentí como si, en un acto de autoprotección, mi alma saliera de mi propio cuerpo y observara la escena desde fuera. Me quedé inmóvil, sin mirarle. Otra derrota más cuando el episodio de las olas tragándome aún resonaba en mi interior. Ya no tenía fuerzas para luchar. Por suerte aquel depravado no llegó a más, se alejó y desapareció de mi vista. Dejó intacto mi físico, pero me robó algo muy preciado; la sensación de libertad. ¡Estúpido de mierda! Aquello fue un punto de inflexión y frustración; se acabaron las aventuras playeras en solitario, los largos paseos y tomar el sol desnuda. Desde entonces nunca he tenido el coraje de caminar sola en una playa solitaria y menos todavía desnudarme. Lo echo de menos. Es como si hubiese tenido que abandonar una parte de mí.

Fueron días decisivos en mi trayectoria vital. De alguna forma, el Universo —¿mi subconsciente? — me enviaba señales; quizás tenía que elevarme, mirar más allá de mi horizonte más inmediato; buscar y encontrar mi propio concepto de responsabilidad y de libertad; mi propio sendero. El bienestar de mi gente cercana no iba a hacer realidad, por si sola, mis propios sueños. Incluso el océano que se extendía ante mí me estaba susurrando, a su manera, que pronto tendría que desprenderme de todo lo que amaba. Empezar desde cero. ¿Qué futuro me esperaba en mi pueblo, con mis amigas, mi océano y mis andares nocturnos? Quedarme allí probablemente me llevaría a convertirme en la esposa de alguien y, con suerte, conseguir un trabajo de camarera o cajera en uno de los supermercados. Me consumía la posibilidad de ese futuro. Ni un marido, ni un trabajo cotidiano era lo que yo deseaba, o lo que yo creía que merecía. Quería conquistar algo más grande. Algo aún desconocido. Y todo comenzaba por conquistarme a mí misma; enfrentándome a mis miedos, y dar pasos quizás más arriesgados.

Una noche, mientras dormía profundamente, el timbre de casa me despertó. Era Fernando, el hermano mayor de Andrés (novio de Mili), un antiguo amorío de adolescencia, que apareció de repente y sin esperarlo. Era bastante tarde, la una, las dos de la mañana, quién sabe. Quería hablar conmigo. Rápidamente me puse un traje y nos fuimos a dar un paseo por la playa y tomar una copa en un chiringuito. Sin demasiados titubeos ni ambages me confesó su amor y su deseo de tener una relación, esta vez seria, conmigo. Nuestro anterior romance —cinco años atrás— fue un desastre y tan solo duró unas semanas. Aunque desubicada y agotada por mis constantes fracasos, en realidad me alegraba volver a verle; aunque sólo fuera con el objetivo de pasar un buen rato sin más expectativas.

Fernando tenía su encanto sin duda; fuerte y atractivo, apasionado, romántico y muy divertido; de corazón noble y al igual que su hermano Andrés, buena posición económica. Varios años mayor que yo, estaba divorciado y ya era padre. Me resultaba agradable su compañía; en la playa, en su casa o en su lujoso Spa Club en el Puerto de Santa María. Pronto retomamos nuestra relación. Aunque él trajo algunos momentos de luz a mi vida, yo seguía caminando por mis propios senderos de duda y oscuridad; con pensamientos y sensaciones de miedo y limitación. Sentía una fuerte pulsión por avanzar en una dirección diferente; con el objetivo principal de alcanzar mi independencia económica. Mis muchos fiascos lo hacían parecer inalcanzable. Observar el reguero de decepciones y fracasos que dejaba tras de mi me llevaron a plantearme, esta vez muy seriamente, en abandonar mi pueblo de una forma radical. Y todo cuanto lo envolvía. Con todo lo que aquello suponía.

Mi familia, mis amistades, Fernando o mi pasión por aquel mar no resarcían mis constantes desengaños y frustraciones; mi deseo de ir más allá. No encontraba el equilibrio; no podía conciliar la vida y el entorno, que tanto amaba, con la única meta que entonces tenía. Estaba decidida a romper con todo, dejarlo todo y empezar de nuevo; renacer para perseguir mis propios sueños. Mi padre no tardaría en volver. Y esos me aterrorizaba. No quería volver a convivir con él, con su aborrecible personalidad. Urgía irme.

Mi hermano Chino vivía en California, cerca de Silicon Valley, donde trabajaba como ingeniero de software. Ahora tenía 23 años y se había casado recientemente con Lina, el gran amor de su vida. En sus cartas me hablaba del trabajo que estaba haciendo allí y de las muchas oportunidades que había para personas con conocimientos en programación. Sobre mi cabeza bastante testaruda se encendió una tenue luz de esperanza y lo llamé por teléfono. Yo nunca había viajado al extranjero y la idea de alejarme lo más lejos posible del único lugar que conocía me parecía emocionante y prometedora. Me dedique a escuchar Cadillac Solitario una canción de Loquillo con mucho éxito en España en los años noventa. Todo un testimonio de soledad y arrepentimiento que comienza con una declaración de intenciones: «Siempre quise ir a L.A.» Me encantaba escuchar la canción y bromeaba con mis amigas con la idea de viajar algún día a California para ver a mi hermano y conducir, de paso, un viejo Cadillac, segunda mano. Sin experiencia, joven e ingenua, limitada por la burbuja hermética de mi pueblo, pensaba que allí, además, tendría la oportunidad de conocer a mis heroínas; Whitney Houston y Tina Turner. California se convirtió en mi esperanza. En mi sueño radiante. Me voy, pensé.

CAPÍTULO 8

Un dólar en mi bolsillo

*"No puedes sentarte y esperar a que la gente te dé ese sueño
dorado. Tienes que salir ahí fuera y hacerlo realidad
por ti misma." – Diana Ross*

AÚN RECUERDO LA FECHA. El 1 de mayo de 1991, a las
puertas de mi 22 cumpleaños, puse rumbo a América. Me fui de
España dejando atrás todo mi mundo; todas mis cosas; todas las
personas que formaban parte de mi vida y a las que amaba; mi
idioma, dejé a mi gaditana… Pasé la noche antes de mi partida con
Fernando, en los chiringuitos. Sólo llevábamos saliendo unos meses,
pero estábamos unidos. Al final de la noche, nos sentamos en su
coche a escuchar Gypsy Kings y hablar del futuro. Me dijo que me
quería, insistiéndome en que no tenía por qué irme, prometiéndome
que siempre me ayudaría en todo lo que necesitara. Tal vez fuera
sincero, tal vez no. Nunca lo sabré. Le prometí que volvería. Fue mi
última promesa, ya que pronto aprendería a no hacer promesas de
futuro. Aquella noche me sentí triste. Sabía que dejaba muchas cosas
importantes atrás —de hecho, todo en mi vida: vivencias, personas,
sueños…— y que el futuro, con sus desafíos y oportunidades,
estaría repleto de luchas y sacrificios. Un precio alto que pagar por
conquistar una vida diferente.

Mi padre apareció por casa justo antes de mi partida. Nos contaba, como siempre historias de película, que mientras navegaban frente a las costas de Mauritania, en el océano Atlántico, su crucero fue abordado y capturado por piratas. Llevaban armas y eran violentos. Tomaron el control del barco, y se llevaron a la tripulación entera a Mauritania, donde los encarcelaron. Mi padre contaba las hazañas de cómo había logrado sobrevivir, de cómo los trataban siempre a punta de pistola. Afortunadamente, el gobierno español intercedió y todos volvieron, sanos y salvos, después de dos meses de cautiverio. Yo me preguntaba cómo mi padre parecía estar siempre metido en problemas y de, alguna manera, salir indemne de todos ellos. Siempre con prepotencia y aries de superioridad.

A su regreso nos comunicamos con normalidad; con la cautela necesaria para no desatar el conflicto; sin estorbarnos ni coincidir más allá de lo necesario. Recuerdo cómo, con un beso por la mañana y otro por la tarde, acompañados de sonrisas hipócritas, lograba que todo jugara a mi favor durante esa pequeña temporada en la que volvimos a vivir juntos. No recuerdo quién pagó mi billete, ni siquiera quién me dio el único dólar de la suerte que llevaba en la cartera. Aún conservo aquel desgastado billete, en aquella cartera, ahora anticuada.

Creo que no planifiqué con suficiente minuciosidad mi viaje. Sólo recuerdo que me fui sin dinero, con un par de zapatos nuevos de piel y un práctico costurero —que mi madre me regaló— metidos en mi maleta. Tanto apreciaba aquellos zapatos que nunca me los puse. Los guardo, aún sin usar, en mi armario, junto al dólar de la suerte. Mi madre me los compró la mañana anterior al día de mi partida. Cada vez que los miro, mi mente y mi alma me llevan hasta aquella deliciosa mañana de primavera con mi madre y yo paseando por el centro de Chiclana y buscando, sin prisas, unos zapatos de piel baratos pero bonitos. «Baratos pero bonitos», esas eran sus palabras. Nunca vi a mi madre esmerándose tanto en comprarme algo. Todavía me conmueve. También conservo en mi memoria las palabras, a las que nunca hice caso, de mi padre: «No te preocupes por nada; en Estados Unidos todo es fácil». Era la segunda vez que me marchaba de casa, a mi madre le costaría asumirlo y yo lo sabía. Y así me marché. Con valor, con mi dólar de la suerte, mi costurero y mis zapatos nuevos en una maleta pequeña. Con esa imagen, se podría hacer un poema o una canción —¡no sé! —. Inexplicablemente, creo que era todo cuanto necesitaba. Empezaba con buen pie, pensé yo.

Mi avión hizo escala en el aeropuerto londinense de Heathrow. Tenía que pasar la noche en Londres. Con la ayuda de una señora mayor y de mi elemental, y casi olvidado, inglés de bachiller, y una nota con el nombre del hotel, conseguí llegar a mi destino en Londres. Aquella amable señora debió de percibir la confusión que reflejaba mi cara porque, sin apenas dudarlo, hizo un esfuerzo por acompañarme hasta el autobús que me llevaría directamente al hotel. Personas como ella jamás se olvidan en la vida. Sólo habían pasado unas horas desde que salí de casa —y de mi país— y ya estaba desesperada por escuchar y poder hablar mi propio idioma. Me sentía superada y abrumada; hasta el momento, aquel viaje internacional me estaba pareciendo mucho más difícil de lo que había imaginado y, para colmo, aún estaba lejos de mi meta. Ya en la habitación del hotel, no sabía cómo funcionaban los mandos de la ducha, con un diseño diferente, así que me fui directamente a la cama sin ducharme y sintiéndome un poco sudada quizá por el estrés que había pasado. Me tumbé en aquella fría y anónima cama de hotel, con los ojos abiertos e intentando no pensar demasiado, hasta que, por fin, llegó la hora de volver al aeropuerto. No dormí en toda la noche por miedo a no despertarme para coger el siguiente vuelo. Con la ayuda de la gente que encontraba a mi paso, y sin articular una palabra en inglés más allá de un 'very thank you', traducido literalmente de 'muchas gracias', conseguí llegar hasta la zona de embarque de mi avión. En el vuelo hasta San Francisco, de unas doce horas de duración, dormí casi todo el tiempo —creo me puse al día con mi sueño atrasado—. Desperté, justo cuando aterrizábamos, en el regazo de un amable caballero sentado en el asiento de al lado. Fue una situación incómoda pero simpática. Recuerdo que tenía mucho pelo, espeso, negro y rizado y una sonrisa bonachona y amable. Me hablaba en inglés, pero yo, entre ruborizada y agradecida, no entendía y guardé silencio. Ni siquiera un perdón le ofrecí.

En el aeropuerto me esperaba Lina, la mujer de mi hermano Chino. En cuanto me vio, lloró. Me sentí emocionada y entusiasmada, pues creo que nunca vi a alguien llorar por mí. Comunicándonos con pocas palabras —y muchos gestos— me llevó a comer a un 'self service'. Nunca había visto pedir la comida a través de una cajita parlante; me chocó mi primera experiencia americana. Ya en el coche, durante el trayecto a casa, pasamos sobre el puente de San Mateo-Hayward —el más largo de California— hasta llegar a su apartamento en Hayward, donde vivían y nos esperaba mi hermano. Las dimensiones del puente y el tamaño de las autopistas me dejaban boquiabierta. En mi tierra las calles siempre estaban llena de gente, a menos de que fuese la hora de dormir o echar siesta, y yo, acostumbrada a ello, me preguntaba el por qué aquellas calles estaban tan vacías; autopistas repletas de grandes coches, puentes monumentales, altos edificios por doquier, pero apenas gente por las calles. Estaba en un mundo muy distinto al mío. En cuanto llegamos a su apartamento, la sonrisa de Chino, sus singulares hoyuelos en la mejilla y su personalidad divertida y agradable me hicieron sentir casi como en casa. Fue un alivio. Un atisbo de hogar.

Mi visado de turista me permitió quedarme sin problema unos meses en casa de mi hermano y su esposa. Mientras valoraba la posibilidad de estudiar allí, hicimos un poco de turismo y me llevaron a conocer algunos lugares turísticos; Los Ángeles, San Francisco, Disneyland y la salvaje y hermosa costa del Pacífico, en coche. Creo que no pude disfrutar y apreciar plenamente aquellas experiencias y lugares pues, en aquellos momentos, yo estaba constantemente ensimismada y preocupada por mi futuro más inmediato; intentando encontrar y decidir mis próximos pasos.

Me llamaba la atención la gran diversidad de razas, etnias y culturas que coexistían en un mismo país. Creo que disfrutaba observando aquello tan enriquecedor. En España solo había tenido algún tipo de contacto con personas de etnia gitana o de raza negra —algunos inmigrantes africanos que vendían sus productos por la calle—. Los mexicanos me cautivaban especialmente; su forma de comunicarse y sus expresiones me resultaban diferentes e interesantes. A través de Chino conocí a sus amigos mexicanos y negros, lo que me ayudó a entender y ampliar mi conocimiento y comprensión de sus diferentes historias y formas de vida. La primera persona de origen asiático que conocí en mi vida fue Lina. Con ella y su familia, inmigrantes filipinos, aprendí muchas cosas sobre su país y su cultura. También sobre la compleja historia común hispanofilipina. Mis lejanas clases de historia en el Instituto o no cubrían ese periodo o yo había pasado por alto aquella parte.

Hasta que no llegué a California no me enfrenté directamente a la cuestión sobre el impacto que los conquistadores españoles y europeos del siglo XVI tuvieron sobre las civilizaciones indígenas americanas. Por todo el estado de California las calles tenían nombres de conquistadores y misioneros españoles. En mi época escolar, el franquismo se apropió de la historia de España con fines ideológicos ocultando los episodios —invasión, saqueo y violencia— más terribles de la colonización española y reescribiendo una historia oficial de evangelización religiosa y civilización cultural por parte de los españoles en la conquista de América. El impacto de Europa en el nuevo mundo sin duda fue devastador. La causa principal de la extinción de muchos pueblos y culturas indígenas fue biológica: enfermedades desconocidas en América que portaron los europeos que, a su vez, también contrajeron enfermedades desconocidas para ellos, como la sífilis. Los conquistadores españoles no eran soldados enviados por la Corona sino aventureros codiciosos en busca de riqueza. Existe una cierta controversia sobre si fue positiva o perjudicial la labor de España en América, pero, ante todo, debemos considerar que no se puede juzgar con criterios modernos el comportamiento de unos hombres de mentalidad y principios muy distintos a los nuestros. Experimenté emociones encontradas pues estas gentes me acogieron y abrazaron sin resentimiento, como a uno de los suyos. Me sentía afortunada y, con aquellas ideas nuevas en la mente, no podía entender la admiración que tanta gente mostraba por un país —el mío— que había sido tan cruel con su gente. Cinco siglos atrás, eso sí. ¿Conocía realmente la historia? En cualquier caso, no me cabía sombra de duda de que los californianos, por encima de la historia pasada o presente, amaban a España.

Mientras luchaba por encontrarle sentido, adaptarme y encajar en este mundo nuevo, contar con Chino a mi lado me daba algo de tranquilidad y seguridad; creo que era la única persona que podía hacerme sentir como en casa. Pasaba los días aprendiendo inglés mientras Chino y Lina trabajaban fuera. Veía las mismas películas una y otra vez, tomando apuntes y estudiando por mi cuenta para preparar el examen de TOFEL, exigido por la mayoría de las instituciones académicas de Estados Unidos a los extranjeros. Chino y Lina todavía me recuerdan, con mucha guasa, lo obsesionada que estaba con la película Presunto Inocente una vez tras otra; 'It's gotta be so good' se convirtió en mi frase favorita. Había subestimado la dificultad de aprender un segundo idioma y ahora empezaba a darme cuenta de que conseguir dominar el inglés sería una lucha y un proceso mucho más lento de lo que había previsto.

A los pocos meses de mi llegada me vi envuelta en un terrible accidente de tráfico. Conducía Chino cuando otro conductor, un joven, atravesó la salida de la autopista en sentido contrario provocando un choque frontal. No recuerdo el momento preciso, solo el despertar, ya dentro de la ambulancia, con sangre en mis manos, por toda la cara y el pelo. Manaba despacio de una herida abierta en mi cabeza. Con angustia intentaba decir a los médicos de urgencias que me estaba ahogando y que sentía trozos de dientes rotos en mi boca. Lo decía en español y nadie parecía entenderme. Sentía la sangre, metálica y salada, en la boca y pequeños fragmentos punzantes de dientes rotos; el accidente me dejó sin incisivos. Ya en el hospital, las enfermeras me cortaron el pelo para suturar la herida abierta en mi cabeza. Otra vez en mi vida me encontraba con pelo corto que tanto odiaba. Esto me enfureció más que nada. Frente al espejo solo veía mi pelo cortado. Parecía que me mi pelo corto me doliera más que mis propios dientes partidos. Sin mi cabello me sentía expuesta, sin un escudo, sin un lugar donde esconder mi yo sensible y desconfiado. De alguna forma me identificaba con Sansón, el mítico personaje bíblico, fuerte y poderoso, que pierde su fuerza como guerrero después de que la seductora Dalila le cortara el pelo mientras dormía. Mi padre, hace años, y ahora este accidente fueron mis 'dalilas' personales. Mi pelo, largo y espeso, siempre tuvo ese significado de fuerza y poder para mí. Para colmo de males, las interminables facturas médicas, por miles de dólares, me endeudaron ya desde el principio.

Algo positivo —tengo que reconocerlo— me reportó aquel accidente: abandoné mi adicción al tabaco que empezó a los quince años y que ya había dañado gravemente mis cuerdas vocales y quién sabe qué otros órganos de mi cuerpo. Consciente de que el tabaco es un hábito nocivo y desagradable que me estaba dañando, día a día, con cada cigarrillo, sin embargo, no encontraba el momento, la excusa ni la fuerza de voluntad, para dejarlo, hasta aquel momento. Mientras cosía mi herida, el médico me dijo: «Absolutely zero smoking for at least a few weeks. You should consider quitting, young lady. Smoking is not good for you.» Una enfermera, que hablaba español, tradujo: «Nada de tabaco durante al menos unas semanas. Deberías plantearte dejarlo, jovencita. Fumar no es bueno para ti.» Me tomé muy en serio su advertencia y consejo; jamás ningún hombre de esa edad y estatus social me había hablado tan directamente, con tanta confianza y con una disposición tan cariñosa y firme a la vez. Sus palabras resonaban machaconas en mi cabeza, como un disco rayado. Afortunadamente el mensaje caló en mí y consiguió su objetivo. En aquella época, en California, fumar no estaba tan de moda como lo estaba en España. Algo que me resultaba chocante, como también el hecho de estar prohibido su consumo en los lugares públicos. Esto yo no lo entendía, pero me ayudó.

Justo después del accidente, y aún sin ningún plan de futuro en mente, comuniqué a mis seres queridos de España que no volvería. Fue una decisión agridulce y contradictoria, arriesgada y valiente; los echaba de menos —con frecuencia soñaba con volver— y comencé a ser consciente de los grandes retos que tenía por delante. Mi objetivo de alcanzar la independencia económica se me antojaba inalcanzable. Sin permiso de trabajo ni dominio del idioma, me sentía perdida y más sola que nunca, con trabas y contratiempos a cada paso. En España me consideraba a mí misma insignificante, pero en Estados Unidos realmente no era nadie. Pero, por algún motivo que escapaba a mi raciocinio decidí ciegamente quedarme, así que ignoré mi vuelo de vuelta. Sabía que me encontraba en una situación difícil, pero tenía un fuerte deseo de persistir y triunfar. Mi estrategia consistiría en moverme en direcciones aleatorias hasta detectar y aprovechar cualquier oportunidad. Los deseos de mi abuelita para mi futuro seguían cincelados en mi corazón; el anhelo de ayudar a mi madre y a mis hermanas y mi amor propio aunaron mis fuerzas. Asumí que dependía de aquellas fuerzas pues todas mis creencias religiosas del pasado parecían haberme abandonado. O yo misma había renunciado a ellas. Crecer con dogmas y credos temerosos e intransigentes; el cielo y su acceso sólo a los elegidos; el infierno eterno; el perdón de un crimen execrable tras una leve confesión con el sacerdote; las ideas sobre las expectativas de la mujer en el matrimonio... hicieron que me replanteara mis creencias y convicciones y finalmente me resultara fácil alejarme, sin más, de la Iglesia Católica y del dios con el que tanto había hablado en mis plegarias íntimas y solitarias. Las interminables y agotadoras oraciones de mi infancia y juventud no me ofrecieron más que rodillas doloridas y un corazón decepcionado y aterido. Y ahora, para enfrentarme a la adversidad, solo contaba conmigo misma; yo era la única que tomaría las duras decisiones de cuyas consecuencias, para bien o para mal sólo yo sería responsable. Sólo yo podía castigarme o perdonarme. Ningún dios podía hacerse responsable de mis elecciones, acertadas o erradas. Ningún dios me escuchaba. Mi fe, ahora más que nunca, surgía desde dentro de mí misma; con oraciones al legado y al espíritu de mi abuelita y a un universo ignoto con infinitos poderes divinos. Todo más allá de mi comprensión.

Y tomé decisiones. Decidí trabajar —todo cuanto pudiera—

en empleos donde no me exigieran permiso de residencia o de trabajo. Ahorraría dinero para acceder a la Universidad y estudiar ingeniería eléctrica. En España ya estudié materias de ingeniería para los exámenes de Telefónica, y ahora leía, intentando entender y aprender, un libro sobre Transmisión Digital de Señales que encontré en la estantería de Barnes and Noble. Apenas entendía nada del contenido, pero se convirtió en mi obsesión y mi reto particular. Aprendería, de forma autodidacta, sobre Comunicaciones Digitales. Comencé a tientas, pero por algo había que empezar.

El coste de la vida, y también de la Universidad, en la bahía de San Francisco era uno de los más altos del mundo y, aunque nadie intentaba desanimarme, amigos y familiares me preguntaban cómo conseguiría costearme el vivir y pagar los estudios. De alguna forma pretendían que pusiera los pies en la tierra y observara con objetividad la realidad de mi situación y la dificultad de mi objetivo; sin dinero ni apoyo financiero, sin trabajo, con la presión de hacer frente a los gastos diarios y con un visado ya caducado. Confiada y con un optimismo temerario me empeñé en seguir adelante, a pesar de que, en realidad, no tenía ningún plan definido. No tenía otra opción que huir hacia adelante; tirar la toalla y volver no era una alternativa en mi testaruda mente; habría supuesto otro fracaso más que añadir a mi colección. Además, ¿qué podía perder? Soñar —soñar a lo grande— resultaba más emocionante y divertido que volver, sumisa y derrotada, a casa.

Chino y Lina encontraron un trabajo para mí; haría de canguro para una amiga de Lina, de nacionalidad filipina, madre soltera y con dos hijos. Una experiencia bastante única. El mayor, de unos cinco años, siempre me sonreía, probablemente preguntándose por qué no sabía hablar inglés ni cocinar macarrones con queso, su comida favorita y típicamente americana. Me pagaban bastante poco por aquel trabajo, pero era mi única opción. En poco tiempo conseguí el carné de conducir y mi primera cuenta bancaria. Mi hermano me regaló un coche marca Isuzu, viejo pero que aún funcionaba, un poco deslucido, pero bien conservado. Con mis escasos ingresos, pude empezar a hacer frente a mis facturas médicas del hospital. Tan sólo cheques mensuales de 10 dólares. Suficiente para demostrar mi intento de pagar la deuda.

Con el paso de las semanas llegó el momento de buscarme otro sitio donde vivir pues Chino y Lina vivían en un estudio pequeño con tan solo una habitación y yo llevaba meses entorpeciendo su intimidad y durmiendo en el sofá del salón. Una amiga boliviana me pasó el nombre y el teléfono de una familia que buscaba niñera. Lina hizo la primera llamada y, al día siguiente, fui a mi primera entrevista de trabajo como niñera interna en casa de la familia Gilio. Tenían dos hijos pequeños, Gina y Joey. La madre de los niños, Arlene, me encanto y enseguida me hizo sentir parte de la familia. Conectamos enseguida y nos caímos super bien. Al día siguiente me mudé a su casa y comencé mi trabajo de niñera. Recuerdo cuando entré en mi nueva habitación. Me había comprado un conjunto de blusa roja de satén y unos pantalones negros, justo a mi talla y estilo. Los había colocado en el centro de la gran cama que me esperaba, vestida con sábanas nuevas y un mullido edredón celeste, suave y elegante, donde yo dormiría. Sobre el cabecero colgaba un precioso sombrero decorativo. Después de muchos años, me lo regaló y ahora adorna mi habitación.

Debido a nuestros diferentes idiomas, Arlene y yo teníamos

dificultad para entendernos; pero sonreíamos —el idioma universal— y nos lo pasábamos muy bien juntas. La familia me proporcionaba alojamiento y comida a cambio de mi ayuda con los niños. Me sentía valorada, segura y muy querida en aquella casa. Durante el día estudiaba Inglés y por las tardes cuidaba de los niños. Para ganar dinero, trabajaba limpiando casas y cuidando otros niños los fines de semana.

Me llamaba la atención el Cadillac color azul que la familia Gilio tenía y que a menudo me dejaban conducir como chófer de la familia. Me resultaba super chulo y me recordaba —caprichos del destino— mis bromas de juventud en España sobre conducir un Cadillac en California. Me encantaba conducir aquel coche enorme americano. Pasé unos meses con la familia Gilio, sin estudiar, pero progresando poco a poco con el inglés y leyendo mucho. Leía —casi devoraba— libros sobre mecánica cuántica, autoayuda y psicología; una extraña mezcla que, al menos para mí, parecía encajar perfectamente.

Arlene me prestó varios libros de John Bradshaw. Con un diccionario siempre a mi lado, leí atentamente algunos de ellos: *La familia*, *Creando Amor* y *Volver a Casa*. Probablemente solo entendía una tercera parte de lo que leía, pero aprendí algunas nociones básicas e ideas como 'el niño interior herido' y la 'familia disfuncional'. Descubrí que nuestro comportamiento, nuestros pensamientos, logros e incluso nuestra propia percepción de la realidad podían estar influidos por cómo nos trataron y amaron de pequeños. Estos libros y estas ideas me iluminaron y cambiaron mi vida. Encontré alivio al empezar a comprender el concepto del 'niño interior'. Fue el inicio de la sanación de mi propia 'niña interior'; un proceso que continúa y probablemente seguirá para siempre, mientras sigo reflexionando y redescubriéndome a mí misma. Los mensajes que recibimos de nuestro entorno inmediato durante la niñez tienen un poder inmenso y pueden resultar devastadores, marcando el rumbo de nuestra vida futura y condicionando nuestras decisiones. Aquella revelación fue una verdadera epifanía para mí; de repente, comprendí mejor mi vida hasta ese momento. La ciencia me ofrecía una explicación para mi difícil infancia y, lo que era más importante, me ofrecía soluciones para la recuperación: pequeños pasos que me enseñaban a quererme a mí misma. Esta nueva perspectiva me dio esperanza y me permitió vislumbrar la posibilidad de alcanzar una vida especial. Me di cuenta de que podía lograr mucho más de lo que jamás había imaginado. Desde entonces, me convertí en una devota e incansable exploradora de la ciencia de la mente.

Arlene y yo nos hicimos muy amigas. Me trataba como a una hermana menor y me presentaba como su amiga, nunca como su niñera. Alimentaba mi autoestima destacando mis cualidades personales. Tenía un carácter noble y me trataba como a un igual, sin diferencia de clases ni de estatus. Hay una máxima que dice 'Como haces sentir a otros, dice mucho de ti'; Arlene me hacía sentir mi valor y eso decía mucho de ella. Hablábamos de pedagogía y educación de los niños; de conductas y psicología; íbamos juntas al gimnasio, me compraba ropa e, incluso, joyas. En el fondo yo anhelaba ser un poco como ella; comportarme, vestir y lucir perlas. Inconscientemente imitaba algunas de sus expresiones en inglés. Significaba mucho para mí. Creo que nunca se percató de que, en el fondo, estaba ayudando a curar mi alma dañada; con solo demostrarme un cariño sincero y desinteresado ya ejercía un gran impacto positivo en mi vida.

Mi lectoescritura en inglés alcanzó el nivel suficiente como para empezar sin dificultad la Universidad, pero mi expresión oral y mi comprensión auditiva dejaban mucho que desear y aún tenían mucho camino por recorrer. Después del examen TOEFL, me matriculé en un colegio comunitario, una institución de educación superior donde se pueden completar los dos primeros años de carrera, que me proporcionó la documentación legal, básicamente un formulario I-20, con la que me aceptaba como estudiante internacional, bajo la enorme responsabilidad de pagar semestralmente el elevado importe de la matrícula internacional. Ahora necesitaba el visado de estudiante para obtener la condición legal de estudiante internacional, pero Inmigración no me lo expidió; desconocía que, antes de solicitar el visado, debía presentar el formulario I-20 en la Oficina de Inmigración. Sin saberlo, me convertí en una inmigrante indocumentada, trabajando todo lo que podía y cobrando bajo cuerda para poder pagar la costosa matrícula de estudiante internacional. Aceptaba todos los trabajos que lograba encontrar; básicamente como limpiadora y como canguro. Los fines de semana limpiaba casas particulares por tres dólares la hora o hacía de canguro por cinco. Una remuneración ridícula incluso a principios de los noventa, pero muy apreciada para mí. Con mi estado ilegal no tenía mucho de donde elegir.

Salvo compañeras inmigrantes —como yo— y gentes que procedían de entornos marginales, la mayoría de las personas con las que me relacionaba me trataban con cierta desconsideración y desdén; sin el debido respeto que yo creía merecer. Lo percibía y me costaba comprender aquella actitud; el simple hecho de trabajar como limpiadora o canguro parecía dar luz verde a la gente para tratarme con desaire o incluso faltarme al respeto. ¿Clasismo? ¿Discriminación? ¿Suprematismo? ¿Xenofobia? Con el tiempo advertí que la mayoría de los estadounidenses nativos me veían —y trataban— como una inmigrante sin derechos e, incluso me atrevería a decir, con menor valor humano. Algo injusto, inmoral y terrible. Descubrí que mi bajo nivel socioeconómico no era la única razón que alimentaba este infame prejuicio; también mi apariencia latina y mi acento hispano. Aquello supuso para mí un choque racional y emotivo: sentía un profundo orgullo y amor por mi origen y cultura —noble, rica y milenaria— española. Y andaluza, y gaditana. Amén de mi profunda admiración, respeto y cariño hacia mis amigos y conocidos latinoamericanos. Notaba también que la percepción y el trato de la gente hacia mí cambiaba tan pronto como sabían de mi origen español; esto parecía cambiar sus expectativas y prejuicios; aumentaba mi reputación e, incluso otra vez me atrevería a decir, mi valoración como ser humano.

Wendy, mi nueva amiga mexicana, dos años más joven que yo, se convirtió rápidamente en mi compañera de enredos y correrías. Indocumentada y con dificultades similares a las mías, mostraba mucho más ingenio y una comprensión mucho mejor sobre cómo navegar por los intrincados recovecos del sistema. Para ella, el panorama era muy claro; básicamente, si queríamos sobrevivir en California, tendríamos que ser inmunes al hecho de no ser bienvenidas y tendríamos que trabajar más, y por menos dinero, que los demás. Incluso así nos seguirían considerando de un estatus inferior. California no parecía la tierra de oportunidades que imaginé sino, más bien, una cultura altamente competitiva y carente de empatía, necesitada de un crecimiento y una mejora significativa. Podía entender la falta de oportunidades de trabajo, sin el preceptivo permiso de trabajo, pero no que me trataran mal por mi aspecto o mi acento o por sus prejuicios sobre mis capacidades y competencias. Me ponía furiosa.

A pesar de nuestras dificultades, Wendy y yo nos apoyábamos en nuestros retos diarios, siempre con alegría y muchas risas. También asistíamos juntas a algunas clases en el colegio comunitario y nos ayudábamos en todo cuanto necesitábamos y podíamos. Ella quería estudiar genética; yo, ingeniería eléctrica.

En nuestra clase de química, a primera hora de la mañana, Wendy entraba en el aula con un café en la mano, paso lento y la mejor de sus sonrisas. Siempre llegaba tarde, pero siempre contenta. Creo que el profesor no la entendía ni apreciaba suficientemente. Pero yo sí. Las dos sabíamos el motivo de su retraso y su buen humor; no se trataba de pereza ni falta de respeto sino porque trabajaba con denuedo —más que cualquier otro estudiante que yo conociera— para costearse la vida y además poder asistir a sus clases. Sonreía siempre porque verdaderamente apreciaba las cosas buenas de la vida. Para nosotras, los retos de la vida cotidiana parecían insignificantes; las grandes luchas no eran más que una parte de la vida que habíamos elegido. Las dos, llenas de determinación, nos levantábamos cada día dispuestas a perseguir el futuro que imaginábamos, sin miedo a las dificultades ni al trabajo duro.

Había una mezcla, muy palpable, de prejuicios sociales,

actitudes personales y formalidades legales. Sobre el papel yo era una mujer europea, blanca, con ciertos privilegios, y sin posibilidad de acceso a financiación económica; mi origen español, me otorgaba un cierto estatus; pero en la realidad de la vida diaria, sin embargo, era una especie de ciudadana de segunda clase. Con derechos a nada y encima discriminada. Toda aquella panoplia de convencionalismos y prejuicios me traían loca y me molestaban sobremanera.

Nuestro parecido físico —cuerpo delgado, labios grandes y ojos marrones—, junto a la complicidad en nuestras batallas comunes, llevaba a mucha gente a creer que Wendy y yo éramos hermanas. Ella tenía la tez ligeramente más clara que yo y el pelo más oscuro, tan común en las mujeres españolas. Segura de sí misma se paseaba por el Campus con el donaire de una reina. Con una personalidad un tanto explosiva, su inglés era —al menos a mí me lo parecía— impecable. Su novio, un exitoso hombre de negocios estadounidense, era mayor que ella, de corazón abierto, amable, digno de confianza y un poco introvertido. Wendy estaba profundamente enamorada de él, algo que, en mi opinión, le traería problemas en el futuro. Un amor tan profundo no encajaba, según yo, en el plan para triunfar como mujer independiente. He de admitir que, en cierto modo, deseaba que se desenamoraran. Por supuesto, el corazón tiene más fuerza, y mis deseos no coincidían con los suyos. Junto a él, viajamos por primera vez a las montañas nevadas de South Lake Tahoe.

Mientras Wendy y yo explorábamos nuestros diferentes caminos en el amor, nos enfrentábamos a los mismos desafíos en el mundo laboral. Como inmigrantes sin documentación, nos encontramos con todo tipo de actitudes y comportamientos por parte de las personas en cuyas casas trabaje. Unas agradables y positivas —esas caras no se olvidan—, otros amargas y negativas —esas se intentan olvidar—, pero siempre aleccionadoras...

En una ocasión encontré un trabajo como limpiadora y cocinera, durante los fines de semana, para una familia con hijos adolescentes. En mi primer día de trabajo, después de pasar todo el día limpiando una casa gigantona, por la tarde cociné con esmero una deliciosa cena y preparé la mesa para toda la familia y también para mí. Una de las pocas cosas que, lamentablemente, aprendí de mi padre fue a preparar la mesa de manera formal. Recuerdo las horas perdidas que pasaba de niña disponiendo meticulosamente cada pieza en su lugar exacto, desde los cubiertos hasta las copas de cristal y las servilletas. Un rollo patatero al que nunca le encontré el sentido. Pero aquel día, trabajando de sirvienta, preparando esa cena y la mesa, estos entrenamientos me ayudaron a quedar bien. A la madre le encanto la mesa y se sorprendió de mi cocina —la vi orgullosa de mí. Pero, aquello no duro, ya que no le gustó la idea de que yo compartiese la mesa con su familia; suavemente con sonrisa hipócrita quito mi plato y mis cubiertos de la mesa y los puso en la encimera de la cocina. Mientras la seguía hasta allí, amablemente le dije que yo no podría trabajar en su casa sin poder compartir la misma mesa para cenar. Ella insistió en que aquello no era posible. Recogí mis cosas y con mal genio me despedí, turbada y ofendida, con cara retorcida y muy cabreada. Desagraciadamente, sin cobrar un solo dólar. Me comía el coraje.

En otra ocasión me contrataron, también los fines de semana, en otra enorme casa en las montañas de San Mateo como limpiadora. La dueña vivía sola y tenía una personalidad obsesiva y un comportamiento extraño. Ya en mi primer día, me advirtió que me llamaría Amanda y que sólo dispondría de quince minutos para el almuerzo que, además, ella misma me prepararía. Me dejo claro que no podía traer mi propia comida. Mientras hacía mi trabajo me seguía, observando mi trabajo y dándome instrucciones detalladas y en tono alto. No hablaba de otra cosa; sólo me daba instrucciones. «Amanda, enrolla la alfombra y asegúrate de aspirar por debajo», me pedía todas las puñeteras semanas; algo a lo que yo no encontraba sentido. Las alfombras de la casa eran grandes y pesadas y todos los domingos, sistemática y obsesivamente, había que limpiar por debajo. Me fastidiaba su obsesión y en la forma en la que lo pedía. Su conducta y sus peticiones, aunque me resultaban irritantes, no las cuestionaba; simplemente las hacía. Una vez insistió en regalarme un vestido antiguo de ella cuando había sido joven. Se enfadó ante mi rechazo inicial por lo que, finalmente, sin otra elección, acepté aquella prenda envejecida y para nada de mi gusto. Unos meses más tarde, después de muchos domingos atormentados y con el eco irritante del «Amaaaandaaa…» instalado y retumbando en mis oídos, renuncié. «Devuélveme el vestido ahora mismo», exigió, gritándome furiosa en el teléfono. Devolví con gusto y alivio aquel vestido viejo y zarrapastroso que solo podría llevar una rana trasnochada. Una sensación de paz y felicidad me envolvió. Aunque la verdad era que necesitaba el trabajo, y los pocos malditos dólares que me pagaba.

No siempre y todo fue delirante y difícil durante aquellos años de lucha por conseguir algo de dinero. También encontré gratitud, reconocimiento y generosidad. En mi trabajo de canguro con una familia, casi desconocida, que vivían en San Francisco, me prestaron una cantidad de dinero suficiente alta como para cubrir toda mi matrícula por un semestre; sorprendente gesto que me permitió continuar mis estudios. Ellos quizá hayan olvidado aquel detalle, pero yo siempre lo recordaré con enorme gratitud. Me alivió mucho el poder hacer frente a los pagos de mi matrícula en aquella ocasión, pero mis deudas se me acumulaban. Me dirigía, poco a poco, hacia la catástrofe financiera.

Vivía al día, en modo supervivencia, haciendo malabares en la cuerda floja, sin red de seguridad y al borde del desastre; conducía sin seguro, trabajaba sin permiso, carecía de atención médica y fingía solvencia económica ante la administración en el colegio comunitario. Vivía permanentemente agotada. En momentos de debilidad me cuestionaba la decisión de haber abandonado España. Echaba muchísimo de menos a mi madre y la llamaba por teléfono siempre que podía desde cabinas públicas con las monedas que reunía. Por las noches, en la soledad de mi cama, una tristeza infinita me embargaba antes de quedarme dormida. Sentimientos contradictorios; feliz por los miles de kilómetros que me separaban de mi padre y por escapar de un lugar que, a buen seguro, no me daba las oportunidades que deseaba y que merecía, pero, por otra parte, sufriendo en mi intento por sobrevivir y encajar en un lugar muy distinto a mis expectativas iniciales. Presentía un futuro nada prometedor.

CAPÍTULO 9

Yo vivo aquí

"Si alguien cree en ti, puedes mover montañas." – Diana Ross

JUSTO AL AÑO DE MI LLEGADA a California, la familia Gilio me llevó —como niñera— a sus vacaciones a Maui, la segunda isla más grande de Hawái. Allí cumplí veintitrés años. Arlene me regaló un vestido negro muy bonito, un bikini de flores y un traje rosa hawaiano, muy propio para la ocasión; preparada para disfrutar y divertirme durante unos días en aquella paradisíaca isla del Pacífico central. Esas fueron las primeras vacaciones de mi vida, la primera vez que me alojaba un resort lujoso y mi primer saboreo de la buena vida. En veintitrés años de vida nunca jamás había tenido tal experiencia. Disfruté como un cochino en un charco. Pasaba el día en la playa, con Gina, que tan solo tenía un añito, jugando y disfrutando del mar. Comimos delicias de la región en los mejores restaurantes y acababa mis noches con Arlene y un cóctel de piña colada. De nuevo disfrutaba de aquel océano que tanto echaba de menos. Esta vez su extraordinario poder me infundía buenas vibraciones y oleadas de esperanza con que afrontar mi nueva vida americana.

Regresamos. La vuelta fue como el despertar de un sueño maravilloso que, en realidad, no me podía permitir. También supuso para mí, sin embargo, el destello fugaz de una vida mejor. Una pequeña muestra de una vida que, aunque fuera de mi alcance, sin duda existía.

Justo después de mi viaje a Hawái, e l domingo 9 de agosto de 1992 pasé el día con Chino y Lina haciendo fotos familiares con el objetivo de enviárselas a nuestra madre. Cuando, ya vencida la tarde, regresé a casa de Arlene —mi casa de entonces—, me abrió la puerta su sobrino, Mike. Llevaba un conjunto negro ajustado de entrenamiento enseñando músculos por todas partes. Sorprendido, me preguntó quién era yo. «I live here», chapurreé en inglés. En aquel tiempo mi objetivo principal era sobrevivir económicamente para poder continuar estudiando en Estados Unidos, por lo que, de alguna forma, mi ser era impermeable a cualquier arrebato de romanticismo o coquetería. Sin embargo, en ese instante, mis objetivos y preocupaciones se tomaron un ligero respiro; mi instinto primario y humano se apoderó de mi razón fría y calculadora. Me embelesaron su cuerpo musculoso, sus antebrazos fuertes y definidos, su sonrisa blanca de dientes perfectos, su pelo impecablemente peinado y sus ojos azules que irradiaban una profunda confianza. Más allá de su aspecto físico, sentí el calor de ser una buena persona. Claramente poseídos por la presencia el uno del otro y, sin más palabras, nos observamos con curiosidad bajo el umbral de la puerta. Caminamos hacia el sofá del salón donde rompimos el hielo y charlamos durante horas. De cerca, absorbidos por las palabras, los gestos y la energía del otro, nos olvidamos del resto de la familia. No recuerdo haberles deseado las buenas noches cuando Arlene, Joe y los pequeños se fueron a dormir.

Mike se interesó por el libro que llevaba entre las manos: *El Universo* de Stephen Hawking. Una introducción, elemental y muy asequible, sobre sus primeros trabajos en física teórica. Se trataba de mi primera aproximación al mundo de la física de partículas y otras teorías de la misma disciplina. Me apasionaban las ideas, y su capacidad para explicarlas, de Stephen Hawking. Hawking fue un genio —nacido el mismo día en que murió Galileo y fallecido el mismo día en que naciera Einstein—, cuya terrible enfermedad —padecía ELA— no fue óbice para ampliar las fronteras del conocimiento sobre la física del Universo. Me esforcé por explicar y compartir con Mike aquellos conceptos. Con mi chapucero espanglish le expliqué que me resultaba interesante la física teórica y la mecánica cuántica e intentaba aprender algo sobre ello; él respondió con preguntas imposibles de seguir para mí. Me esforzaba en explicar y discutir algunas nociones, pero mi empeño caía en saco roto pues él tenía interés cero en aquellas cuestiones. No hablaba nada de español y su inglés, impregnado de humor americano, era demasiado rápido y ruidoso; la manera perfecta de hacer que un extranjero se pierda en la conversación. Yo contraatacaba con disimulos, asentimientos y sonrisas. Parecía que estábamos teniendo conversaciones paralelas y completamente diferentes. A pesar de nuestros intentos verbales y gestuales, a pesar de nuestro empeño y energía por hacernos entender, estaba claro que no lo lográbamos. Aun así, seguíamos intentándolo; quizá con la verdadera intención de que no acabara la noche. Me resultaría interesante poder volver a escuchar hoy nuestra primera conversación; desincronizados, incapaces de seguir el hilo de nuestras ideas. Creo que lo único en que coincidíamos fue nuestra intención de permanecer uno al lado del otro. La atracción que sentíamos mutuamente no necesitaba palabras ni explicación.

Cuando finalmente se fue no me quedó muy claro cuál era su plan para el día siguiente. Salir a cenar e ir al cine, creí entender.

Entendí bien. Al día siguiente, sobre la misma hora, volvió para recogerme e ir a ver *Sin Perdón*, una película del oeste de Clint Eastwood. En el trayecto al cine habló, por el teléfono del coche, con un amigo y observé que le colgó el teléfono mientras su amigo estaba hablando, lo que me pareció bastante maleducado. También hizo bromas a las que no encontré gracia alguna o, quizá, no pude entender. En nuestra primera salida me pareció un poco raro, pero por alguna razón me sentía atraída por él. A pesar de que la película tenía buena crítica —ese año ganó cuatro Óscar de nueve nominaciones— personalmente me aburrió; ni entendía el idioma ni me sentía identificada con las películas del oeste. Creo que, en España, nunca fui al cine; venía de una cultura y una época en la que los jóvenes no iban al cine ni a restaurantes elegantes ni concertaban citas formalmente; las relaciones surgían de espontáneas reuniones sociales nocturnas en los chiringuitos de la playa, o en los bares o discotecas, sin previo aviso ni protocolo. En mi primera cita con Mike hubiera preferido salir a bailar o a dar un paseo por la playa al atardecer; mis expectativas de ocio —según costumbres españolas— no coincidían con las americanas.

Cenamos en *Il Fornaio*, un restaurante elegante de comida

italiana. Durante la cena me contó que era corredor de bolsa y culturista, algo tan ajeno a mi mundo como el idioma que hablaba. Los temas sobre los que giraba su conversación se podrían resumir en dos: dinero y músculos. Yo, más mundana y pragmática, mientras tanto me centraba en comer todo cuanto podía. Explotando al máximo aquella oportunidad de ingerir alimentos de calidad, me apresuré a comer mi plato de pasta —mojando pan en aceite de oliva— y proseguí con el suyo aprovechando que él parecía más interesado en hablar que en comer. Ahora era yo la rara. Me miro con ojos de curiosidad y continuó su propia charla. En seguida me di cuenta de que Mike parecía ignorar todo aquello que parecía extraño o diferente. Después de cenar me sentí mal de la barriga y nos fuimos a caminar para poder digerir el gran atracón; una situación poco romántica. Mike no dejo de hablar ni por un minuto, mientras que yo metida en mi cabeza intentaba descifrar sus palabras. Terminada la noche, me llevó hasta casa de Arlene donde, ya en la puerta, me sorprendió con un beso tan apasionado como inesperado. No esperaba aquel colofón; ni me encontraba en mi mejor momento, ni creía que la noche hubiera ido tan bien. Aquella fue mi primera y última experiencia con cita formal. Menos mal. No era lo mío.

Creo que Mike nunca había salido con una mujer que pudiera comer más que él. Yo tampoco con nadie que pudiera hablar tanto como él. Todavía cuenta —décadas después— esta anécdota a nuestros amigos. Aquella primera experiencia se convirtió en nuestra rutina; comer en restaurantes italianos caros y caminar después para compensar el empacho. Enseguida confirmé mi primera impresión: Mike era un charlatán. Su técnica, ante mi silencio, era retener sus palabras unos segundos, sonreír y retomar su conversación respondiendo sus propias preguntas. Él resolvía su impulso hablador y a mí me sacaba del apuro por no entender. Perfecto. Los fines de semana dormíamos juntos en su apartamento, y siempre me dormía en sus brazos mientras me contaba historias a las que nunca prestaba atención; sonaban en mis oídos como nanas. Y así me quedaba dormida.

A pesar de las penurias y estrecheces que sufría durante aquellos años, me negaba a comer a menos que la comida fuera de calidad —casera o de los mejores restaurantes— y siempre en cantidad, casi ridículamente desproporcionada. En España, Mili y Andrés bromeaban diciendo que nadie podría con mis gastos de comida. Aquí, sin embargo, encontré a un hombre que, aparte de poder permitírselo, se encontraba cómodo con mi obsesiva —y cara— afición a comer bien. 'Pobre pero delicada', como decían en mi tierra.

Mike me llamaba todos los días al único teléfono que había en casa de Arlene, siempre al final de mi jornada laboral. Yo siempre contestaba —por más tiempo del que puedo recordar— con un fuerte acento español y un manido, y mal traducido —palabra por palabra— ¿Qué pasa? Todos los días, después de su entrenamiento, a última hora de la noche, se acercaba por casa de Arlene para verme y desearme las buenas noches. Se tumbaba junto a mí hasta altas horas de la madrugada, y luego se iba sin dejar rastro. Desde nuestra primera cita nos vimos casi todos los días. Se acabó mi soledad.

Al principio —y pese a su personalidad materialista— daba la impresión de que realmente le importaba y de que, de alguna manera, me quería. Adoraba lo que yo había percibido toda mi vida como imperfecciones y siempre tenía algo bonito y positivo que decirme. Mi forma de ser despistada y olvidadiza, junto con mi dificultad comunicándome en inglés, o mi bajo estatus socioeconómico, no parecían afectar su opinión sobre mí. Me valoraba como una mujer capaz e inteligente, y me lo decía. Realmente estaba convencido de ello. Nadie en mi vida, ni siquiera yo misma, había tenido esa percepción de mí como una mujer inteligente. Perfecta a sus ojos; imperfecta a los míos. Su trato y sus palabras alentadoras eran una danza y música para mis ojos y oídos. Desde el primer momento creyó en mis objetivos y sueños, y los apoyó. Nunca me dijo ni insinuó que cuidaría de mí o que haría las cosas por mí, en plan paternalista o protector. Más bien, alimentaba mi autoestima y mi valía con mensajes como: 'Tú puedes', 'Eres inteligente', 'Eres única', 'Has tenido el coraje de viajar lejos sin hablar el idioma'. Aquello me encantaba, me empoderaba, me motivaba y me empujaba a buscar y desarrollar la versión de mí misma que él veía. De alguna manera, empecé a escuchar sus palabras, sus mensajes, y a aceptar el cariño que crecía entre nosotros. Realmente fue un firme apoyo en un mundo y una cultura que aún me resultaban extraños y ajenos. Nunca había aspirado a un hombre como aquel, ni confiaba en que existiera, más allá de un ideal. Sentía que su amor era auténtico y real, su apego embriagador y su confianza tranquilizadora.

A pesar de nuestra fuerte conexión inicial, nuestra relación distó mucho de ser perfecta. Tenía una actitud bastante engreída y arrogante con el mundo que le rodeaba. La mayoría de nuestros conflictos y broncas ocurrían después de reuniones familiares o de amigos; siempre debido a sus comentarios sin filtro e inapropiados y a su grosería con conocidos y desconocidos. El solo hecho de ir al cine con él ya era incómodo; con frecuencia me avergonzaba saltándose la cola en la entrada de cine; durante la película abría latas de atún maloliente, sin respeto por la gente de alrededor. La necesidad de mantener su peso de culturista era mayor que la consideración hacia los demás. Yo no podía ignorar tales actitudes. Me hervía la sangre y acababa peleando con él como una leona. En esos momentos lo quería estrangular. Con frecuencia reaccionaba con agresividad frente a su detestable comportamiento hacia los demás y a sus respuestas, con abuso de nuestra confianza, durante nuestras peleas.

Mi proverbial sencillez y humildad, junto con mi voz suave y tranquila, no anticipaban el carácter vehemente y desafiante que podía llegar a mostrar. Mike era incapaz de percibir, y menos de reconocer, que sus comentarios y su comportamiento eran provocativos para los demás e incómodos para mí. A pesar de mis esfuerzos por dominar mis impulsos y controlar mi reacción, sus conductas desafortunadas cada vez me enfurecían más y más. Bajo mi voz aterciopelada se agazapaba un felino y, en ocasiones, me asaltaban descontrolados arrebatos de exasperación, oleadas desbocadas de rabia ardiente. Enfurecida y fuera de mí, varias veces destrocé la puerta de su dormitorio; rompí con mi zapato el panel interior de su impecable Corvette descapotable; le abofeteé… Mostré mi versión más dramática. Mi cara oculta. Lo peor de mí. Me asustaba de mí misma.

Mike siempre mostraba —incluso en mis momentos más agresivos— una calma y un aguante sorprendente. Como un rottweiler observando a un pequinés enfadado, su paciencia no tenía límites. De hecho, parecía que cuanto más me enfurecía, más paciente y comprensivo se ponía. Dominaba mental y emocionalmente la situación. Parecía magia interna; una capacidad extraordinaria de no reaccionar a mi agresividad. En el fondo era un hombre pacífico —quizá con un ego disfuncional y ruidoso— incapaz de hacer daño al más pequeño e indefenso de los insectos. Con un corazón grande que, sin embargo, quizá adolecía de incomprensión sobre el funcionamiento de las interacciones sociales. Con estoicismo soportaba mis rabietas esperando sereno el momento en el que poder abrazarme. Aquella espera duraba momentos, horas, días incluso. Para él resultaba fácil y sencillo pedir perdón. Para mí, aquellos ruegos no significaban nada.

Su vanidad y su falta de respeto chocaban abiertamente con mis valores. Mi objetivo natural siempre fue tratar bien y agradar a las personas con las que interactuaba —algo que con el tiempo ha ido perdiendo su sentido—. En aquel pasado, esto me definía. En ese sentido, parecía que vivíamos en mundos opuestos. Sin embargo, su descortesía nunca iba dirigida hacia mí, ni mi deseo de complacer estaba orientado hacia él. Los motivos que desencadenaban nuestros conflictos eran insignificantes para él, mientras que para mí merecían una guerra por toda la galaxia. Sin duda, un psicoanalista —¿argentino, quizás?— relacionaría mi agresividad y explosiones de ira con traumas infantiles no resueltos, o con un miedo profundo a que una fuerza masculina se apoderara de mí y me controlara. ¡Quién sabe! Nuestros devaneos, vaivenes y peleas inmisericordes se prolongaron durante años.

Mientras lidiaba con estas turbulentas emociones y relaciones, mi vida en Estados Unidos seguía evolucionando, trayendo consigo nuevos desafíos y oportunidades. Una de estas nuevas facetas de mi vida americana se materializó cuando mi hermano Memel llego a los Estados Unidos. Quizás su llegada fuese un poco antes de yo conocer a Mike. Aunque al principio Memel no veía con buenos ojos mi relación con Mike, entre ellos hicieron amistad con rapidez. Recuerdo el día en que Memel se presentó en el apartamento de Mike por la mañana y éste se negó a abrir la puerta porque, además de la pereza por saltar de la cama, no había concertado cita alguna. Esto, que para mí significaba una muestra de descortesía y mala educación, en realidad se trataba de una costumbre cultural; hay que avisar antes de la llegada. Aquel día yo no estaba en casa con Mike, pero cuando me contó lo sucedido —con arrogancia— tomé un par de zapatos, se los lancé a la cabeza, recogí mis cosas y me fui sin mediar palabra. Mike me siguió hasta casa de mi hermano y me suplicó que volviera. Ese día noté algo diferente. Sus ojos brillaban con terror a perderme. Parecía un sentimiento profundo y, sobre todo, sincero y real. No mostraba orgullo; sólo amor y un miedo más allá de lo normal. Por primera vez en nuestra relación, pude percibir su dolor veraz. Volví con él, disgustada, pero de alguna forma agradecida, porque vi en él y en sus ojos la certeza de que nunca jamás me abandonaría o me guardaría rencor. Ese fue nuestro baile. Le necesitaba y lo quería con un corazón no entrenado para el amor. Mi rabia pesaba más que mi preocupación por él. Creo que, en el pasado, a pesar de mis verdaderos sentimientos, siempre tuve una tendencia a alejarme de mis relaciones; tal vez no creyera en un amor para siempre; tal vez como forma de autoprotección, de no entregarme incondicionalmente a nada ni a nadie. Para Mike, en cambio, perder a alguien a quien realmente amaba era no solo doloroso, sino algo por lo que lucharía toda su vida. El perderme no era opción. A veces me pregunto si, aquel día, me hubiera dejado marchar, si lo habría dejado yo. Probablemente sí.

Durante mucho tiempo intentaba convencerme a mí misma de que aquella relación sería temporal. En las cartas que le escribí durante aquellos primeros años —y que mi madre guardaba con celo y cariño— lo describía como un hombre atractivo pero arrogante al que, más pronto que tarde, finalmente apartaría de mi vida. Odiaba el hecho de quererlo, guardaba este secreto para mí sola y me exasperaba no reconocer ni un ápice de tal sentimiento. Por aquel entonces el amor, para mí, era un signo de debilidad, una trampa, una invitación gratuita a un futuro miserable... así que me mantuve firme en aquellos prejuicios y lo más fría y distante posible. Mis emociones más nobles y verdaderas latían, sin embargo, en lo más profundo de mí. Si Mike me decía un «Te quiero», yo le soltaba un «Por supuesto». No le molestaba pues, en el fondo, sabía que el sentimiento era mutuo. Tenía, y sigue teniendo, la piel gruesa. «Me quieres» decía, seguro de ello. Mi silencio, mi falta de palabras para expresar mis emociones, fue algo que él nunca reprochó y que siempre aceptó como parte de mi ser.

Siempre he creído firmemente que nuestras parejas deben tratarnos, ya desde primer instante, con el respeto y la dignidad que merecemos; querernos como somos, con nuestras defectos y virtudes, errores y aciertos. Entre nosotros, por supuesto, pero también hacia nuestros seres queridos. Luché, con denuedo y pasión, por esos principios. En retrospectiva, me pregunto si esperé demasiado de Mike y me contuve a cambio. Mis esporádicos arrebatos de agresividad hacia él me resultaban inexplicables e incontrolables. No me gustaban, pero no encontraba ni conocía una forma alternativa de hacer frente a su arrogancia tóxica.

Suelo reflexionar sobre el hecho de que a las mujeres casi nunca se nos anima a expresar emociones negativas fuertes como la ira o la rabia; por contra, se nos educa para ser cariñosas y atentas, amables y complacientes. Un hombre que se enamora ciegamente de una mujer puede ser percibido como un hombre frágil; una mujer, en cambio, debe beberse el ponche, hacerse ilusiones, posiblemente destruir su futuro en manos de un hombre desalmado y tóxico, y aun así todo ello ser perfectamente aceptado como normal por la sociedad. Enamorarse puede ser un arma de doble filo, una droga letal. Nos enajena. Nos ciega ante la lógica. Nos desarma. Nos nubla la razón. Me enamoré de Mike, pero nunca me abandoné a ese amor ni me dejé cegar; mi prioridad fue protegerme a mí misma, a mis valores y objetivos.

Mike a pesar de su apariencia tampoco tuvo una vida fácil o convencional. Con tan sólo tres años quedó en acogida en una familia de extraños tras el divorcio de sus padres. Durante todo el proceso judicial de separación, ninguno de los padres luchó por la custodia de sus hijos; cuatro entonces. A pesar de ser muy pequeño aún recuerda sus lágrimas de desconsuelo mientras esperaba a su madre en la entrada de la casa de la familia de acogida. Son desgarradores los episodios que Mike cuenta de cuando montaba en bicicleta despúes del colegio y cómo a nadie le importaba dónde estaba, lo que hacía, lo que comía o si caía enfermo. Sospecha, incluso, que una de aquellas familias de acogida le servían comida de perros para cenar. Verdad o mentira, nunca lo sabrá. Creció de familia en familia, siempre en acogida. Paso su niñez sin una madre, sin un beso o calor humano. Trabajó desde adolescente, desde sus trece años vendiendo periódicos. Nunca cesó de buscar la poderosa razón que justificara y explicara la desalmada decisión de sus padres. La falta de cariño dejaba heridas que se transformaban en lucha internas y sentimientos inexplicados. Ahora entiendo su actitud y aspereza frente al mundo.

Mike y yo tardamos años en soltarnos. En desnudar y compartir sin tapujos la realidad de nuestras vidas de infancia y primera juventud. Los signos del daño estaban por todas partes, imposibles de disimular, pero nos aferrábamos con orgullo relatos incompletos y falsificados de nuestra vida pasada. Como pavos reales sólo exhibíamos nuestras mejores galas personales. Una versión parcial e interesada de nosotros mismos; yo, con mi frialdad característica, él con su imagen de grandiosidad. Mostrarnos tal cual éramos y aceptarnos fue un alivio, un acto de amor. Y así, continuamos nuestra relación

La familia y los amigos de Mike pensaban que nunca llegaría a comprometerse seriamente con nadie —ni conmigo, ni con ninguna otra mujer— que no cumpliera ciertos estándares de belleza, fuese estadounidense y tuviese éxito profesional. La mayoría de ellos no apostaban por nuestra relación e, incluso, la desalentaban. Algunas personas de mi entorno hasta se atrevían a presentarme, con la mejor de las intenciones, a hombres supuestamente mejores; Mike no era un tipo muy querido. Una vez, una amiga de Arlene insistió en que conociera a un joven francés. Tal era el entusiasmo que fui a la fiesta en un club de golf y allí lo conocí. Un galán exitoso, sofisticado y experto enólogo, alto y 'guaperillas' pero de carácter altanero. Durante nuestra conversación seguí pensando en Mike. De alguna manera vivía en mi subconsciente y siempre lo llevaba conmigo.

En otra ocasión, incluso la propia hermana de Mike me aconsejó que pusiera los pies en la tierra y tomara consciencia de que Mike —de espíritu libre con expectativas altas en la mujer— nunca se casaría conmigo. Ni el matrimonio ni ningún tipo de compromiso serio estaban entre mis proyectos a corto o medio plazo —quizá tampoco a largo— por lo que aquello ni me molestó, ni me disuadió. Nos necesitábamos a nuestra manera. Y no nos íbamos a dejar.

Llevaba ya unos meses saliendo con Mike, cuando un día, como cualquier otro, me hallaba en casa de Arlene, cuidando de los niños y enfrascada en mis tareas cotidianas, cuando sonó el timbre de casa. Me apresuré a abrir la puerta con la incertidumbre de quien no espera a nadie. En la puerta estaba Juan, mi exnovio de Granada. Incrédula, presa del desconcierto y la sorpresa, apenas articulé palabra. Creo que él tampoco. No era especialmente viajero y no dominaba el idioma, pero allí estaba, en California, frente a mí. En cuanto Arlene llegó a casa, salimos a dar una vuelta y charlar. Me explicó que había contactado con mi abuelo en Chiclana; él le había dado mi dirección en Estados Unidos. Me alegró volver a verle y constatar que no se había olvidado de mí sin más. Quizá él era el hombre perfecto con el que pasar toda una vida, pero aquel día, por razones que aún no puedo comprender, le dije que estaba empezando una nueva vida y que mi futuro estaba allí. Le sorprendió mi situación económica y, sobre todo, mi gran determinación por quedarme en Estados Unidos a pesar de los inmensos desafíos a los que tendría que hacer frente con intrepidez. La decisión que tomé aquella noche no tenía ningún sentido juicioso; elegí el camino más difícil, con las mayores incógnitas y la menor probabilidad de éxito, en todos los aspectos de mi vida, que pudiera llegar a imaginar y tolerar. A veces me pregunto cómo habría sido mi vida si hubiera vuelto a casa con él, si hubiera tomado lo que parecía la decisión más lógica y segura. Se marchó aquella noche en su periplo por California. Creí que nunca volvería a verle, pero después de treinta años lo encontré. Le conté sobre mi libro, y con cariño se ofreció a trabajar conmigo para traducir y escribir la versión española. Conservo en mi casa un gran cuadro que pintó para mí del palacio de La Alhambra con Sierra Nevada de fondo. Con la dedicatoria, de su puño y letra, escrita al dorso.

Este reencuentro, cargado de nostalgia y afecto, me recordó cuánto había cambiado mi vida desde aquellos días en España. Mientras reflexionaba sobre mi pasado y mi presente, no dejaba de mirar hacia el futuro. Decidida a seguir avanzando en mi camino académico y profesional, me sumergí de lleno en mis estudios. Durante el siguiente año hice todos los cursos de matemáticas, química, física e ingeniería que pude encontrar en el colegio comunitario. También me dedique a dar clases particulares de física y español a otros estudiantes universitarios y lograba compaginar todo ello con mis tareas como limpiadora y canguro. Con trabajo duro y una férrea disciplina —estudiaba de noche y trabajaba de día— conseguí ser una estudiante, internacional y a tiempo completo, de resultados sobresalientes. Incluso en las asignaturas de humanidades como historia, filosofía e inglés que, tradicionalmente, menos me gustaban y peor se me daban, siempre conseguía las mejores notas. Cuando Mike salía con Memel a divertirse en los fines de semana, al volver me encontraban estudiando, con libros y apuntes desperdigados por toda la habitación. Perdí totalmente el interés de salir de juerga; estudiar se convirtió en mi prioridad y mi obsesión.

Al poco de empezar nuestra relación Mike dejó su trabajo como corredor de bolsa e inició una carrera en la industria del fitness. El mundo del que el más disfrutaba. Su economía se resintió durante esta transición y, aunque intentaba mantener su imagen de riqueza y éxito, a veces parecía que hasta le costaba pagar la gasolina de su Corvette, camino al gimnasio local donde trabajaba como preparador físico. ¡El cambio fue enorme!

Mis gastos de estudios eran considerables y Mike con su nueva ambición no podía ayudarme financiablemente. Eso sí, compartía conmigo —desinteresada y generosamente— todo cuanto tenía; me seguía invitando a restaurantes italianos y me prestaba su Corvette para mis desplazamientos de trabajo de limpieza o canguro. En una ocasión me convertí en la niñera más guay que habían tenido los dos hermanos japoneses a los que cuidaba simplemente por conducir un Corvette; hasta el padre admiraba, un poco incrédulo por la incoherencia entre mi trabajo y mi coche, aquel espectacular automóvil. El sempiterno contraste emocional entre los que tienen y los que no.

En aquellos años conocí a Gunilla. Hicimos una gran amistad, que aún perdura. De origen danés, había vivido unos años en Marbella donde, con 19 años, encontró el amor de su vida con Zak, un americano que viajaba por España. Tenían una preciosa y aventurera historia de amor. El encaje perfecto de dos vidas con orígenes y culturas distintas me fascinaba.

A menudo me invitaba a cenar en su casa de Burlingame, no muy lejos de donde yo vivía en San Carlos. Gunilla me enseñó el arte de apreciar y encontrar la felicidad en los pequeños placeres de la vida; una filosofía y un estilo de vida que los daneses llaman hygge y que no tiene traducción exacta en español o inglés. Disfrutábamos de unos momentos plenos y tranquilos para el cuerpo y la mente: una mesa sencilla y ordenada —y comida española—, una iluminación natural, una decoración mínima y confortable, unas velas aromáticas, una planta sobre el alféizar, una manta sobre el sofá, una chimenea, aromas… Y música. Música flamenca. Tenía muy arraigado su amor por España y la cultura española; sus historias vividas en España me hacían sentir orgullosa de mi procedencia y herencia. Sin duda conectamos por el amor que compartíamos por nuestras raíces, viviendo en una tierra extranjera para nosotras. Compartíamos admiración por el —apasionado— bailaor flamenco Joaquín Cortés. Me encontraba en una sociedad muy diferente a la mía y Gunilla tenía una capacidad única para ayudar a integrarme sin renunciar a mis raíces. Irradiaba una paz que me tranquilizaba. Me atraía su modo de entender y vivir una vida auténtica, fuera de estereotipos y convencionalismos. Gunilla y Zak eran espíritus libres; sin ataduras a las normas sociales y librepensadores. Seducida, muchas veces adopté, y practiqué, esta perspectiva y estilo de la vida; aprendí sobre sanación energética y otras alternativas en materia de salud y bienestar. Por añadidura, además, eran de los pocos amigos con los que Mike se llevaba bien.

Hacíamos de nuestras visitas a la ciudad de San Francisco una pequeña aventura de exploración y descubrimiento. Con sólo un pequeño e impreciso mapa como guía —y afortunadamente aún sin el GPS, que nos hace la vida cómoda pero anodina— Gunilla y yo nos perdíamos constantemente por la ciudad. Nos divertíamos mucho y casi siempre descubríamos alguna joya inesperada que nos cautivaba; un centro comercial, una casa victoriana, una boutique, un restaurante, un rincón con encanto o buenas vistas sobre la bahía. Aquellas pequeñas y encantadoras aventuras fueron un catalizador de nuestra amistad. Recuerdos que me arrancan una sonrisa con regusto a nostalgia.

Ya llevaba dos años en Estados Unidos. Después de vivir en casa de mi hermano Chino, primero, y con la familia Gilio, después, a continuación, me trasladé a San José con el objetivo de vivir y trabajar en casa de la familia Johnson, por un sueldo —increíble para mí— de 600 dólares al mes, alojamiento y manutención incluidos. El trabajo era duro y a tiempo completo; llevar a los niños a la escuela y a sus actividades extraescolares por la tarde; limpiar, cocinar y comprar lo necesario para las comidas y limpieza. Y todo ello sin dejar de asistir a mis clases en el colegio comunitario. Por las noches, acabada mi tarea y después de cenar con la familia, me iba a casa de Mike en un intento por eludir la complicada dinámica familiar que se presentaba, invariablemente, cada noche. Los gritos y los insultos eran la norma en casa de los

Johnson. El padre parecía gentil y educado pero la madre resultaba intimidatoria para el resto de la familia. Esto resultaba algo chocante y nuevo para mí porque nunca había presenciado un maltrato proveniente de una madre en lugar del padre. Ella tenía un trabajo exigente y a tiempo completo, algo que podría explicar, pero nunca justificar, sus modales y comportamiento. Yo podía comprender su estrés, pero oír cada noche sus gritos estridentes me sacaba de quicio y me ponía furiosa. Ni su marido ni, sobre todo, sus hijos merecían aquellos gritos ni aquel maltrato. Cuando ella estaba en casa yo no podía hacer gran cosa por el cuidado de los niños. Me sentía ansiosa e impotente. Ante este panorama tan tóxico, todas las noches, acabada mi jornada, a eso de las diez o las once, me iba a casa de Mike. Era un remanso de paz y seguridad. Y perfecto para estudiar.

En aquella época, descubrí que existían los cambios de aceite para los coches cuando mi Isuzu murió por falta de lubricación. Ahora conducía, sin seguro, un coche destartalado prestado por la familia Johnson que se paraba a capricho y sin avisar, a veces en plena autopista, y que requería abrir el capó delantero y trastear los cables para volver a arrancar.

Mi hermano Memel se encontraba en una situación muy parecida a la mía; estaba en Estados Unidos sin papeles de residencia y con el reto constante de ganarse la vida. Trabajaba de canguro en una casa, a poca distancia de los Johnson, y vivía en una caravana instalada detrás de la vivienda. Cuidaba a una niña de nueve años que estaba muy orgullosa de tener un niñero campeón de kickboxing. Memel fue la persona más joven, con tan solo diecisiete años, de España en conseguir un cinturón negro en shotokan y kickboxing. Siempre estuve orgullosa de él. Carismático, fuerte, con un aspecto estupendo y siempre dispuesto a trabajar sin descanso, Memel caía bien a todo el mundo allá donde fuera. En aquella época el compañero de piso de Mike, un exitoso hombre de negocios descubrió las habilidades de Memel y creó un 'dōjō' —un espacio cerrado destinado a la práctica y enseñanza de las artes marciales— para que enseñara kickboxing. Aquello supuso el principio de una emocionante aventura para todos nosotros. Yo me acercaba a su 'dōjō' una vez por semana y, con unos guantes de boxeo rojos más grandes que mi cabeza, me pasaba horas dando puñetazos y patadas. Se convirtió en mi lugar favorito. Me encantaba —me sigue gustando— descargar energía dando puñetazos y patadas, siempre que no me devuelvan los golpes, claro. Chino y Mike se unieron a aquella actividad que trajo diversión y alborozo a nuestras vidas.

Después de meses con la familia Johnson, dejé el trabajo con los tres últimos meses de mi sueldo sin cobrar. El padre explicaba que llevaban un tiempo pasando apuros económicos y, al final de cada mes, siempre me prometía que pronto me pagarían. Era agradable, parecía honesto y en el fondo sentía compasión por él, pero yo no podía seguir así, trabajando sin cobrar. Mike me sugirió mudarme con él y así lo hice. Ya compartía piso y tenían acordado que ninguna mujer podía vivir allí. Aun así, me trasladé. Me hice casi invisible, encerrada en la habitación, procurando pasar inadvertida y estudiando en silencio. Desapercibida hasta la noche en que Mike y su compañero se estaban gritando, al borde mismo de la pelea. Alertada, salí de mi osera, obligué a Mike a meterse en su habitación y acompañé educadamente a su contrincante a la suya donde, mirándole a los ojos, le rogué que dejara pasar aquel incidente —causado por la grosería de Mike—. Indulgente, tuvo la valentía de dejarlo pasar, quizá por la gran amistad y respeto que tenía con mi hermano Memel. Unos días después se mudó a otro apartamento. Nos quedamos Mike y yo viviendo solos en el apartamento.

Era el momento de iniciar mi cuarto semestre en el colegio comunitario, 'San Mateo College', y me quede sin opciones para sufragar la matricula. Me encontré con miles de dólares en deudas y constantemente buscaba oportunidades para trabajar como canguro, limpiando casas o dando clases particulares. Mis días eran difíciles y mi futuro seguía siendo incierto.

Mike intentaba mantenerse en la industria del fitness. Su objetivo era despegar y alcanzar el éxito financiero, pero su nueva estrategia no le estaba funcionando, algo que le costaba admitir. La apariencia física era muy importante para él. Tal vez como resultado de haber nacido y crecido en California; un lugar donde el culto al cuerpo, la juventud, los dientes blancos y alineados, el dinero y la ostentación están sobrevalorados. Aunque creo que, en el fondo, la verdadera fuente de sus deseos era la ausencia de orientación y amor familiar durante su infancia, y una necesidad irremediable —en el fondo similar a la mía— de demostrar una valía personal con que elevar su autoestima.

Sólo llevábamos 17 meses juntos cuando le pedí a Mike que se casara conmigo. Me parecía una idea brillante; con el matrimonio podría obtener un permiso de trabajo y continuar mis estudios como residente de los Estados Unidos. Mis notas eran excelentes y mis conocimientos de ingeniería me permitirían conseguir un trabajo decente. Pensé que el matrimonio era una forma de supervivencia, una garantía hacia mi futuro como estudiante, mi libertad financiera y mi situación de desamparo.

Con voz queda y compungida me contestó que 'NO'. Decepcionada y disgustada me encerré llorando en el cuarto de baño de su apartamento mientras le decía que aquello suponía el fin de nuestra relación, de mi sueño universitario y que me volvería a España. Odiaba llorar pues, en mi orgullo, me hacía sentir débil y digna de lástima. Ignoraba entonces que llorar no es señal de debilidad o de fuerza sino tan solo la expresión humana de un sentimiento. Odiaba suplicar. Sólo quería abrir puertas, seguir hacia adelante. Terminar mi carrera. No creía en el matrimonio, pero necesitaba ese trampolín para perseguir mis objetivos; el medio para el fin. Creo que Mike no entendía lo que le estaba pidiendo. Vivíamos juntos, así que, ¿por qué no firmar un simple contrato que me permitiera despejar los obstáculos hacia mi porvenir? No tendría más trascendencia que un mero trámite. Mike, sin embargo, tenía una concepción del matrimonio distinta —más tradicional— a la mía; se casaría con la mujer adecuada, en el momento adecuado y celebraría una boda extravagante. Vaya tontería, pensaba yo en aquel entonces.

Empecinada por no volver a España con otra historia de fracaso a mis espaldas, por mi mente atormentada revolotearon mil opciones. Mientras Mike, en la habitación de al lado, escribía en un trozo de papel rasgado, y con la peor letra de la historia, un ¡Me casaré contigo! ¡Y lo haré por amor! Crucé el umbral de la puerta que nos separaba y lo abracé. ¡Venga, vamos, nos casamos ya!, con temor a que quizás se arrepintiese.

Y, sin más preámbulo, lo hicimos. Al día siguiente, un 22 de enero, viajamos hasta Reno con mi hermano Memel y el mejor amigo de Mike, Andy, como acompañantes y testigos. Mike programó una ceremonia civil. Hicimos un rito sin protocolo, sencillo y en pantalones vaqueros. Me costaba entender a la oficiante de la boda: «Almudena ¿tomas a Michael como legítimo esposo?». «I do YOU», musité mirándole a los ojos. Totalmente ignorante de que 'I do', significa 'Acepto', mientras 'I do YOU', se utiliza para expresar el deseo de tener relaciones sexuales con la persona.

Mike, Memel y Andy se partían de risa mientras la oficiante hacía lo imposible por mantener la compostura. Pensé *¿qué me estaré perdiendo?*, pero sin indagar nada más y mordiéndome la lengua por no contagiarme de sus risas. Más tarde Mike me explicó la insólita respuesta que le había dado a la oficiante.

En realidad, aquel ceremonial no tenía un significado sentimental para mí; tan solo estaba centrada en acabar aquel trámite que me posibilitaría solicitar un permiso de trabajo y volver a mis libros y mis estudios. Aquella fue la imagen de una luna de miel perfecta. Por la noche fuimos por los casinos donde pude observar cómo, en mi noche de bodas, Mike, Memel y Andy jugaban, atentos y disfrutando, al póquer.

Estaba feliz. Misión cumplida.

CAPÍTULO 10

Una mirada a la realidad

"La realidad es creada por la mente; podemos cambiar nuestra realidad cambiando nuestra mente." - Platón

MI CERTIFICADO DE MATRIMONIO significaba un paso más hacia mi objetivo de empoderamiento personal. La llave que abría la posibilidad de conseguir un trabajo que me permitiera emanciparme; con el que alcanzar, primero, la autosuficiencia necesaria para tomar libremente mis propias decisiones y, segundo, la solvencia económica suficiente para poder ayudar a mi madre y hermanas que seguían en España bajo la autoridad de mi padre. Desde siempre admiré la fuerza, la capacidad de autogestión y de resistencia de mis hermanos Chino y Memel. Trabajaban duro y plenamente enfocados en sus sueños. Nunca los vi dudar sobre la posibilidad de un porvenir; ni desfallecer, abandonar o romperse por dentro. A diferencia de mí, parecían arietes de acero abriéndose paso ante la adversidad camino de un futuro mejor. Me preguntaba de donde sacaban aquella fortaleza y autoconfianza. En cambio, cuando pensaba en mi madre y mis hermanas pequeñas, intuía que su realidad y su actitud eran muy distintas. Una realidad que me atormentaba y, a la vez, que

154

infundía un fervoroso deseo de hacer algo al respecto.

Memel no tenía la documentación legal adecuada y llegó el momento en que no pudo seguir trabajando en el 'dōjō' mientras cursaba sus estudios. Decidió trasladarse a Londres, buscar un trabajo y continuar sus estudios, de una forma legal. La noche anterior a la partida la pasó en casa de Mike, con nosotros. Me fui a la cama desconsolada y lloré como una niña pequeña antes de dormirme. Aunque apenada ante el hecho de volver a separarme de él, admiraba, sin embargo, su férrea voluntad de no rendirse y empezar de nuevo otra vez, en un país diferente. Me sentí desolada porque siempre fue para mí un fuerte e incondicional apoyo emocional.

Una vez casados, Mike y yo iniciamos el trámite para solicitar la residencia oficial estadounidense. Lo primero que se pasó por la mente, sin pensar demasiado, fue volver a España a pasar el verano. Compré un billete de avión con la ilusión de ver a mi madre, a mis hermanas y a mis amigos. Una amiga española del colegio comunitario que conocí en el club de estudiantes internacionales me presto el dinero para el billete. Hacía tres años que no veía a mi familia.

Mis padres y hermanas me recibieron en el aeropuerto de Jerez. Un día que nunca olvidare. Había echado muchísimo de menos a mi madre y a mis niñas. Tres años habían pasado desde que las deje. Para nada me hacía de gracia volver a ver a mi padre, sin embargo, allí estaba, recibiéndome con besos y abrazos e indolente y ajeno a mis sentimientos. Abracé y besé a mi madre y hermanas como nunca antes. Una sensación tan grande de felicidad. Les repetía sin cesar lo mucho que las había echado de menos. Ana, ya toda una mujer, con dieciocho años y Carmen, con sus diecisiete recién cumplidos; parecían otras. Estaban muy cambiadas. Cuando las deja eran niñas y ahora eran mujeres. Mi madre estaba tan guapa como siempre, o más, y mi padre, en principio, creo que no había cambiado gran cosa, aunque, ahora, daba la impresión de preocuparse un poco más por mí. Casi no me dejo hablar con ellas de camino a casa, solo haciéndome preguntas para averiguar cuál era mi perspectiva financiera en Estados Unidos. Él siempre estuvo convencido que, en algún momento en el futuro, sus hijos se ocuparían económicamente de él. Tal vez me veía como un potencial generador de ingresos futuros; una especie de inversión. Poco sabía, del coraje interno que le tenía.

Vivían de alquiler en una pequeña casa junto al Iro, un río maloliente, de caudal variable, que atraviesa Chiclana de este a oeste. Mi padre fumaba sin cesar durante todo el día y parte de la noche. Por las mañanas el humo del tabaco inundaba el dormitorio de mis padres con una neblina tan espesa que se podría cortar. Me preocupaba que aquello acabara afectando la salud de mi madre, fumadora pasiva por muchos años de aquel humo de segunda mano. El olor penetrante y tóxico y las colillas por doquier hacían que la casa pareciera el gran cenicero, donde un gran tirano —la única voz autorizada en casa— depositaba sus pavesas y cenizas.

En los días siguientes, mis hermanas me pusieron al día de la situación familiar. Sus historias y confidencias me inquietaron. Carmen pasaba por un mal momento en su relación con mi padre. A diferencia de mí cuando tenía su misma edad, ella no se rebeló contra él; aún era capaz de soportar con resiliencia sus excesos y tropelías; capaz de fingir una sonrisa y de nunca echarle cara. Me contó cómo mi padre la golpeó, a puño cerrado, solo porque se atrevió a pedir alguna explicación con un inocente «Papá, no lo entiendo». Desgraciadamente, lo había pillado de mal humor, y eso era todo lo que se necesitaba para que ese hombre se saliese de sus casillas. Entre lágrimas me confesó que aquel incidente, malvado y desproporcionado, le hizo plantearse, por un instante, quitarse la vida. Sus palabras de dolor me atravesaron el alma y pensé para mis adentros «Papá, cabrón de mierda, tú puedes matar mi alma, pero no te voy a consentir acabar con la vida de los que yo quiero».

Por su parte, Ana también sufría con asiduidad los agravios de mi padre, sobre todo por su alegre comportamiento, joven y bastante femenino. Me contó muchos episodios al respecto. Demasiados. En una ocasión mi padre la obligó a dormir bajo la cama durante cinco días seguidos tras abofetearla mientras le exigía una sonrisa. Algo se removió dentro de mí y despertaron mis recuerdos; me sentí profundamente conectada con Ana. Frustrada, con tan solo quince años, se fue de casa. Durante dos años vivió con un amigo en su granja. Después volvió. Ana nunca expresaba su dolor; contaba sus historias aceptándolas como parte consubstancial a la vida, siempre con una sonrisa picarona y una actitud protectora de 'a mi nada ni nadie me hace daño'. Mi madre continuaba con su trabajo de profesora mientras mi padre, sin trabajo, vivía de su sueldo, controlaba la economía familiar y bebía a diario en el bar frente a casa.

De nuevo se apoderó de mí aquel impulso ancestral por la solución extrema y final; el deseo de acabar con su vida. Recordé mi intento con la cicuta. Me daba asco y le odiaba a muerte. Pero me contuve; templé con frialdad mi ímpetu iracundo y tomé consciencia de que aún no podía ayudar a mi familia. Todo aquello me devolvió a mis vivencias de infancia y adolescencia. Mi desesperación interior crecía como una raíz, salvaje y tenaz, capaz de levantar la roca más pesada.

En mi afán por ayudar, dominé mis impulsos, guardé el odio en mi interior y, con muchísima voluntad, me enfoqué cada día en hacer la compra en el mercado local, cocinar con mi madre y colaborar en las tareas domésticas. Pasaba las tardes en la playa, con los amigos de siempre, nadando y tomando el sol; aquello me aportaba paz y sosiego y me hacía olvidar, por unos momentos, mi perturbadora realidad familiar.

Mi padre decidió que Ana se fuese conmigo a Estados Unidos. Así otra vez, sin plan y sin dinero. Daba por hecho que alguno de nosotros nos encargaríamos de ella. Volvimos a viajar juntas —como en aquel viaje a Barcelona—. Yo no disponía de alojamiento ni de dinero para ella por lo que, como ya era habitual entre hermanos, se instaló, por un tiempo, con Chino, que tenía una casa grande y un estado económico más solvente.

A nuestra llegada al aeropuerto de San Francisco, me detuvieron en Inmigración y me llevaron a un habitáculo repleta de inmigrantes indocumentados. A Ana, con su visado de turista en regla, la dejaron marchar sin problema. Les informé a los agentes que estaba legalmente casada con un ciudadano estadounidense a lo que, con sorna irónica, contestaron: «Estás casada con un estadounidense, pero traes una noviecita». Aquellos funcionarios no me parecieron profesionales ni amables. Dos de ellos me interrogaron de una forma desconsiderada que rozaba lo infrahumano. Sin pruebas ni argumentos, me acusaron de infringir la ley, me dijeron que no tenía estatus legal; mi visado de turista tenía una validez de seis meses desde mi primera llegada a Estados Unidos. Me quedé perpleja pues pensaba que tenía un visado internacional de estudiante. Quizá estuviera en un error. A pesar de sus amenazas y su grosería, me mantuve firme y no mostré signo alguno de intimidación. Me preocupaba que me detuvieran, pero conservé la compostura porque, en el fondo, sabía que merecía respeto y que mis intenciones siempre habían sido correctas y buenas. Pero la ignorancia con la ley no es excusa de su cumplimiento y la sinceridad en reconocer esa ignorancia no es una razón para el perdón. Una vez más en mi vida tuve que confiar, con esperanza, en la buena suerte. Empecé a preocuparme.

Permanecí detenida varias horas hasta que Mike encontró la manera de sacarme de allí. La persistencia y asertividad que Mike mostró ante aquella situación me ofreció la valiosa lección de luchar siempre por lo que me pareciera correcto, aún, y a pesar de, las normas establecidas o el protocolo a seguir. Antes de liberarme, me retiraron el pasaporte y me citaron, en otra fecha, para aclarar mi situación en Estados Unidos. De vuelta a casa Mike aseguró, convencido, que no dejaría que me pasara nada. Aunque yo sabía que el riesgo de deportación era alto. De alguna manera, su seguridad y confianza me tranquilizaban y me hacía sentir protegida. Me enorgullecía su capacidad para resolver problemas; y admiraba su devoción por mí.

El día que me citaron para recoger mi pasaporte llegué puntual a la hora prevista. Esperé sentada en varias salas mientras investigaban al detalle mi situación. La retahíla de preguntas que me hicieron resultaba agotadora, pero fui paciente y mostré seguridad y confianza, algo poco natural en mí. Insistí, una y otra vez, en que era estudiante de ingeniería; en que el colegio comunitario donde estudiaba había expedido el formulario I-20; en que había estado pagando cuantiosas matrículas como estudiante internacional; en que estaba casada oficialmente con un ciudadano estadounidense. Machaconamente, con la técnica del disco rayado y sin añadir nada más. No conseguía convencerlos, pasaba el tiempo y mi caso no se resolvía. De repente escuché cómo Mike conversaba con la funcionaria que parecía estar al mando. «Almudena es una estudiante muy inteligente, pronto trabajara y pagará sus impuestos», le escuche decir, en su voz alta y confiada. Me pareció un argumento hábil e inteligente. Mike, con su agudo arte de convencer, recorría el mundo sobreviviendo batalla tras batalla. A través de las finas paredes de oficina podía reconocer su voz persuasiva; aquella voz que tantas veces me había tranquilizado y dado seguridad.

Más tarde, me contó que mientras me buscaba en aquel laberinto burocrático, sin saber cómo, encontró a una mujer atenta y receptiva, que parecía estar a cargo de mi situación. En el recuerdo de aquel final feliz, me veo sentada en un despacho, junto a Mike y aquella mujer. Conectados por su misma cultura y su impecable inglés, ella se reía a carcajadas de las bromas que Mike le contaba, mientras yo echaba humo por todos mis poros; con unas ganas horribles de insultarla por haberme hecho pasar tan mal rato unos momentos antes. Mike puede llegar a ser muy empático y persuasivo, un vendedor nato, siempre rápido para reaccionar ante cualquier imprevisto, siempre con un plan B bajo la manga, nunca amedrentado por los obstáculos. Pagamos la multa en Inmigración y nos dejaron marchar, no sin antes informarme de que no debía salir del país hasta que aprobaran mi certificado de residencia, aún en trámite.

Al fin y al cabo, todo había sido culpa mía; por mi desconocimiento de las leyes sobre inmigración; por mi obstinado deseo de continuar mis estudios en Estados Unidos; por planear sin pensar, y salir del país con la ilusión de volver a ver a mi madre y hermanas. Y todo ello antes de obtener la residencia oficial estadounidense. No podía culpar a nadie más que a mí misma. La actitud de aquellos groseros funcionarios de inmigración era un recordatorio más de que al sistema no le importaba yo, ni mi familia, ni mis intenciones, ni mi historia, ni, casi me atrevería a pensar, mi valor como ser humano. Para ellos —para el sistema— yo no era más que un número con unas normas a respetar y seguir. Sin formación, trabajo ni recursos carecía de influencia y poder; ni allí ni en cualquier otro lugar en el mundo. Fue una iluminación. En adelante tenía que aprender y formarme. Dar un giro a mi vida.

Resuelto el asunto de Inmigración, me encontraba feliz por la vuelta y muy motivada para trabajar con mi nueva condición de residente legal. El objetivo claro era encontrar un trabajo mejor remunerado que me permitiera continuar mis estudios, pero ahora, pagando las tasas de residente, insignificantes comparadas con las tasas de matrícula internacional. La idea de encontrar un trabajo me intimidaba; no tenía confianza en mis habilidades de comunicación ni en otras competencias del estilo. Aparte de mis estudios, mi única experiencia de trabajo durante los últimos tres años estaba relacionada con el cuidado de niños, la limpieza doméstica y las clases particulares que daba como tutora.

Mientras buscaba trabajo, Ana fue una inyección adicional de ánimo y energía. Ahora me sentía más conectada con mis objetivos. Me encantaba pasar mi tiempo libre con ella, enriquecía mi vida con su energía de adolescente siempre tan positiva, intrépida y aventurera. Abrazó sin dificultad la vida de San Francisco y de pronto se convirtió en una chica de ciudad, sociable y divertida. ¡Se lo pasaba pipa!

Ana no tardó en encontrar su primer trabajo como vendedora de pescado en el 'Fish Market', un restaurante de San Mateo. Creo que encontró trabajo antes que yo. Visitaba el mercado sólo para verla trabajar, sin apenas hablar inglés, pero llena de confianza y con un aspecto impecable, inmersa en su papel y disfrutando de cada interacción con su clientela. En poco tiempo, pudo permitirse vivir en San Francisco rodeada de jóvenes. Se las arregló muy bien para ser autosuficiente y sobrevivir sola. Su vida es una historia inspiradora.

Mi padre me llamó un día: «Almudena, saca a Ana de la vida de ciudad. En la ciudad solo hay putas y maricones. Necesitan doctores para arreglar su sexualidad», me ordenó por teléfono. «Primero vamos a buscarte un médico a ti para que te arregle tu jodida cabeza», le contesté, con coraje. La conversación continuó un buen rato, mientras la temperatura subía y cada frase se volvía más y más ofensiva el uno con el otro. Me alegró ser yo la que tuvo esta conversación —franca y de tú a tú— con mi padre; por fin podía expresar mi opinión sincera, en voz alta y clara, sin vacilación alguna, ni miedo a represalias. Ana era feliz y su estilo de vida era conocido y aprobado por toda la familia, salvo por él. Ahora era el con el peligro de quedar solo, marginado en la familia.

Chino y Lina tuvieron su primer hijo, Justin; el primer nieto de mi madre. Recibimos a Justin como el regalo más preciado del mundo. Lina estuvo encantada porque formáramos parte de su vida. A Mike y a mí nos dejaba cuidar de su pequeñín durante los fines de semana. Disfrutamos de muchos momentos tiernos y divertidos, de muchas fiestas de pijamas y de estupendas excursiones con Justin.

Mi madre soltera

Mi padre

Mi madre conmigo en Madrid

Con mis hermanos en Madrid

Yo a los 15 años

El día que conocí a Mike, con 23 años

Y el, con 28 años

TERCERA PARTE

LOGRAR

CAPÍTULO 11

El principio de la gloria

"Todo lo que puedas imaginar es real." – *Pablo Picasso*

EL TRABAJO DURO NO TERMINÓ tras mi matrimonio, pero ahora, con la residencia legalizada y un permiso de trabajo, podía buscar trabajo en mi área de estudio; informática o ingeniería. En cuanto obtuve mi certificado de residencia, Isabel, una tenaz ingeniera que ayudaba a jóvenes inmigrantes y hermana mayor de mi gran amiga mexicana Wendy, me tomó bajo su protección. Me ayudó a preparar mi currículum y me consiguió un trabajo, como ingeniera asistente, en la empresa donde trabajaba. Isabel fue mi primera mentora en el mundo de la ingeniería. Mi nuevo nombre ahora era Almi. A diario, cuando llegaba al trabajo, antes o después de mis clases, Isabel me recibía con una gran sonrisa, siempre dispuesta a enserenarme y ayudarme a marcar la diferencia como joven ingeniera. Tenía mucho que aprender, mucho que ofrecer y aún más que agradecer.

Aunque me encantaba construir circuitos de montaje superficial y programar microcontroladores, mi proyecto principal consistió en construir la base de datos de inventario para las actividades de ingeniería. Mis conocimientos de codificación estaban un poco oxidados y obsoletos, pero Isabel me ofreció espacio y tiempo para estudiar y recordar. Mantuve este trabajo —como asistente de ingeniería— durante un año, trabajando una media de 25 horas a la semana y con un generoso salario de trece dólares por hora. Compaginaba el trabajo con mis estudios, pero ahora como estudiante residente a tiempo completo.

Al finalizar mi contrato de trabajo, el fundador y presidente de la empresa, el Dr. Noel Marshall, me expidió una carta de recomendación que me sería muy útil para abrir puertas en el futuro. Aún la conservo, no tanto por su utilidad práctica, sino por su significado de agradecimiento y reconocimiento a varios años de esfuerzo y sacrificio. La amabilidad y el aprecio del Dr. Noel hacia mi trabajo me inspiraron la confianza y autoestima que necesitaba para continuar mi andadura en el campo de la ingeniería eléctrica. Confiando en la recomendación de Isabel, se arriesgó al contratar a una mujer con muy pocos conocimientos de ingeniería y sin más experiencia laboral que la de limpiar casas y cuidar niños. Y yo le estaba enormemente agradecida por ello. Recuerdo una tarde a Dr. Noel en el laboratorio, sentado a mi lado y observando mi trabajo, mientras yo construía un circuito de montaje superficial bajo la lupa. No estaba nerviosa sino todo lo contrario; segura y contenta por su interés hacia mi trabajo. Con una sonrisa sincera y contagiosa, me dijo que lo hacía bien. Me hizo sentir parte de su empresa, y me dio confianza en mis facultades.

Motivada por mi experiencia positiva de trabajo como ingeniera, solicité el ingreso en la Universidad de California en Berkeley (UC Berkeley) para estudiar ingeniería eléctrica. La Dra.

Barbara Uchida, mi profesora de física en el colegio comunitario, fue quién me animó a ello. Ella se había licenciado allí y hablaba muy bien de esta Universidad. Aunque cueste creerlo, yo jamás había oído hablar de tal institución. Ni siquiera conocía la ciudad de Berkeley, y menos todavía su Universidad. Seguí su consejo y, con su orientación, solicité ingresar en una licenciatura en ingeniería eléctrica. Indagué un poco y enseguida me percaté de lo prestigiosa que era esta Universidad. Pero, como escribí en mi solicitud, estaba lista para el rock and roll. Si me daban la oportunidad, asumiría el gran desafío de competir, académicamente, con los mejores estudiantes. Me lancé al agua sin ser consciente de la profundidad del océano. Si algo fallaba, difícil hacer pie.

Me aceptaron. No podía ni imaginar y tenía poca idea del significado de la palabra competir en el mundo académico de UC Berkeley. Desde el primer día me sentí como pez fuera del agua; el nivel académico era bastante alto, mucho más que el del colegio comunitario, o los estudios que había hecho en España. Lo primero que hice para adaptarme y encajar mejor fue dejar de llevar las uñas largas y pintadas de rojo y vestirme un poco menos femenina, más neutra; quizás eso me diese un aspecto más académico. Casi no había mujeres estudiando ingeniería eléctrica y la mayoría de los estudiantes se pasaban la noche en el laboratorio, estudiando y trabajando sin descanso. Casi ni se cambiaban de ropa, comían mucha pizza, utilizaban un lenguaje soez y la ducha no parecía ser una costumbre muy frecuente. Sinceramente, los laboratorios olían mal. Lo último que yo quería era pasar las noches sin dormir en aquellos laboratorios pestilentes, pero no me quedo otra opción que pasar horas y horas en los ordenadores de aquellas instalaciones. En esas horas que parecían ser interminables, mi única esperanza era que Mike apareciera por sorpresa, me rescatara y me llevara a cenar a un buen restaurante. Como no teníamos teléfono, nunca sabía cuándo aparecería. Mi vida había cambiado muchísimo. Con frecuencia, le escribía cartas a Mili reflexionando sobre mi situación. Sólo poco más de tres años atrás, pasaba mis noches con mis amigas, bailando en los chiringuitos, disfrutando de la playa, fumando cigarrillos, dejándonos llevar por lo poco que conocíamos, y con un futuro desesperanzador. Ahora me encontraba estudiando una de las carreras más desafiantes, en una de las universidades más competitivas del mundo y con un día a día lleno de desafíos académicos. Me sentía contenta y orgullosa, pero a veces sentía que no pertenecía a ese mundo.

Mis años de licenciatura en Berkeley fueron posible solo porque pude dedicarme a estudiar todo el tiempo, sin preocupaciones económicas que me tuvieran constantemente soliviantada. Acepte préstamos para estudiantes y Mike me ayudó con los imprevistos y los gastos extra. Por el momento podía permitirme el lujo de no trabajar y enfocarme por completo en mis objetivos y sueños para el futuro. Además de los estudios, tuve también la oportunidad de iniciarme en el mundo de la investigación a través de algunos profesores que me incorporaron a sus proyectos en el ámbito de los sistemas digitales y la teoría de la información.

En el último año de mi licenciatura Mike me animó a continuar mis estudios en la Escuela de Postgrado y me convenció para solicitar la prestigiosa beca de postgrado de la National Science Foundation (NSF). Juntos trabajamos en el largo proceso que conllevaba la solicitud. Paralelamente, y para cubrirme las espaldas por si mi solicitud no era aceptada, comencé a buscar un trabajo afín a mi campo de conocimiento. Me ofrecieron realizar una entrevista en Cisco Systems, una gran empresa del sector tecnológico, para un puesto de ingeniera de redes. Estaba muy ilusionada, pero también tremendamente nerviosa. Días antes de la entrevista, estuve probándome el conjunto —un traje rojo, de corte ejecutivo, y unos zapatos de tacón alto— que Lina me prestó. Me encantaba la combinación, que parecía cumplir el código de vestimenta para aquel puesto. También creía que sus colores fuertes y llamativos distraerían la atención de los entrevistadores hasta el punto de que mi baja autoestima pasara desapercibida. Sin embargo, aquella elección finalmente resultó poco acertada y contraproducente incluso; durante la entrevista me sentí incómoda, completamente fuera de mi elemento, con aquellos tacones altos y los labios de un rojo fuera de lugar. De alguna forma, mi elegante atuendo de mujer ejecutiva no encajaba del todo con el mundo alrededor de la ingeniería de redes. No me sorprendió que no me convocaran a una segunda entrevista. Nunca supe si fue mi vestimenta —y mis tacones altos— o mi evidente titubeo al intentar transmitir una confianza que no me era natural, lo que disuadió a aquellos señores que me hicieron la entrevista. Sea como fuese, el caso es que no conseguí aquel trabajo. Las entrevistas me aterrorizaban. Continué con mis estudios de postgrado y olvidé la ridícula y desastrosa entrevista. Una más para la historia.

Presenté varias solicitudes —una de ellas a UC Berkeley— y durante meses esperamos impacientes la notificación de aceptación o rechazo. Una noche, agotada, sin energía y lista para volver a casa, me senté junto a la cabina telefónica que había en la planta baja del edificio de ingeniería Cory Hall con la intención de llamar por teléfono a Mike. No contestaba a mi llamada. Y la razón era que en aquel momento conducía —ansioso por darme la noticia— hasta donde yo estaba —en Berkeley— con una copia impresa de la lista con los ganadores de la beca de la NSF en su mano. Me encontró sola y desinflada, sentada en el suelo de la cabina telefónica y con una expresión de agotamiento en mi rostro. En cuando me vio, corrió hacia mí, exultante y feliz. ¿Qué razón tendría para parecer el hombre más feliz de la tierra, sobre todo cuando yo me encontraba sentada miserablemente a pocos metros? —pensé por un segundo—. Se acercó y, extendiendo unos folios de papel frente a mí, buscó y señaló con su dedo mi nombre impreso.

¡Mi nombre estaba en aquella lista! Aún puedo sentir la conmoción y la alegría que sentí; un instante mágico al que me aferraría mientras viviera. Uno de esos momentos en la vida que nunca crees que va a llegar. Miré fijamente y sin pestañear esa larga lista de afortunados impresa en un papel continuo de impresora con agujeros raídos a ambos lados. Mi nombre —Almudena Ordoñez— aparecía, flamante, en aquel listado. Y no era un sueño, era absolutamente real. La beca de la NSF pagaría por completo mis tres años de estudios de postgrado, pero su verdadero significado iba más allá del aspecto económico; el reconocimiento de mi valía. Mi nombre significaba algo, para alguien, y eso era transcendental para mí. Ya nada podía impedirme continuar mis estudios superiores. Corrí, como una posesa, y dejando atrás a Mike, por todo el edificio, anunciando a los cuatro vientos —a mis compañeros, a mis profesores— la gran noticia. Corrí también hacia Soda Hall, el edificio de informática, donde encontré, en el ascensor, a uno de los mejores profesores que he conocido en mi vida, el Prof. Shankar Sastry. Le admiraba por la combinación, en una misma persona, de una inteligencia extraordinaria y un carácter humano y afectuoso. Le anuncié la buena noticia. Sonrió y se alegró mucho por mí. Con una sinceridad que siempre recordaré.

Poco después, recibí una carta de UC Berkeley en la que me notificaban la aceptación en su programa de máster en ingeniería eléctrica. Para celebrarlo, Mike me llevó a cenar al *Il Fornaio*, nuestro restaurante habitual. Allí me preguntó si podíamos formalizar nuestro matrimonio y si sería su esposa, para siempre. Todavía se preguntaba si nuestro matrimonio era o no era sincero. Me sorprendía el giro positivo que estaba dando nuestras vidas. Nos volvimos un equipo inseparable. Mis sueños se volvieron los suyos, y los suyos los míos.

Nuestro matrimonio se había mantenido en secreto en su familia y la mayoría de sus amigos. Mike siempre soñó con un gran anuncio y una celebración glamurosa, pero, llegados a este punto de nuestras vidas, la celebración pasó a un segundo plano. Era el momento perfecto de revelar nuestra realidad a familiares y allegados. Mike hizo el gran anuncio y celebramos nuestro matrimonio, mi graduación, mi premio NSF y mi aceptación en el programa de máster. Todo en el mismo pack y en casa de Arlene.

Me preguntaba quién era aquella joven de veinticuatro años con un futuro prometedor, con sueños que ya casi podía palpar. Poco a poco acepte mi nueva vida y mi destino.

Antes de empezar el programa de postgrado, Prof. David Tse —mi profesor preferido en UC Berkeley— me ofreció un puesto como investigadora, durante el verano antes de empezar mi maestría, trabajando en el Acceso Múltiple por División de Código (CDMA); un método de acceso a canales de sistemas de radio. El trabajo con el profesor Tse fue, probablemente, uno de los más difíciles que he acometido nunca, pero el proyecto era fascinante y su pasión por su investigación, contagiosa.

Estaba en mi cafetería favorita, tomando mi café expreso habitual cuando el profesor Tse se me acercó un mañana. Mientras saboreaba mi café matinal, Prof. Tse me contó la inspiradora historia de Hedy Lamarr, una bella y famosa estrella de cine e inventora austríaca —conocida en el cine por una secuencia de la película Éxtasis—. Me preguntaba por qué el profesor Tse tenía tanto empeño en contarme esta historia. Continuó con unas de las historias más fascinantes que había escuchado en mi vida. Una historia de amor, pero, sobre todo, de persistencia y capacidad intelectual.

Hedy Lamarr fue prometida en matrimonio, contra su voluntad, con un rico y autoritario magnate de la industria armamentística, fabricante y proveedor de municiones, aviones de combate y sistemas de control. Asociado al partido nazi, tenía amistad personal de Adolf Hitler y Benito Mussolini. Lamarr, sometida y encerrada en casa por su celoso marido, aprovechó su soledad para continuar sus estudios de ingeniería. Actriz de día e ingeniera de noche, con inteligencia y habilidad logró obtener, de los clientes y proveedores de su esposo, información clave de la tecnología armamentística de la época. Información que posteriormente cedió a los Estados Unidos. En 1937, Lamarr, tras una rocambolesca fuga, por fin escapó de las garras de su marido. A comienzos de la Segunda Guerra Mundial conoció a George Antheil, un compositor musical con quien inventó desarrolló y patentó un sistema de guía por radio para torpedos que utilizaba el espectro ensanchado por salto de frecuencia para vencer la amenaza de interferencias; aún hoy se utiliza para mitigar las interferencias de radiofrecuencia. Esta increíble historia aumentó mi fascinación por el estudio del CDMA e intensificó mi aprecio por el profesor Tse. También aprendí que las mujeres también tenían su lugar en este campo. El profesor Tse me ofreció la oportunidad de profundizar más en el fascinante tema de las comunicaciones digitales. La tecnología CDMA me cautivó.

Estas y otras historias de luchas, logros y amores pasionales perviven en mi corazón y me impulsan a luchar y a creer.

En mis años como estudiante en UC Berkeley, no hubo un solo día en el que no me sintiera intimidada, y a la vez inspirada, por el talento monumental que mostraban los estudiantes, por los currículums excepcionales de los docentes y por la larga historia de innovación y excelencia investigadora de la Universidad. Yo era, probablemente, una de las personas que más rápido caminaba por el campus. Siempre iba con prisa y siempre con el deseo de más. A menudo circulaba en bicicleta por las colinas empinadas, con mi amiga Lydia en la parte de atrás agarrándome a la cintura, y yo pedaleando sin parar con todas mis fuerzas. Estaba físicamente fuerte, mentalmente decidida y siempre con la incertidumbre de si podía o no. Con el deseo de avanzar, de llegar a lo que me había propuesto. Estudiaba día tras día, los fines de semana, sin descanso. Los fines de semana Mike me dejaba en la biblioteca por la mañana y me recogía por la noche. Volvía a casa y continuaba estudiando hasta altas horas de la madrugada.

Mike decidió volver al mundo de las ventas, ya que la industria del fitness no terminó de convencerle. Consiguió su primer empleo en la industria del software, pasando por varias empresas de tecnología hasta llegar a ser director regional en Siebel y, posteriormente, en Oracle. Este fue el inicio de nuestra estabilidad financiera. Durante varios años consecutivos, entró en el Club del Presidente, un prestigioso premio concedido a los mejores vendedores, alcanzando más del cien por cien de su cuota de ventas cada año. A él lo motivaba el dinero; a mí, el mundo académico, casi de manera obsesiva. Y así pasaron los años.

Gracias a su éxito financiero, Mike y yo nos convertimos en una especie de exploradores de complejos turísticos, en catadores de buenos manjares. Durante el verano viajamos por toda California; Nevada, Arizona y Utah. Frecuentábamos spas y balnearios y cenábamos en los restaurantes más exclusivos. Disfrutábamos de nuestro tiempo, a solas. Todo perfecto, sólo los dos, el uno para el otro, sin dudas por un futuro juntos. Todo aquello era nuevo para mí, por lo que aquellas experiencias dejaron una impronta indeleble en mi memoria. No crecí en la abundancia —y mucho menos en este tipo de lujo— razón por la cual apreciaba cada detalle de aquellas vivencias. A veces, aquello me desbordaba y quería que todo fuese un poco más sencillo y humilde, quizá con un ligero remordimiento y sentimiento de culpa por el hecho de que otras personas, a las que quería y recordaba, no pudieran disfrutar conmigo. Mike siempre me sorprendía con la mejor habitación de hotel, las vistas más increíbles y una bañera de ensueño. Describía todas mis experiencias, hasta el detalle más tonto y nimio, en el diario particular que siempre iba conmigo. Con pasión, alegría y una profunda gratitud, disfrute de lo que la vida me daba. Me sonreía, hacía lo correcto, trabajaba duro y me sentía bien por todo ello.

Mientras tanto, en España, mi madre seguía soportando una vida desdichada, prisionera de los deseos caprichosos y el temperamento vehemente de mi padre. De repente, él decidió pedir un préstamo al banco, dejando como aval la casa que mi madre acababa de heredar de su padre. Con el dinero que en realidad le pertenecía a ella, mi padre se trasladó a Estados Unidos, dejando a mi madre endeudada, pero al mismo tiempo libre de él, para poder sobreponerse y comenzar una vida verdaderamente suya.

Recibí la noticia con satisfacción, pero con pocas ganas de tener a mi padre viviendo cerca de nosotros. Sin embargo, con él vino una de las mayores sorpresas de mi vida. Mientras esperaba en casa de Chino, no podía imaginar que mi padre traería consigo a una de las grandes compañeras y amores de mi vida: mi hermana Carmen. Creo que aquella fue la sorpresa más feliz que he tenido jamás en mi vida. Esperando lo peor encontré lo mejor. Aquel abrazo en que nos fundimos a su llegada aún perdura en mi memoria. Los sentimientos que tenía por la llegada de mi padre quedaron atenuados y en suspenso por ese regalo inesperado.

Mi madre tuvo el valor y la audacia de decirle a mi padre, justo en el momento de su partida, que utilizara ese dinero de ella para buscarse una nueva vida y no regresar jamás. Era el momento con el que había soñado toda mi vida, y ahora ese sueño se había hecho realidad. La vida parecía girar nuevamente a mi favor y me volvía a sonreír. Sin embargo, aunque intuía el comienzo de una vida en libertad para mi madre, dudaba de sus consecuencias y de su verdadero significado. Me sentía nerviosa y preocupada con estos pensamientos. Hubiera querido estar presente en ese momento, ser testigo de esas frases lapidarias.

No podía creer que mi madre estuviera dejando atrás, tantos años de desasosiego y abusos. No sabía si sería capaz de reencontrarse consigo misma, si quedaba algo de la persona que mi padre intentó destruir. Me preguntaba si volvería a ser quien fue alguna vez; si volvería a pintar, a bailar o a leer. ¿Sería capaz de sonreír ante la posibilidad de un futuro mejor? No conocía sus sentimientos ahora que estaba libre, pero también completamente sola.

Me consolaba saber que mi padre estaba muy lejos ella y esperaba que eso fuera para siempre, que nunca regresara. Y así se lo dije cuando llegó a casa de Chino; le ayudaría en todo lo que pudiera con tal de que no volviera nunca con mi madre. Sin embargo, he de admitir que nunca lo ayudé, ni financieramente ni emocionalmente. Simplemente porque no pude encontrar en mí una sola gota de compasión por él. Se mantuvo alejado de mi madre el resto de su vida.

Mi padre había consiguió la residencia en los Estados Unidos a través del Chino, que se hizo ciudadano. Se fue a vivir a Fresno, un pueblo asequible y caluroso, a unas tres horas en coche desde donde yo vivía. Encontró trabajo como encargado de mantenimiento en un complejo de apartamentos y se llevó a Carmen con él. Tuve que aceptar que mi padre vivía ahora cerca de mí, que, de alguna manera, volvía a formar parte de mi vida, de la de mis hermanos y sobre todo de la de Carmen, que seguía viviendo con él. Yo me encontraba entre la espada y la pared, atrapada entre el amor por mis hermanos y hermanas y mi repugnancia hacia él. A veces era despiadadamente sincera con él, sin un ápice de cariño; otras veces, sin embargo, mostraba un ligero afecto y le saludaba con dos besos fingiendo que el pasado era eso, pasado. Aunque intenté reducir al mínimo imprescindible los encuentros con mi padre, casi siempre estaba presente en todas las reuniones familiares. «Tienes suerte de que mama te haya dejado ir; yo hubiera preferido matarte», le respondí en una ocasión en que se quejó de que mi madre le pedía el divorcio. Creo que siempre me creyó capaz de hacerlo. Pero en realidad, solo eran amenazas.

Como el mejor de los manipuladores, mi padre solía hacerse la víctima con todas las personas nuevas que conocía. Con su habitual encanto, embaucaba y se ganaba a la gente contando la historia de cómo su mujer le había echado de casa después de tantos maravillosos años de matrimonio. Es un hombre tan bueno —pensarían, ingenuas, aquellas personas ajenas a la cruda verdad—. Interpretó su nuevo papel con quien se dejó engañar. No le gustaba Mike; le llamaba maricón por ser hombre y no beber. En una ocasión le retó a un combate de boxeo. Ante la negativa, le provocó, incitándole a pelear. Mike y yo abandonamos la reunión familiar aquel día; tristes por la escena y compadecidos de aquella alma perdida. Ni los años, ni la vejez le dieron sabiduría.

Sentí alivio cuando mi madre finalizó su proceso de divorcio. La Bestia estaba ahora cerca, y actuaba como la Bella, pero, ahora, lejos de mi madre. Y eso me hacía feliz.

Los primeros años de Carmen en Estados Unidos no fueron fáciles. Llegó como estudiante internacional y sin permiso de trabajo, aunque al menos estaba en situación legal. Mientras esperaba a que mi padre se hiciera ciudadano para así poder solicitar la residencia de ella, vivió unos meses con él. Carmen y yo éramos inseparables y siempre nos ayudábamos en todo. A pesar de lo mucho que me disgustaba ver a mi padre, a menudo conducía hasta Fresno para pasar los fines de semana con ella. Carmen siempre fue bastante espabilada, pero la rapidez con la que se adaptó al nuevo entorno fue impresionante. Aprendió inglés mucho más rápido que yo y, en poco tiempo, ya tenía varios trabajos donde elegir. Trabajó como camarera en varios restaurantes, cobrando por debajo de la mesa, ya que no tenía permiso de trabajo. Así lo hicimos todos. Enseguida captó la jerga, los modismos e incluso los chistes de Mike —chistes que a mí, después de varios años, todavía me resultaban imposibles de seguir.

A los cinco meses de su llegada, encontró un trabajo de niñera y dejó a mi padre. Poco después, se mudó a nuestra casa. Mi vida dio otra vuelta de tuerca, a mejor; volvía a convivir con mi hermana. Carmen también se unió a algunos de nuestros maravillosos viajes de ensueño. En Arizona —mi lugar preferido— Carmen y yo montamos a caballo en plena naturaleza, y terminábamos el día con un buen baño caliente y relajante, las dos juntas en la bañera con risas y muchísima alegría. A veces Carmen me acompañaba al campus universitario de UC Berkeley. Pasábamos los días juntas, paseando e, incluso, asistió a algunas de mis clases.

Aproximadamente un año después de la llegada de Carmen, mi madre visitó Estados Unidos por primera vez. Tenía cincuenta años, no hablaba inglés y, salvo un viaje a África justo después de casarse, nunca había salido de España. Carmen y yo la esperamos en el aeropuerto con un gran ramo de flores frescas y unos nervios horribles. Pasamos un verano increíblemente feliz, que nunca olvidaré. Mi madre se unió a nuestras aventuras. Un día las dos aparecieron en unas de mis clases y se sentaron en la última fila, calladitas y orgullosas de verme cómo impartía mi clase.

Desgraciadamente, cuando mi madre se fue al final del verano, Carmen la siguió. «Mu, este mundo no es para mí. Echo de menos a mi madre, a mi gente y a mi cultura», me confesó. De nuevo las perdí a las dos. Así, sin más. Aunque cerca de Ana y Chino, echaba muchísimo de menos a Carmen, a Memel y a mamá.

Mike decidió comprar nuestra primera casa: una flamante vivienda de estilo mediterráneo con dos plantas, cuatro dormitorios y una gran bañera, que tanto me gustaba. La casa me parecía preciosa y súper espaciosa. Me sentía orgullosa de vivir en mi pequeño palacio privado. Pero la realidad fue más ordinaria: en realidad se trataba de una vivienda unifamiliar común de nueva construcción. No una lujosa mansión como yo imaginaba. Ya instalados, organizábamos montones de reuniones y comidas para amigos y familiares mientras continuaba con mis estudios de postgrado. Desde fuera, mi vida parecía perfecta, pero, en realidad, me faltaba algo. Diariamente hablaba con mi madre y mi hermana Carmen; les rogaba que se volvieran a Estados Unidos. En el fondo me sentía un poco egoísta con aquella petición que tanto suponía para ellas. Ambas tenían ya una vida y libertad con mi padre lejos. Los ingresos de mi madre como profesora eran suficientes para cubrir sus necesidades. Pero para mí, en mi visión de futuro, ellas estaban conmigo y con el resto de mis hermanos. Y aquí, en California. Fui egoísta.

CAPÍTULO 12

Enfrentarse para vencer

"El fracaso es el éxito en progreso." – Albert Einstein

EN MI NUEVA CASA, me sentía como una reina en su propio palacio. Acomodé una de las habitaciones del piso de arriba conformando un pequeño estudio privado donde poder trabajar y estudiar; ya no tendría que hacerlo en la cama. Aquel espacio se convirtió en mi santuario privado. Ya desde el primer semestre, durante la maestría, me uní al equipo de investigación del profesor Joseph. Me gustaban las clases de comunicación inalámbrica que él impartía así que le pedí que fuera mi asesor de investigación. Bajo su tutela trabajé en un proyecto de investigación financiado por Ericsson, una compañía multinacional europea de telecomunicaciones. El resultado de mi trabajo supuso el tema principal de mi tesis de máster y además abrió nuevas oportunidades de investigación.

Mis cursos de postgrado me resultaban muy interesantes y, además, disfrutaba muchísimo de las actividades de investigación que realizaba. El trabajo constante y obstinado era mi rutina diaria, mi fórmula mágica. Sin embargo, una nueva y dura realidad se presentó ante mí: todos a mi alrededor, a pesar de ser increíblemente listos, parecían tener una confianza en sí mismos que yo no podía jamás imaginar en mí. La voluntad de trabajar duro no era suficiente; las capacidades intelectuales y la confianza en uno mismo influían. Y mucho. Algunos de los compañeros de mi grupo de investigación eran las personas más inteligentes que había conocido en la vida. Yo sé que me sobrepasaban. Y con ellos desgraciadamente me comparaba. Me sentía como una especie de impostora, siempre dudando y cavilando más de la cuenta. Los admiraba y, de alguna forma, me sentía que yo no era como ellos. Siempre que podía me mantenía en un segundo plano, escuchando y aprendiendo, observando la facilidad con la que se desenvolvían cuando levaban la mano y conversaban con total soltura y seguridad. Esas caras nunca las olvidaré.

Yo tenía la capacidad de estudiar duro e investigar sin descanso, pero, si realmente quería seguir avanzando en el mundo académico, eso no era suficiente. Tenía que encontrar el método y el valor para enfrentarme y superar mi proverbial miedo escénico de hablar en público, de dar mis opiniones. Tenía que encontrar mi confianza y mi voz. La voz que nunca tuve.

En la escuela de postgrado, además de las frecuentes presentaciones de trabajos en clase, también me exigían —y esperaban de mí— que fuese capaz de presentar mis proyectos en seminarios y conferencias, delante de mis compañeros y profesores. Llegó el momento de mi primera presentación, ante un gran auditorio, de los resultados de mi investigación. Era mi primera vez, mi bautismo de fuego. Me planté ante una gran pizarra, garabateando ecuaciones, con el corazón acelerado, llena de pavor y evitando el contacto visual con el público. La situación me resultaba intimidante, el micrófono amenazador, como poseído por una energía maligna en sus circuitos que distorsionaba mi voz. Aunque objetivamente irracional, mi pánico era muy real; me atenazaba la garganta, me secaba el paladar, mi corazón latía desbocado, hiperventilaba, sudaba y temblaba.

Hice una presentación horrible y encima me grabaron. Esto no era admisible ni siquiera posible en la escuela de postgrado. No solo los resultados de la investigación son importantes, pero también el saber comunicarlos. Mi temor para hablar en público era mi asignatura pendiente; incluso en pequeños grupos con caras conocidas, me aterrorizaba abrir la boca. Se convirtió en un problema.

Este miedo se apoderó de mí de una forma incapacitante y desproporcionada. Cuanto más lo pensaba, me sentía peor y menos capaz. Mi cerebro empezó a bloquearse ante la pregunta más simple de un profesor o de un compañero, incluso aunque conociera la respuesta. Mi rubor y mi titubeo me hacían sentir estúpida, mediocre y fuera de mí. Mi carrera y todos aquellos años de trabajo y esfuerzo estaban en juego. Llegué a pensar que tal vez había alcanzado mi máximo potencial y me enfrentaba a algo que superaba mis capacidades. Que había tocado techo.

Las mismas sensaciones de impotencia e incapacidad que experimenté durante mi primera y desastrosa entrevista en España hacía varios años, volvieron a apoderarse de mí. Me pasaba el día con la idea rondándome en la cabeza, temerosa de entrar en ese estado de secuestro mental que impide estar centrada en el presente, escuchando e interactuando, reaccionando y respondiendo a las cuestiones. Ya no se trataba de un problema de solvencia lingüística sino de algo más profundo. Fuera lo que fuese, tenía que afrontarlo y superarlo. No había otra opción. Solo competía conmigo misma.

Decidí abordar mi problema uniéndome a un grupo de 'Toastmasters'. En estos grupos de apoyo, los participantes —personas que buscan mejorar sus habilidades de hablar y de liderazgo— se reúnen periódicamente y realizan talleres en el que los integrantes perfeccionan estas competencias en un ambiente sin presiones. No hay ningún instructor; los miembros evalúan las presentaciones de los demás, el proceso de retroalimentación es una parte clave del éxito del programa. Se aconsejaba encarecidamente utilizar notas durante las presentaciones, e incluso leerlas literalmente. Pero yo —terca como soy— sabía que no iba a ayudarme de nota alguna y, por tanto, pensaba que me juzgarían por mi incapacidad para recordar mis propias ideas. Finalmente, abrumada por la dificultad del material, por mis palabras fuertes y aceleradas y por mi nerviosismo y miedos incontrolables, pensé que no encajaba en aquel grupo de 'Toastmasters', a pesar de que las habilidades de las que adolecía eran precisamente las que aquel grupo intentaba corregir. No saqué, en definitiva, mucho provecho del tiempo que pasé en aquellos talleres.

Busqué mis propios métodos. Empecé a grabar en vídeo mis propias presentaciones. A solas, en casa. Yo era la voz crítica más despiadada para conmigo misma. Este reto era personal y no lo podía compartir con Mike ni con nadie más; si lo reconocía tal vez dejarían de creer en mí —pensaba un poco aterrada—. Rebusqué en la sección 'libros de autoayuda' de varias librerías.

Los libros sobre confianza en uno mismo, desarrollo personal, cómo hablar en público y pensamiento positivo se hicieron habituales en mi mesita de noche. *Piense Como Un Ganador*, del Dr. Walter, fue el libro que más me ayudó. *Eres lo que piensas*, una cita que subrayé en el libro se convirtió en mi mantra, en mi lema.

Mientras conducía hacia Berkeley escuchaba casetes y CD con temas sobre autoayuda. Por las noches practicaba meditación, visualización y experiencia artificial; creaba una imagen mental de mí misma haciendo aquello que me atemorizaba mientras sentía una fuerte emoción positiva como si fuera real. Antes de acostarme, me daba baños calientes mientras escuchaba música clásica, hacía ejercicios de relajación y me visualizaba dando grandes conferencias, pequeñas charlas o manteniendo conversaciones técnicas con compañeros y desconocidos. Me imaginaba, una y otra vez, frente al público, capaz de comunicar perfectamente ideas y resolver dudas. Con seguridad, sin miedo y con absoluta confianza en mis capacidades. Leí todos los libros que encontré de Louise Hay sobre pensamiento positivo. Incorporé a mi lista de frases inspiradoras expresiones como 'en mi vida todo va bien'. Repetía mentalmente la frase una y otra vez, cada vez que entraba a una reunión. Pensaba que estaba surtiendo efecto y, poco a poco, parecía mejorar. Trabajaba cada día en aquietar mi mente e intentaba permanecer presente, sin miedo a ser juzgada, sin miedo a cometer errores, sin la constante inquietud de no sentirme suficiente.

Finalmente, obtuve el máster y mi trabajo contribuyó a una investigación en el área de la comunicación inalámbrica. Por aquel entonces, mi grupo de investigación celebraba retiros anuales en

Tahoe, donde los participantes presentábamos nuestros proyectos. En mi primera presentación en Tahoe, nada más empezar, perdí la noción de lo que decía y la memoria durante unos minutos. Cuando me di cuenta, estaba sumida en una confusión total, bloqueada de cualquier pensamiento, sintiéndome en una realidad diferente, desconectada de mi presentación, incómoda y tremendamente sola frente a un público que me observaba expectante y un poco preocupado. Tomé aire, me recompuse y, en un esfuerzo racional por reconducir la situación, me dirigí a los oyentes: «Disculpen, voy a empezar de nuevo desde el principio.»

Mientras tanto, mi yo compasivo repetía en mi mente una y otra vez: «Todo va bien, todo va bien ...». Miré, ahora sí, a mi público y, sintiéndome conectada con ellos, inspiré profundamente y realicé la presentación a un ritmo mucho más lento, pero con éxito. Fue una especie de conquista; por un momento logré desconectar mis temores y luchas internas, recuperar la compostura, centrarme y dominar la situación.

Al acabar mi presentación, de repente me sentí muy mal del estómago. Corrí al baño y me encerré unos minutos donde, nuevamente, me repetía mis mantras positivos mientras respiraba despacio y profundamente. Volví al auditorio con ánimo renovado. Algunos investigadores me plantearon cuestiones sobre mi proyecto, y entablé conversación con confianza, seguridad y, sobre todo, comodidad. Uno de ellos —un investigador del norte de Europa— incluso me dijo que había sido la presentación más entretenida que había visto hasta entonces; le había encantado mi forma de expresarme, utilizando las manos con ademanes de bailaora flamenca. Intuiría —o sabría— de mi origen andaluz, o quizás simplemente disfrutó de mis expresiones. Aunque aquella observación no era común en un retiro de esas características, su comentario desenfadado y positivo me hizo sonreír y, al menos por un instante entrañable, me sentí como en casa.

Mi miedo a hablar en público disminuía en proporción inversa a mi práctica de la visualización. En uno de los retiros en Tahoe, un investigador responsable del equipo de investigación visitante me invitó a continuar mi trabajo, durante el verano, en Ericsson Research, en Aquisgrán, una ciudad balnearia muy cerca de la frontera alemana con Bélgica y los Países Bajos. Acepté rápido y sin pensármelo. Aproveché mi viaje hacia Alemania para hacer escala en Londres, visitar a mi hermano Memel y conocer a su futura esposa, Sarah, una hermosa mujer de Melbourne, Australia. Hicimos algo de turismo y disfrutamos mucho en mi corta visita.

Mi llegada al laboratorio de Ericsson en Alemania fue fantástica; los ingenieros eran acogedores y el proyecto apasionante. Tras pasar el verano allí, me invitaron a presentar mi investigación en su sede de Estocolmo. Para mi sorpresa, me programaron varias presentaciones ante distintos grupos de investigación, todas en un mismo día. Fue la primera vez que me desenvolví con absoluta confianza, sin disociarme de la realidad y con la indescriptible sensación de sentirme dueña de mí misma y conectada con mi público. Disfruté interactuando y debatiendo sus observaciones y preguntas. Fue una experiencia increíble y un día perfecto. Por fin me sentí integrada y competente en aquel mundo al que quería pertenecer. Pero, a pesar de aquellas sensaciones, aún no estaba del todo segura de que mis miedos a hablar en público hubieran desaparecido del todo; al menos aquel día los vencí y eso representaba un gran paso. Con el correr de los años, sigo teniendo sueños recurrentes en los que me enfrento a un público sin nada que decir, desconectada entre mis pensamientos y la capacidad de expresarme, y con una imperiosa necesidad de esconderme. Un recordatorio de que aún, tal vez, queda trabajo por hacer. Quizás un trabajo eterno.

Memel y Sarah me sorprendieron con una visita inesperada a Estocolmo. Pasamos un fin de semana inolvidable en aquella preciosa ciudad sueca. Fueron unos días llenos de orgullo por mis éxitos y de una profunda sensación de conexión, coherencia y sentido en mi vida. Mis logros —también los de Memel— se alineaban, ahora sí, con nuestros sueños.

Como colofón a mi exitoso viaje aproveché para visitar a mi madre, a mi hermana y amigos, en España. También a mi querido océano. Mili vino a verme a casa de mi madre, tomamos café, pasteles y nos contamos nuestras vidas. Mili ya era madre de un niño, tan guapo como ella, aunque un poco más tranquilo y tímido. Había mucho amor entre madre e hijo. Mientras conversábamos, lo sostenía con ternura en su regazo y le colmaba a besos, caricias y pequeños juegos maternales. Un amor que yo aún no había experimentado y casi no lograba entender. Con sus veintitantos años, aún parecía demasiado joven para ser madre. Con un cigarrillo en la boca y la misma risa estridente de juventud, su presencia me evocaba recuerdos de adolescencia. Burlándose de mí por haberme casado cuando le prometí que nunca lo haría, me pregunto cuando tendría un hijo con mi apuesto marido americano. También me recordó, con piadosa sorna, que en una ocasión le aseguré que mi relación no duraría y que ya llevaba seis años casada. Me defendí diciendo que Mike y yo estábamos muy conectados, y que nos ayudábamos mutuamente. Fue la mejor expresión que se me ocurrió para salir airosa de aquella pregunta pues 'amor' era una palabra que Mili y yo siempre evitábamos al hablar de hombres y relaciones; el amor era sinónimo de debilidad a nuestro sobrado entender. «Mike y yo compartimos sueños y metas, pero nunca tendremos hijos. Nunca», recalqué con convicción. Ya tenía treinta años y mantenía, al menos, esa convicción y promesa. «Has cambiado mucho, bichito. Seguro que vas a tener hijos», me respondió, profética e irónica. Como era nuestra costumbre cada vez que nos veíamos, intercambiamos nuestros anillos y con esas palabras como despedida nos estrechamos en un largo abrazo revalidando nuestro amor. Separarme de Mili fue como cortar el lazo que aún me unía a una parte de mi infancia y adolescencia.

De regreso a los Estados Unidos, después de todo un verano fuera, casi volví a sentirme una extraña en aquella vida americana. Mike me dijo que tenía preparada una sorpresa de la que quería hablar en cuanto llegase. Estaba súper cariñoso pero misterioso e ilusionado por compartir conmigo algo que había estado considerando durante todo el verano. Me tenía super intrigada. Me llevó directamente a un encantador y acogedor hotel en Napa, la región vinícola al norte de California. Fuimos directamente a la habitación y, después de hacer el amor, nos duchamos y nos preparamos para salir a cenar a un restaurante donde me desvelaría el secreto que guardaba celosamente.

«Almudena, he estado pensando que deberíamos tener un hijo, seguro que será niña y le gustarán las matemáticas tanto como a ti. Juntos seremos buenos padres», me soltó emocionado durante la cena. Lo tenía todo pensado y decidido. Me asusté e incluso dudé sobre si debía ni siquiera hacerle caso. Tal vez fuera el momento, el día, las emociones equivocadas o, simplemente, un miedo más que no estaba dispuesta a considerar ni por una fracción de segundo. Todavía estaba intentando resolver y consolidar mi vida como estudiante de posgrado con la meta de sacarme un doctorado, día a día, batalla a batalla. Mi vida como madre no entraba en mis planes ni en mi comprensión. Las palabras de Mili aún resonaban en mi mente y mi contundente respuesta fue: ¡NUNCA, NUNCA, NUNCA! ¡Olvídate, Mike! Olvídate de lo que me has pedido.

Tuve muchas reflexiones personales y varias conversaciones con familiares y amigos sobre cómo no tendría hijos. Recordaba mi infancia y la idea de tener hijos, sencillamente, me aterraba. No creía que fuera fácil ser niño o niña cuando la miseria o el infortunio puedo golpear a la familia en cualquier momento; de niña había visto sufrir a amigas cuando la adversidad, o los comportamientos disfuncionales, se cebaban con sus familias. Conocía niñas víctimas de abusos sexuales, de maltrato físico, de miedo constante. No quería asumir la responsabilidad de un hijo o hija. Le expresé todas estas preocupaciones a Mike con celeridad y sin entrar al fondo de la cuestión con la intención, al menos a corto plazo, de que tuviéramos una cena tranquila y en paz. Pero la conversación se prolongó toda la cena. Y toda la velada, hasta que, finalmente, nos quedamos dormidos. Él charlando y yo ignorando el tema. Nada de lo que dije parecía preocuparle.

A partir de aquella noche no hubo día en que Mike no volviera a sacar el tema. «Seremos unos padres estupendos», me repetía tenaz y con artimañas de buen vendedor. Yo me limitaba a dejar por escrito, en mi diario íntimo y secreto, mis propias reflexiones sobre el significado —terrenal y divino— de ser madre. Los pros y los contras. Sólo encontraba una cosa positiva: un hijo haría feliz a Mike. Algunas de las excusas que imaginé y plasmé en mi diario eran bastante tontas e inconsistentes: «mi cuerpo cambiara»; otras, sencillamente prácticas: «me quiero dedicar a mi carrera» o «el mundo es cruel». Una de las excusas me sorprendió incluso a mí misma: «No quiero un hijo, quiero un caballo». Inexplicable y surrealista.

Desde mi viaje a Arizona con Carmen, no podía quitarme el deseo de tener y montar mi propio caballo. Años antes, una entrada —en al apartado 'sueños por cumplir'— de mi diario decía, literalmente: «Montar mi propio caballo». Ahora, cuando Mike sacaba el tema del hijo a relucir yo, en un requiebro lingüístico, eludía el tema y le hablaba de tener un potro. Al final, ¡gané!

Acabamos comprando en *Alexandra Arabians*, una propietaria de Santa Rosa en California, dos árabes pura raza. Dos jóvenes bellezas, nietos de *JK Spartan*. Se llamaban Keziaa y Vincent. El deseo de Mike de ampliar la familia quedó temporalmente satisfecho. Pasábamos las tardes con nuestros nuevos bebés-caballo, completamente entusiasmados y enamorados de ellos. También teníamos en casa tres gatos persas. El amor que Mike demostraba por los animales me hizo pensar que dejaría de lado el tema de los hijos. Los caballos se convirtieron en su equivalente equino.

Aprendimos equitación —al estilo inglés y occidental— e incluso practicamos salto de obstáculos. El intrépido Mike, con su manso caballo, pronto me aventajó en el arte ecuestre y se convirtió en un excelente y sensible propietario de caballos. Keziaa se convirtió en mi mejor compañera. Me enamoré de ella desde el momento en que la vi. Era elegante y de carácter orgulloso, con un pelaje dorado, ojos color miel y una mirada noble y magnética. Unos tonos blancos sobre su pelo castaño claro le daban unos toques de luz, haciendo que su aspecto fuera aún más radiante. Tenía el porte de una reina altiva y sus movimientos hipnotizaban, como si caminara ingrávida y sin esfuerzo, resoplando con vigor. Tenía que esforzarme mucho para llegar a su nivel de energía inagotable. Su brío y su carácter ardoroso me recordaban constantemente que también yo, al igual que mi yegua, tenía que afrontar la vida con más energía y confianza. Su vigor me inspiraba y me llevó a ser más fuerte. Las veces que me caí mientras montaba fue culpa mía; me ponía tensa y nerviosa, anticipando amenazas; eso hacía que Keziaa se lanzara al galope en direcciones aleatorias y esquivando cualquier obstáculo que se interpusiera en su camino. Aquellos episodios fueron oportunidades fuertes de aprendizaje que intenté aplicar en momentos de mi vida. Ante el miedo, con ella aprendí a relajarme. Cuando logré controlar el miedo y despejar mi mente, mientras la montaba, sentí una confianza y un gran poder interno que parecían eternos y celestiales. Con Keziaa aprendí que los vínculos entre animal y humano no son muy diferentes de los que existen entre las personas. Todas las relaciones deben basarse en el respeto y la confianza. El miedo que nos causamos los unos a los otros, las incertidumbres y el estrés, es la razón por la que caemos.

Corría el año 2000, y seguía con el doctorado en UC Berkeley. Nuestra situación económica era más sólida que nunca y los caballos habían traído un nuevo nivel de felicidad a nuestras vidas. Mantenía contacto telefónico permanente con mi madre en las que le contaba mis historias con los caballos; tenía la esperanza que su amor por ellos la animara a mudarse a los Estados Unidos. Para mi sorpresa, en una de esas conversaciones me confesó su decisión de venir a vivir con nosotros. Me pareció una decisión natural y sencilla, pero, para ella, en realidad, suponía un gran paso, un enorme y arriesgado cambio vital. Atrás dejaría toda una vida: su familia —padre, hermano y hermana—, su idioma, su trabajo, y su cultura. Y todo ello a una edad en la que los cambios vitales no son tan fáciles como en la juventud. Yo estaba locamente feliz, sin ser consciente de los sacrificios que mi madre estaba dispuesta a hacer con tal de acercarse a sus hijos, ahora adultos.

Mike y yo le regalamos dos lagartos dragón barbudos y un gato persa como mascotas. Era nuestro regalo de bienvenida a casa. Peca, la perrita que trajo con ella, completó nuestro pequeño zoológico particular. Nada más instalarse empezó a tomar clases de inglés. A los cincuenta empezó una vida completamente nueva. Ahora entiendo el gran esfuerzo que le pedí. Unos meses después, Carmen y su novio de entonces, dejaron España y se unieron a nuestra familia. El novio de Carmen finalmente volvió, después de experimentar durante unos meses las dificultades de un inmigrante sin permiso de trabajo en Estados Unidos. Carmen, ante la disyuntiva entre su familia o volver a España, decidió quedarse con nosotros. Algo que no fue fácil.

Mamá y Carmen estaban nuevamente en mi vida, lo que supuso un enorme y valioso apoyo emocional para mí. Como parte del doctorado, uno de los requisitos más difíciles de superar era el examen preliminar, que, para mi desgracia, era oral y ante un consejo de profesores. Me preparé incansablemente, leyendo todas las publicaciones relevantes en conferencias importantes y cubriendo todo el temario sin olvidar el más mínimo detalle. Sin embargo, el día del examen llegó, y me salió fatal. En el aula, de pie frente a una pizarra con una tiza en la mano, me encontraba ante tres profesores que me hacían preguntas desde sus asientos. Me quedé en blanco, petrificada, convertida en un pequeño iceberg, sin capacidad de pensar o hablar. Salí del examen totalmente descompuesta, desmoralizada y con mucha vergüenza por lo mal que lo había hecho. Dije poco, y lo que dije no estoy segura de sí tenía mucho que ver con los problemas que me plantearon. Entendía que el examen tenía que ser oral, ya que los profesores necesitan comprobar cómo los estudiantes son capaces de comunicar, analizar y resolver problemas verbalmente. Tenía que adquirir esta competencia, superar este reto.

Tuve una oportunidad más y otra vez la suspendí, lo que significaba que tenía que abandonar el programa de doctorado. Recuerdo estar sentada en las escaleras de casa, callada y abatida, solo Mike y yo. «Almudena, tiene que haber una manera. No te lo negarán. Habla con el comité. Pide otra oportunidad. Por favor, inténtalo», me animaba Mike, de pie frente a mí. La realidad es que se me habían acabado las oportunidades de examen; eran las normas. Solo daban dos oportunidades. No entendía su insistencia, y su incapacidad de aceptar la realidad. «Tengo dos títulos, Mike, y muchas oportunidades de obtener un buen trabajo», respondí con una mezcla de decepción y de mal disimulada esperanza porque me animara a desistir en mi empeño en lo que me parecía imposible. Pero no lo hizo, seguía cabezón con su creencia de que mi camino no se había cerrado. «Puedes hacerlo, eres más lista de lo que crees, habla con tus profesores», insistió, una y otra vez. Me resultó muy pesado y estaba cansada de escucharlo. La verdad es que yo quería, más que nada, seguir en el mundo académico, pero mis puertas se habían cerrado a cal y canto. Estaba agotada. Mike cree firmemente que solo uno mismo es el único capaz de cerrar completamente sus propias puertas. Así que, con esta mentalidad, confió en mí y siguió animándome. Mientras que yo estaba hasta las narices de escucharlo.

Al día siguiente me hallaba en mi oficina en Soda Hall, que compartía con cinco estudiantes más, comentando mi frustración y dolor con Ben, mi mejor amigo durante los años del doctorado, cuando recibí un correo electrónico del profesor Joseph, mi asesor: «Puedes volver a presentarte al examen preliminar, pero en Informática y no en Ingeniería Eléctrica». Y así de repente, se abrió nuevamente una oportunidad, pero no sin un trabajo adicional pues tuve que estudiar un programa con requisitos completamente diferente. ¡Dije que sí! Pasé meses estudiando para los nuevos exámenes orales preliminares. Por mi propia estima y cordura, no podía volver a suspender.

Visité a mi médico de cabecera y le expliqué cómo me sentía ante aquellos examinadores que me miraban —inquisitivos— directamente a los ojos; ansiosa e incapaz de pensar con claridad. Convencida, le sugerí que quizá tenía algún tipo de trastorno cerebral. Esperaba un remedio natural, pero, en cambio, me recetó un fármaco para reducir la ansiedad. La idea de medicarme no me gustaba; siempre he sido reacia a tomar medicamentos a menos

ENFRENTARSE PARA VENCER

que no haya una alternativa. No creía que las pastillas me ayudaran a afrontar mi reto personal ni a mejorar mi trastorno mental que, a mi juicio, padecía. Al contrario, estaba convencida que empeoraría mi situación. En mi modesta opinión, la mayoría de los medicamentos pueden eliminar los síntomas, pero también es cierto que pueden abrir toda una Caja de Pandora; desencadenar nuevos síntomas que, a su vez, requieren de otros medicamentos. Toda una cadena de causa-efecto. Mi aprehensión hacia los medicamentos y mi obstinación por encontrar una forma natural quizá tengan su raíz en las ideas que me transmitió mi madre. Por una u otra razón, el caso es que no tomé ninguna medicación. En cambio, adopté mi propia medicina en forma de meditaciones nocturnas, visualizaciones, técnicas de respiración lenta e —importante— estudiando todo cuanto podía sobre trabajos de investigación en el área de informática. Me los leía, los estudiaba, analizaba y memorizaba los resultados.

La mañana del examen tomé un buen expreso y, con energía, me fui decida a intentarlo una vez más. A la entrada, justo en la puerta de la sala donde me iba a examinar, me encontré con Reiner, uno de mis mentores de investigación de Ericsson. Con gesto paternal, me dio un beso en la frente y me dijo con convicción, «lo vas a conseguir, seguro».

Entré confiada y decida a charlar de lo que fuese, a no quedar callada. Me dije a mí misma, concéntrate, háblales, y no te quedes callada. En ese examen preliminar, me encontré con mi mejor versión académica; segura de mí misma y sin parar de responder con soltura las cuestiones que me planteaban. Puede que el expreso hiciera su efecto, mis visualizaciones funcionaran o el karma me sonriera, el caso es que, por una razón u otra, aquel día mi cerebro decidió cooperar. Días después, el profesor Joseph me dio la gran noticia de mi aprobado. Me sentí increíblemente orgullosa. Quería gritarle al mundo que lo había conseguido, que mi padre estaba totalmente equivocado cuando me aseguraba que era estúpida como una lavadora. Pero la verdad es que a nadie le preocupaba si yo tenía o no capacidades intelectuales, solo a mí, con mis dudas y mis miedos. Ahora ya era, oficialmente, parte del programa de doctorado en informática.

Bajo la supervisión del profesor Joseph, publiqué importantes trabajos de investigación y asistí a congresos de alto nivel. En el verano de 2001, presenté mis modelos matemáticos en una conferencia de Sistemas Inalámbricos, en un congreso que se celebró en Roma. Feliz de visitar Italia, el día de la presentación me sentí muy segura. Recuerdo aquella jornada con mucha nitidez, como si fuera ayer mismo. Llevaba el conjunto adecuado y la disposición mental perfecta. Tras mi presentación, había una cola de investigadores esperando con preguntas sobre mi investigación. Me sentía pletórica, como si hubiera nacido únicamente para vivir ese momento, y disfruté la experiencia hasta el último segundo.

El día de la ceremonia de entrega de premios, llegué tarde al acto; anduve correteando las calles de Roma. Intentado no molestar, me deslicé sigilosa hasta un asiento vacío al fondo de la sala. Me senté despacio, atenta a los nombres de los elegidos. Los premiados subían al estrado y decían unas palabras sobre sus investigaciones y de agradecimiento hacia sus colaboradores. Me impresionaba —con sana envidia— lo fácil que les resultaba levantarse e improvisar unas palabras, apropiadas y elocuentes, para los asistentes. Parapetada en la última fila me sentía a salvo de todos, hasta que escuché: «El premio al mejor artículo del Taller Internacional ACM sobre Modelado, Análisis y Simulación de Sistemas Inalámbricos y Móviles es para... Almudena Konrad». En un santiamén salí del anonimato y me convertí en el foco de atención de toda la sala; ya no estaba a salvo. Quise correr y esconderme de todo. Ni por asomo esperaba aquel premio. Sólo podía escuchar las palpitaciones de mi corazón azorado. En mi camino hacia el estrado, atravesé nerviosa aquel paraninfo a rebosar de gente. Temía un traspiés y me concentré en mis pasos mientras sentía el peso de cientos de ojos sobre mí. Tomé mi premio de la bandeja, lo agradecí y volví con la mirada hacia el suelo y con la presteza de quien le va la vida en ello. De algún modo, me sentí inmersa en una realidad alternativa; como indigna de aquel acontecimiento y abrumada por la incomodidad. Los aplausos del público me devolvieron al momento presente. Esta experiencia fue al más allá de lo nunca soñé. Me sentí humilde y sin saber qué pensar de este gran logro. Había trabajado apasionada y ferozmente para este momento, pero, de alguna manera, sentía que en realidad no me pertenecía. No podía imaginar que ese iba a ser el cenit de mi recorrido profesional. El nivel de aquel reconocimiento me resultó increíble. Fue una época en la que todo cuanto me ocurría y rodeaba parecía perfecto; joven, realizada y reconocida. Sólo compartí este logro con Mike, mi madre y mis hermanas. Elegí la humildad como postura. Airar mis logros o presumir de ellos no iba conmigo y sólo me llevaría al aislamiento y la vanidad.

El año terminó con la celebración de la gran boda entre Memel y Sarah en el Hotel Pan Pacific de San Francisco. Memel contrató a un cantante y guitarrista flamenco. Esta fue la mayor y mejor fiesta de toda mi vida, hasta ahora. Vinieron familiares y amigos de Londres, España, Australia y otros países. Pasamos toda la noche bailando flamenco y disfrutando de la compañía. Al principio de la noche, mi madre, impulsada por una pasión que llevaba años encerrada en su interior, dio rienda suelta a su fervor vital y nos deleitó con una actuación flamenca en solitario que nunca olvidaré. Me encantó su actitud y su resistencia durante aquella noche, vestida con el traje tradicional de hombre flamenco, rosa roja prendida en el pelo, botas negras y una mantilla negra sobre los hombros. Para nosotros, el flamenco no es sólo un baile, sino toda una expresión de lo que somos: una forma de vida que exige valentía, la encarnación de una actitud, un grito orgulloso a nuestras raíces andaluzas. Pasión, seducción, duende. Un «quejío» a las tres heridas, como el poeta Miguel Hernández escribió: «… la de la vida, la de la muerte, la del amor …».

Mi padre también fue invitado a la boda. Acudió acompañado de Jessica, su nueva esposa. Calculé que tendría mi edad. Me pareció que sus ingenuos ojos verdes reflejaban el cautiverio que debía estar sufriendo con su escabroso marido. Estaban sentados alrededor de una mesa, lejos de la mía. Los observé con la seguridad de la distancia, preguntándome si mi padre habría cambiado, si verdaderamente la amaría desde el respeto y la lealtad. Nunca lo creí.

Al día siguiente, tan solo un hilo de suave música flamenca atravesaba el bello silencio del amanecer. Nuestra casa presentaba un panorama caótico pero entrañable; gente querida durmiendo o descansando en todos rincones posibles; en los sillones y por el suelo; en el sofá y —los más afortunados— por las camas. Observé, feliz y satisfecha, aquella escena que, posiblemente, representaba perfectamente la vida que me gustaría vivir eternamente; familia y amigos conectados, compartiendo y celebrando la vida. Sentí la plenitud del vivir y el tiempo se detuvo por un instante.

Ese año Mike recibió varias gratificaciones del Club de Presidentes por los resultados exitosos de sus ventas; elevadas bonificaciones, comisiones extra, regalos de empresa y viajes de lujo. Decidimos vender nuestra casa y comprar una en la zona de Álamo, a veinte minutos de UC Berkeley. La vivienda estaba situada en una finca ecuestre de un acre y medio —algo más de media hectárea— de superficie. Teníamos nuestros caballos en unas caballerizas situadas tras la casa. Recuerdo como corrían eufóricos en su nueva pista el día en que los trasladamos hasta allí. Ese día, familia y amigos vinieron a visitarnos; todos disfrutamos de alguna manera de la belleza y poderío de los caballos corriendo. Durante muchos años celebramos grandes fiestas y reuniones. Fuera, en el jardín, había una casita preciosa y acogedora que se convirtió en el santuario de mi madre. En su pequeño oasis. Fueron años de gloria.

CAPÍTULO 13

Decisiones inesperadas

"La vida te susurra todo el tiempo... desde que te levantas por la mañana y con cada experiencia." – Oprah Winfrey

VENCIENDO EL MIEDO ESCÉNICO a hablar en público, progresé adecuadamente y avancé bastante en mi programa de doctorado. En muchos aspectos, mi vida parecía fluir magníficamente. Por primera vez no tenía preocupaciones económicas acuciantes; podía hacer frente a los gastos corrientes o salir a comer fuera sin cortapisas ni restricciones. A pesar de todo esto, mi percepción de la realidad era otra. Mi obsesión absurda por la posibilidad de escasez de alimentos continuaba con la misma fuerza que antes. Me sorprendía a mí misma escondiendo alimentos —fresas, yogures, chocolate— en el fondo del frigorífico, asegurándome de que sólo yo pudiera controlarlos o consumirlos. Siempre buscaba comidas para satisfacer mi apetito insaciable. Casi siempre alimentos que mi madre no pudo permitirse comprar durante mi infancia; ¿una explicación psicológica a aquella actitud mía?

El marisco siempre ha sido unas de mis debilidades. Recuerdo aquella noche que cenábamos en un restaurante —junto a

Carmen y la familia de Mike— y pedí un aperitivo de gambas. Estaba con hambre, con mi mente inquieta loca por devorarlas. En cuanto el camarero las trajo, Mike extendió la mano y, con naturalidad y confianza, tomó una gamba de mi plato. Espoleada por aquella banalidad, un resorte descontrolado en mi interior me transformó en una criatura poseída. «Ni se te ocurra comerte mi gamba», grité con acritud, delante de toda la familia, de todo el restaurante. Mi rostro desencajado reflejaba tal furia que sentí como si la expresión distorsionada de mi padre se canalizara a través de mí. Una especie de endiablada posesión paterna. Un silencio, incómodo y expectante, se apoderó de nuestra mesa. Y de las de alrededor. Carmen hábilmente utilizó la complicidad de nuestro idioma nativo e intentó calmarme sugiriendo que pidiéramos otro plato más. Enajenada, apenas pude oír la sugerencia de mi hermana. No podía concebir mi comportamiento grosero y mi desproporcionada ira interior. Nadie lo comprendía y nadie me lo cuestionó. En mis horas de soledad y reflexión comprendí que no podía dejar pasar, sin más, aquel arrebato interior desenfrenado y lunático. El incidente acabó convirtiéndose en la graciosas anécdota familiar que aún me persigue. En realidad, para mí, no tuvo gracia ninguna. Más bien tenía un problema; incapaz de parar cuando estaba llena o de compartir la comida, luchaba por controlar mis hábitos de alimentación.

Cursaba el último semestre de mi doctorado y ya hacía casi tres años desde nuestra primera conversación sobre la posibilidad de ser padres. Durante todo este tiempo, Mike mantenía su fuerte deseo de tener un hijo. No dudó de ello ni una sola fracción de segundo y yo era consciente de que nunca lo haría. Se estaba convirtiendo en una conversación delicada que yo constantemente trataba de evitar. Sentía que era injusto que me insistiese en algo que yo rechazaba tan firmemente, pero, por otro lado, me dolía pensar que nuestras metas parecían ir en direcciones opuestas. Mike necesitaba una familia más que nada en este mundo y la experiencia del amor entre padres e hijos.

Frustrado por mi falta de entusiasmo ante la perspectiva de ser padres, Mike tomó la decisión consciente y premeditada de llevarnos, a mi madre y a mí, a ver el musical *El Fantasma de la Ópera* en San Francisco. Mi madre y yo éramos amantes de la ópera, que siempre veíamos por televisión. Desde pequeña, me había encaprichado con la película original, empatizando con el rostro desfigurado del Fantasma y admirando su ternura hacia Christine Daaé, la joven a la que amaba. Disfrutamos tanto del musical que lo vimos hasta tres veces durante la misma temporada. Mike y yo nos obsesionamos con la música, pero sobre todo con el personaje de Christine. Creo que descubrí la agenda oculta de Mike, su hoja de ruta. Intentaba plantar la semilla de una idea en mi cabeza con la esperanza de que germinara en forma de una hija: «Almudena, nuestra hija será como Christine, y la llamaremos Cristina. Y además, le encantarán las matemáticas», solía decirme, siempre convencido de que Cristina sería, tarde o temprano, parte de nuestras vidas. En casa escuchábamos, una y otra vez, la banda sonora de *El Fantasma de la Ópera*.

Finalmente, y no recuerdo el momento, acepté la idea de intentar ser madre. La verdad es que me empezó a hacer ilusión sobre todo con la fuerte corazonada de que sería una niña. Me comprometí a traer una Cristina a nuestras vidas. Con Mike, mis hermanas y mi madre a mi lado me sentí finalmente capaz. Mis éxitos recientes y el ánimo que Mike me infundía me llevaron a creer que, quizá, podríamos hacer las cosas de otra manera. Me sentí afortunada e imparable.

Ese mismo año, Chino y Lina dieron la bienvenida a Olivia, su pequeñita e increíblemente adorable, segunda hija. El día del parto, llegué al hospital materno con mi cámara de vídeo dispuesta a captar el trascendental acontecimiento junto con Carmen y Aruca, nuestra prima española que nos visitaba y vivía conmigo ese año. Presenciamos —pero no me dejaron grabar— el feliz nacimiento de Olivia. Una experiencia única y realmente profunda. Durante el parto no percibí que Lina sufriera los dolores atroces que había imaginado, lo que hizo replantearme mis prejuicios y pensar que tal vez parir no era tan dramático y aterrador como se suele pensar. Pasé todo el día en el hospital con el bebé, acunándola y colmándola de afecto en aquellos hermosos primeros instantes de su vida. Recuerdo vívidamente el primer fin de semana que Olivia pasó la noche con Mike y conmigo. Lloré al despedirme de ella en su vuelta a casa. Mi instinto maternal estaba a flor de piel.

Quedarme embarazada no fue tan fácil ni tan romántico como pensamos al principio de nuestra decisión. Al menos para nosotros. Tras probar varios métodos durante más de un año, acabamos recurriendo a la reproducción asistida por Fecundación In Vitro (FIV). Aún recuerdo las palabras de Mike: «No nos lo negarán». Conseguir mi embarazo fue un proceso lento, doloroso y con muchas técnicas de carácter médico.

Después que mi cuerpo rechazo varios embriones —y justo

cuando estaba a punto de abandonar— un pequeño y fuerte embrión se pegó a mi útero y no lo soltó hasta meses después, convertido ya en el gran amor de mi vida.

Estaba en casa, con mi madre y Mike sentados a la mesa, cuando el médico del tratamiento de FIV en Stanford me llamó para comunicarme que mi prueba de embarazo había dado positivo. Mi madre y Mike se levantaron eufóricos de la silla y se abrazaron, saltando en círculos por todo el comedor. Disfruté al ver lo bien que se llevaban, lo mucho que se querían, y su felicidad en ese momento tan especial me llenó de alegría.

Mi embarazo supuso un cambio enorme no solo en mi vida interior, en mis prioridades y mi escala de valores sino también en mi vida cotidiana. Quizá mi mayor transformación personal; en lo físico y en lo mental. Antes de mi embarazo llevaba un ritmo frenético de estudio y trabajo, con un enfoque y una dedicación absoluta. Nada me distraía de mis objetivos y ningún obstáculo había sido lo suficientemente grande como para interponerse en mi determinación por seguir con mis estudios y prepararme para ser competitiva en el mundo de la ingeniería y la informática. Era mi propósito principal y suponía también —eso creía— la llave hacia mi libertad financiera. Para mí y para mis seres queridos.

Con mi embarazo, las entradas de mi diario se volvieron obsesivamente monotemáticas; centradas únicamente en el bebé que se gestaba en mi vientre. Sin descuidar mis responsabilidades y objetivos profesionales, fui acuñando sueños de madre y dando forma a nuestra nueva vida que se aproximaba mes a mes. Me encontré imaginando y planificando un futuro cercano en el que pudiera hacerlo todo y hacerlo bien. Era la gran oportunidad, y un reto a la vez, para Mike y para mí, de tener y ser una familia perfecta. Con el amor por bandera. Llevé al extremo el cuidado de mi embarazo y la preparación para mi nuevo papel de madre responsable y comprometida. Compré y devoré montones de libros sobre embarazo, maternidad, crianza y psicología infantil. Subrayé, tomé notas, memoricé y compartí ideas y aprendizajes con Mike. Lo quería hacer bien.

«Mike, tenemos que cambiar de la forma en que hablamos porque el bebé nos escucha y percibe nuestras emociones, y tenemos que hablarle todos los días», le decía, con frecuencia, a Mike. «Sí, claro, Almudena, ¿y como no se me había ocurrido eso?», respondía él, con los ojos en blanco. Mis hormonas desatadas bullían por todo mi cuerpo provocándome cambios físicos y anímicos nuevos para mí. Mike fue testigo de aquella transformación ya desde el momento en que supimos de mi embarazo. Se preguntaba cómo el comportamiento y el estado anímico de las mujeres podía cambiar tan rápidamente desde un «No quiero tener hijos» hasta un «Todo lo que hago, pienso o digo es por mi bebé».

Éramos primerizos, soñadores bisoños casi completamente ignorantes en materia de crianza. Posiblemente demasiado confiados en cómo afrontaríamos y gestionaríamos los retos de la paternidad. A punto de adentrarnos a ciegas en el país de las montañas rusas interminables, con altibajos y con intensos momentos que nos despertarían todo tipo de emociones; alegría, pánico, incertidumbre…Y sin apenas tiempo para procesarlas.

Un vecino nos invitó a su fiesta. Sentados a la mesa, donde comíamos, padres y madres de adolescentes intercambiaban pareceres de una forma que, en mi opinión, era bastante negativa. Una de las madres compartió sus ideas y sentimientos sobre las dificultades de ser madre, especialmente para padres como nosotros, comprometidos con nuestras carreras profesionales. Mike, con la seguridad de que lo teníamos todo bajo control, respondió con arrogancia: «Contrataremos toda la ayuda que necesitemos». Estas palabras nos han hecho reír durante años, especialmente ahora que hemos aprendido, con humildad, las lecciones que nuestros hijos nos han dado desde su nacimiento. A veces, la ignorancia es una bendición.

En mi primer trimestre de embarazo, el ginecólogo detectó fibromas uterinos crecientes, uno del tamaño de una manzana. Como madre primeriza y ansiosa, acudía a revisiones médicas ginecológicas semanalmente y aquel diagnóstico, que no entendía muy bien, no calmó mis nervios. Los médicos tienen que decir las cosas como son, y el mensaje era que los miomas pueden provocar abortos espontáneos en las primeras etapas del embarazo; eso fue suficiente para mí. Después de una visita más, le dije a mi ginecólogo que no quería volver a oír nada sobre miomas ni estadísticas; sólo quería escuchar el latido de su corazón. Se convirtió en mi obsesión. Nada en el mundo me importaba tanto como el latido del corazón de esa cosita tan ridículamente pequeñita. Mi ginecólogo comprendió mi petición emocional y accedió. Aunque la probabilidad y la ciencia objetiva eran extremadamente importantes en mi vida académica, en mi vida personal no quería saber nada de ello. Mi nueva religión era el poder que existía dentro de mí, la capacidad de crear mi propia percepción e incluso mi propia realidad. Volví a los libros que hablan del poder de la mente y de cómo podemos cambiar nuestras realidades con la elección de nuestros pensamientos y nuestras prácticas de meditación.

Volvía a mis prácticas de visualización por las noches. Esta vez hacía un imaginario escáner corporal, enviando luz y energía saludable a mi útero para favorecer el crecimiento de mi pequeña Cristina. En mi segundo trimestre, la vida en ciernes había conquistado el espacio de mi herida y los fibromas tuvieron la amabilidad de volverse insignificantes. Nunca sabré si mis visualizaciones marcaron la diferencia, pero el creer en ellas no hace daño. Pasé el resto del embarazo trabajando en mi tesis doctoral y buscando trabajo, pero, sobre todo, soñando despierta y escribiendo en mi diario personal.

Al final, el Universo parecía estar nuevamente de mi lado, aunque el camino no fue, ni mucho menos, fácil. Parecía que tenía que trabajar duro para conseguir todo lo que quería en esta vida, y nada se me daba en bandeja de plata.

Pasé meses comprando conjuntos y zapatos rosas para la pequeña Cristina hasta que Mike sugirió la posibilidad de que nuestro bebé pudiese ser un niño. «¿Tú me ves con pinta de poder ser mamá de un varón?», respondí con una sonrisa, pero convencida de que ese no sería mi caso. Después le recordé que era él quien aseguraba, una y otra vez, que sería una niña. Empecé a preguntarme si realmente le importaba tener una hija; después de todo, la falta de una relación padre-hijo en su vida era muy dolorosa. Él nunca hablaba sobre sus sentimientos o pensamientos sobre su padre. Lo abandonó cuando era muy pequeño y este asunto era tema tabú para él. Cuando veíamos películas en las que surgían relaciones, conflictivas o sensibles, entre padre e hijo observaba que a Mike no le despertaban sentimientos de ira, sino, más bien, de dolor y tristeza extremos. A veces, se alejaba de las escenas delicadas. A cualquier pregunta que le hacía en relación con su padre respondía con un «No siento nada por él; eligió otra familia».

Juntos estábamos haciendo realidad un sueño, pero, quizá, un sueño diferente cada uno. La siguiente ecografía nos reveló que el bebé era un niño. Me quedé estupefacta y no tengo palabras para describir lo tonta que me sentí en aquel momento. Me había aferrado a la idea, para mí incuestionable, de tener, cuidar y amar a una preciosa niña. Imaginaba a esa niña como una pequeña versión de mí misma; haría lo correcto y mejor para ella; yo sería el faro que le alumbrara y guiara por los mejores caminos de su vida. Pero ¿Quién era yo para decidir quién y cómo sería mi bebé? Sería un nuevo ser que vendría a este mundo con sus propios rasgos de personalidad y le aguardaría un futuro único. La nueva vida que se gestaba en mi vientre era un nuevo comienzo y no un mero instrumento que me ayudara a curar la parte oscura o asustada que perduraba en mí. Era un niño y nunca renunciaría al sueño —solo un sueño— de amar a Cristina. Esta fue mi primera lección de maternidad: Traemos una vida que no podemos controlar.

Mike estaba encantado y rápidamente decidió el nombre para nuestro hijo. Se llamaría Michael Jr. Yo —quizá pensando en la obra maestra del Renacimiento que Miguel Ángel esculpió— elegí David como su segundo nombre. Mi hijo Michael —mi pequeño Kiki, como siempre le he llamado— nació cuando la redacción de mi tesis doctoral iba por la mitad y mientras seguía buscando trabajo. Michael se empeñó en venir al mundo con los pies por delante, así que programamos un parto por cesárea.

La mañana prevista, mi madre, Ana, Carmen y Mike se prepararon para conducirme al hospital. Parecíamos una familia lista para las vacaciones. Me compré un camisón sexy de seda blanca y talla pequeña, pensando que mi vientre volvería a estar un poco plano, por lo menos para que entrar en el camisón; inexperta e ilusa. La emoción del acontecimiento embargaba toda la familia. Ya en el hospital, me sentí aterrorizada ante la cercanía de aquel momento tan esperado. En cuanto me pusieron una vía sobre el brazo empecé a llorar, asustada y abrumaba ante la idea de dar a luz. Nada de lo que hice los meses anteriores me preparó realmente para las emociones que estaba teniendo. Carmen y Mike estaban a mi lado en la sala de partos. Carmen sostenía mi frente mientras vomitaba; efecto secundario de la anestesia epidural. Mike, contento y nervioso, grababa, cámara en mano, aquel momento tan especial.

Mi mente se remonta con facilidad hasta el momento justo en que sostuve, por primera vez, al pequeño Michael sobre mi pecho; frágil, tierno, con sus primeros movimientos errantes, gorjeos y lloriqueos. Los últimos treinta y tres años de mi vida, con todas sus historias y avatares, se volvieron insignificantes comparados con la intensidad de ese momento. Todos —yo incluida— y todo se volvió irrelevante, menos mi hijo. Lo único que importaba era él; mirarle, consolarle, y cuidarle. Parecía tan pequeño y frágil y, al mismo tiempo, tan rotundo y poderoso. Tenía las mejillas grandes y unos ojos enormes; gruesos labios y parecía de temperamento fuerte. Se despertaron mis instintos maternales y me convertí en una madre comprometida y abnegada, obsesionada por su cuidado y bienestar. Sentía un amor indescriptible e infinito por él. No me cansaba de mirarle mientras nos balanceábamos felices en nuestra mecedora, con ópera y música clásica para bebés, de fondo. Aquella mecedora, aquellos instantes se convirtieron en un remanso de felicidad. «¿Volverás a quererme?», me preguntó Mike una vez. Aquellas palabras me despertaron y me hicieron salir por un momento de mi burbuja maternal; otras partes de mi vida necesitaban también mi atención.

Justo una semana antes del nacimiento de Michael, mi padre y Jessica dieron la bienvenida a su hijo Jefferson. Sólo había intercambiado un puñado de conversaciones con Jessica y, en cierta medida me caía muy bien, pero un sentimiento de tristeza me hacía mantener una ligera distancia con ella. Y con Jefferson. Quizá para evitar a mi padre. Me sentía fatal porque recordaba cómo la extensa familia de mi padre había optado por distanciarse de todos nosotros —mis hermanos y yo— a causa de su mal carácter. Podía empatizar con su elección, comprendiendo la complejidad de una decisión así.

Siete meses después del nacimiento de Michael y Jefferson, Carmen aumentó la emoción —y la familia— cuando nació su hijo Dani.

Cuando Dani era pequeñín, sus padres se separaron, lo que hizo que Carmen y Dani se mudaron con nosotros. Dani se convirtió en otro hijo más para nosotros. Él y Michael crecieron tan unidos como hermanos gemelos. Mike, por su parte, asumió un papel paternal. Dani le llamaba, cariñosamente, 'dad'.

Como Mike y yo hicimos FIV, teníamos unos cuantos

embriones congelados; esperando, pacientes, a salir de aquella gélida guardería. Perdimos la mayoría de ellos porque mi cuerpo los rechazaba, pero al final tuvimos otro éxito. Y así concebimos a nuestro segundo hijo, Brandon, que nació dos años y tres meses después de Michael. Brandon fue un bebé grande, con manos y pies enormes y un carácter encantador ya desde el primer día. El día de su nacimiento, Mike, sosteniendo a Brandon entre sus brazos, me preguntó: «¿Serás capaz de quererle tanto como a Michael?». «Claro que sí, Mike, ¿Cómo puedes cuestionar mi amor por él?», le respondí. El amor de una madre puede ser ciego, incondicional y tan inmenso que parece ilógico. Inconmensurable. Incuestionable. Así era el mío.

Como ya no quedaban embriones, cerré, mentalmente, el capítulo vital y práctico, de mis embarazos. Regalé toda la ropa y artículos para bebés que había acumulado. Y que no eran pocos. Capitulo cerrado.

Para mi sorpresa, mi cuerpo decidió quedarse embarazado, esta vez, de forma natural. Y así es como llegó a nuestras vidas Dylan, nuestro tercero y último hijo, veintidós meses después del nacimiento de Brandon. Dylan era el más pequeño pero el más valiente. Vino al mundo con unos padres cariñosos, hermanos mayores y un aprendizaje rápido por hacer. Ahora era madre de tres niños, cuatro contando a Dani, y los adoraba ciegamente. Ni en mi árbol genealógico ni en mis fotos de familia hubo tres hermanos niños en casa. Siempre eran cuatro; cuatro montañas de regalos navideños; cuatro niños en el coche camino de sus clases de piano los miércoles; cuatro pares de pies apestosos asomando bajo las sábanas por la mañana; cuatro niños en la mesa. Dani siempre ha formado parte de nuestra vida como hijo. Nunca puedo decir 'hijos' sin él en la camada.

El destino no quiso traernos a aquella Cristina perfecta, de grandes ojos castaños y coletas, que yo imaginé; fuimos bendecidos con solo varones traviesos y de carácter fuerte. Carmen y yo, con nuestra madre en el trono y Mike a nuestro lado, unimos recursos y fuerzas para criar a los cuatro. Ana trabajaba como estilista y maquilladora y también encontró —entre sus viajes a Nueva York, Los Ángeles y San Francisco— su particular manera de participar en la crianza de los niños. A pesar de su vida glamurosa, cuando estaba en casa era toda una madre entregada y cariñosa.

En aquellos años, Memel y Sarah se trasladaron a Estados Unidos. Memel había conseguido un puesto destacado como director de Ventas de Crédito de Mercado en *Standard & Poor's*, una reconocida empresa estadounidense de servicios financieros. Compraron una casa a pocos minutos de la nuestra y ampliaron su familia con la llegada de un niño y una niña: Rubén y Lola. Nuestra familia creció hasta incluir a siete niños y dos niñas, y la vida adquirió un ritmo vibrante en el que todos, cada uno en su papel y a su manera, asumíamos de una u otra forma las responsabilidades de la crianza. Carmen se matriculó en la Universidad de Mills y se licenció en biología molecular. Todo iba viento en popa; cada uno de nosotros encontraba su camino hacia sus metas y prosperidad.

Ana decidió, para sorpresa de todos, someterse a una intervención de cirugía plástica. Me pidió que la acompañara a Tahoe, donde se realizaría la operación. Yo, encantada de ver y abrazar a mi nueva hermana 'super sexy' y feliz de poder ayudarla, acepté acompañarla. Sin embargo, el proceso me sorprendió y, lejos de ser divertido, resultó ser mucho más difícil de lo que había imaginado. La intervención se llevó a cabo en una casa privada y no en un hospital, un pequeño detalle que Ana olvidó mencionarme. Cuando me di cuenta, ya era demasiado tarde para quejarme o echarme atrás. Ana, con sus locuras y espíritu libre, siempre ha arrasado con las normas tradicionales; no atiende a razones y siempre ha hecho lo que ha querido, un rasgo que admiro y temo a la vez. Durante su recuperación, estando a solas con ella en la habitación del hotel, aquella noche me costó conciliar el sueño. Sin enfermeras ni médicos cerca, me preocupaba mucho escucharla gemir de dolor con tanta valentía. Extrañaba a mi atrevida e intrépida hermana Ana.

Afortunadamente todo fue bien y, tras su rápida recuperación, Ana se transformó en la mujer impactante que siempre estuvo destinada a ser; en una bailarina nocturna que brilla como una estrella allá donde va. Su espíritu imbatible sigue inspirando y animando a todos los que la rodean. Yo incluida.

CAPÍTULO 14

Equilibrio trabajo-vida

"Ganas fuerza, valor y confianza haciendo lo que crees que no puedes hacer." – Eleanor Roosevelt

ME CONVERTÍ EN UNA MADRE entregada, compaginando el trabajo fuera de casa con las tareas domésticas. Fue realmente difícil equilibrar estas dos vidas que, aunque parecían diferentes, en realidad eran inseparables. Estas memorias estarían incompletas si no mencionara lo complicado que fue intentarlo. Ser madre y cumplir con esa responsabilidad se convirtió en el mayor desafío al que me había enfrentado, y combinarlo con mis metas profesionales rozaba la locura. Ajustar el cuidado de mis hijos pequeños con mis nuevas aspiraciones fue una aventura tan inesperada como casi imposible de llevar a cabo con una sensación real de éxito. Solo aspiraba a encontrar algo de estabilidad, o quizá, algo de paz mental. Cuando los niños eran pequeños, el descanso simplemente no existía. Y a medida que crecían, no llegaba el respiro que tanto esperaba. Al contrario, las responsabilidades y preocupaciones solo aumentaban. En mi búsqueda de equilibrio, asistí a talleres, charlas, seminarios, y devoré libros sobre el tema. Pero, al final, me di cuenta de que estaba persiguiendo algo que quizá nunca fuese posible.

Mi primer encontronazo con la realidad ocurrió mientras buscaba trabajo, cuando aún no había finalizado mi doctorado. Mi primera entrevista fue en el Laboratorio Nacional Lawrence Berkeley, donde buscaban candidatos para un puesto de investigación. Mi embarazo seguía su curso natural y mi barriga crecía día a día. Ni entonces ni ahora era común ver a una licenciada en informática embarazada buscando trabajo en el ámbito de la investigación.

Aquella mañana, caminé desde mi despacho en Soda Hall, en el campus de la Universidad, hasta Shattuck Avenue, en Berkeley. Desde allí, tomé el autobús que subía por la empinada cuesta hasta el laboratorio. Llegué a la entrevista sofocada por el calor y sin aliento. El entrevistador que me recibió estaba visiblemente desconcertado y preocupado al verme embarazada, con las mejillas enrojecidas y casi sin respiración.

Intenté ignorar las circunstancias, y después de beber un par de vasos de agua, presenté mi investigación: los modelos matemáticos en los que había estado trabajando durante los últimos años. A pesar de mi esfuerzo, empecé a sentirme fuera de lugar, como un pez fuera del agua, completamente desconectada de la entrevista y de los investigadores presentes.

Por una razón u otra, las entrevistas parecían estar marcadas en mi destino. Y esta, aunque años más tarde también fue honestamente un fracaso.

De todas maneras, no me desanime del todo; tenía otras entrevistas y oportunidades. Aunque atreverme a afrontarlas durante mi embarazo resultó ser todo un desafío.

El profesor Joseph me propuso que me planteara orientar mi

carrera hacia la docencia en informática, algo que ni siquiera había pasado por mi cabeza. Ya había hablado con una compañera suya, licenciada en el MIT y profesora en la Universidad de Mills, y me había recomendado para una vacante como Profesora Titular. Por alguna razón —que me llenaba de orgullo y gratitud—, pensaba que yo era la persona adecuada para ocupar ese puesto. Ser profesora era algo que nunca me había planteado, ni siquiera en mis sueños más ambiciosos. Aunque mi objetivo principal era trabajar en un laboratorio de investigación, no sé por qué, decidí aprovechar aquella oportunidad y explorar la vía académica.

Después de un largo e intenso proceso de papeleo y entrevistas, me fui enamorando rápidamente de la institución, y la idea de convertirme en profesora me sedujo por completo. En aquellos vacilantes primeros días en la Universidad de Mills, una institución privada de artes liberales, quedé profundamente impresionada por el nuevo mundo de la docencia y el aprendizaje que se abría ante mí. Sentí que en Mills se valoraban y cultivaban las relaciones entre profesores y alumnos, las clases reducidas, el aprendizaje interactivo y la justicia social, tanto en el aula como a nivel institucional. Todo esto resonaba profundamente con mis valores y representaba un desafío completamente nuevo para mí.

Mi primera entrevista fue unos días antes de la fecha prevista para el parto. Mi barriga había crecido desproporcionadamente, y aun así, con una camisa que apenas me abrochaba, hice una presentación sobre Sistemas Operativos. Aunque era una de las áreas que menos me entusiasmaban, la había preparado y practicado a conciencia. La presentación fue mágica; parecía que sabía exactamente lo que debía hacer en cada momento. Me sentía feliz, en contacto con los estudiantes, el profesorado y la comunidad. Creo que le di más importancia a mi sentimiento de pertenencia que a cualquier otro aspecto del futuro trabajo. A nadie parecía impresionarle —y mucho menos molestarle— mi barriga descomunal, mi lentitud al caminar o mi falta de aliento. Me acogieron con respeto y cariño desde mi primera visita.

Debo admitir que cuando solicité la plaza en Mills, no tenía muy claro qué era exactamente una universidad para mujeres; no comprendía bien su concepto ni su finalidad. En España, las universidades son mixtas, y ni siquiera se podía imaginar que fuera de otra manera. Solo en los lejanos años de mi niñez, durante la España franquista, existían colegios católicos unisex. En aquellos tiempos, los colegios públicos eran de bastante mala calidad; se les llamaba despectivamente 'colegios de piojosos'. En esa época, pocas familias llevaban a sus hijos a estos colegios. Con el tiempo los colegios públicos se hicieron más populares y las universidades unisex dejaron de existir.

En fin, la idea de una universidad exclusivamente para mujeres era algo nuevo para mí —y un poco chocante en la actualidad—, pero me sumergí rápidamente en la cultura del empoderamiento femenino. Fue una experiencia tanto enriquecedora como divertida, especialmente en el mundo de la informática, donde las mujeres son escasas. Mills también contaba con una importante población mixta en los programas de posgrado, lo que significaba que mis clases incluirían tanto a mujeres como a hombres, algo que valoré mucho. Disfruté enormemente de ese ambiente.

Mi entrevista en Mills fue muy diferente a las anteriores. Los estudiantes eran todos muy agradables. Me sentí feliz. Recuerdo las sonrisas francas durante mi presentación y un profundo sentimiento de conexión y pertenencia. No sé por qué, pero estaba relajada. Sentía que las preguntas bienintencionadas que me planteaban rebosaban ingenuidad y autenticidad. Eran dudas reales, en las que nadie intentaba confundir ni impresionar a los demás. Era un ambiente muy distinto al de la Universidad de Berkeley, donde, con frecuencia, los estudiantes hacían preguntas solo cuando ya conocían las respuestas, con la intención de sobresalir en el debate y ganarse la atención de sus profesores. No les culpaba, en el fondo competían por conseguir puestos de investigación.

En Berkeley se respiraba un ambiente competitivo; sin apenas disimulo, los estudiantes competían por alcanzar sus metas en un entorno donde prima la supervivencia del más inteligente, el más adulador o el más rápido. En Mills, la actitud de los estudiantes era diferente; no solo deseaban aprender, sino también conectar y crecer, tanto a nivel personal como comunitario. Sentí una conexión sincera y un fuerte sentido de inclusión.

Mi pequeño Michael tenía unos cuatro meses cuando hice mi segunda entrevista en Mills. Absorbida por la dedicación casi absoluta a mi hijo y a mis responsabilidades maternales, aún no me sentía mentalmente preparada para reincorporarme al mundo laboral. Me preguntaba, con cierta curiosidad y complacencia, dónde habían quedado todas mis ambiciones y aquellos anhelos de éxito profesional. ¡Quién sabe! En el fondo de mi corazón, solo quería estar con mi hijo, día y noche, cada segundo de mi vida.

El día de mi segunda entrevista, nada más llegar, como madre lactante, busqué un baño y utilicé el sacaleches que llevaba conmigo para extraer leche materna. El baño era minúsculo y el equipo de extracción —marca Medela— era grande, ruidoso y emitía un silbido vergonzoso cuando funcionaba. Me sentía como una vaca ordeñándose a sí misma, y tenía su punto simpático; me reía yo sola. Fue mi primera experiencia combinando mi rol de madre y profesora al mismo tiempo.

Un par de meses después, la directora del departamento de Mills me llamó para comunicarme la gran noticia: me ofrecían un puesto que, según ella, había sido bastante competitivo. Recuerdo que estaba con mi madre en el apartamento de Ana, en San Francisco. Totalmente incrédula, compartí la gran noticia con ambas. No lo podíamos creer: ¡me ofrecían una posición de profesora! ¡A mí, a Almudena, la despistada, la que parecía que no daba más allá de lo justo! ¡La que deja su propio coche encendido en los aparcamientos y se pierde en su propia barriada! Así quizás siempre seré.

Mi madre me miraba con intensidad y, casi sin palabras, me transmitió lo orgullosa que estaba. Nos miramos y nuestras sonrisas reflejaban una especie de justicia. Unos días después, me dijo que me ayudaría con mi pequeñajo Michael durante mis días de trabajo, de lunes a viernes, para que yo pudiera ir a trabajar sabiendo que lo dejaba en las mejores manos.

En aquella época, mi madre vivía con mi hermana Ana y trabajaban juntas en una peluquería de San Francisco. ¡Se lo pasaban pipa! Siempre iban arregladas, guapas, con maquillajes perfectos y ropa súper chula. Mi madre llevaba una vida divertida en San Francisco, y sentí que su juventud volvía a florecer. Me encantaba verla feliz. Quizá por primera vez, encontró su libertad.

No se reprimía ni se victimizaba por su pasado infausto. Parecía haber borrado los últimos 50 años de su vida. Volvió a pintar, leer y bailar flamenco en nuestras reuniones familiares. Incluso comenzó a salir con un compañero; iban y venían, y se hartaban de charlar sobre filosofía, religión y política, algo nuevo para ella, ya que con mi padre nunca hablaba de mucho. Su verdadero espíritu había vuelto; rebosaba vitalidad y plenitud. Ser madre y abuela tenía prioridad para ella, así que se comprometió a ayudarme con Michael mientras yo comenzaba mi trabajo como profesora. Tuve mucha suerte, lo sabía y lo agradecía.

En aquel momento no me pareció importante que el salario en el mundo académico fuera significativamente inferior al de la empresa privada, por lo que acepté con muchísima felicidad y sin sombra de duda la oferta de Mills. Mi miedo a hablar frente a una audiencia parecía haberse desvanecido, o quizás lo estaba ignorando bajo una nube de nuevas emociones y oportunidades. Había pasado años visualizándome impartiendo conferencias y enfrentándome a auditorios repletos, y ahora, en mi nuevo trabajo, tendría que enfrentarme a mis fantasmas constantemente. Lo que más miedo me había dado durante años —hablar en público— se iba a convertir en mi trabajo. Cuando acepté el puesto, seguí mi intuición, mi sexto sentido y mi deseo de hacer algo único, desconocido y emocionante. No formaba parte de ningún plan y estaba totalmente fuera de aquella zona de confort. Amigos y algunos familiares me desanimaron y cuestionaron mi capacidad para desenvolverme y expresarme. No imaginaban que mi marcado acento no sería un escollo, sino, quizá, mi mejor baza si sabía aceptarlo y convertirlo en un pequeño tesoro.

Una amiga me habló de sus experiencias y me dio algunos consejos: «El trabajo de profesora es algo muy serio y difícil; no deberías tomártelo a la ligera». Le preocupaba que me lanzara, sin ser consciente de sus implicaciones, a algo que superara mis capacidades. Tal vez tuviera razón en parte, pero no le hice caso. Mucho más tarde, ya en plena carrera como profesora, cayó en mis manos el libro *Mindset: La Actitud del Éxito* de la Dra. Carol S. Dweck. Ese libro me inspiró y me ayudó mucho a entender, no solo a mis alumnos de Mills, sino también a mis hijos y a mi propio enfoque sobre los retos vitales. Nuestra mentalidad determina nuestra voluntad para aprender y mejorar, así como la forma en que nos enfrentamos a situaciones adversas y desafíos. En el libro se analizan las diferencias entre las personas que tienen una mentalidad fija y las que tienen una mentalidad de crecimiento. Las personas con una mentalidad fija creen que son, o no son, inteligentes o capaces de aprender una habilidad nueva; con una mentalidad de crecimiento, sin embargo, creemos que podemos aprender —con esfuerzo y tiempo— casi cualquier cosa. El de mentalidad fija puede decir: «Yo no valgo para eso»; mientras que, con una mentalidad de crecimiento, decimos: «Voy a aprender a hacerlo». Podemos alcanzar nuestros objetivos si logramos transformar nuestra mentalidad fija en una mentalidad de crecimiento. Esta última era, sin duda, mi mentalidad.

Tenía la manía —o mejor dicho, la cabezonería— de convertir en retos personales las opiniones negativas que los demás tenían sobre mí. Nunca dejé que influyeran en mis decisiones, de alguna forma me fastidiaba, quizá porque había trabajado demasiado para vencer mis propios pensamientos de duda. Quería aprovechar todas las oportunidades que la vida me ofreciera y vivir mi vida al máximo potencial. Por aquel entonces, cualquier suspicacia sobre mis capacidades era el acicate que me impulsaba a trabajar aún más duro con el objetivo último de demostrarme a mí misma que podía hacer realidad mis expectativas más ambiciosas y difíciles. De alguna manera, iba tomando caminos tal y como se abrían ante mí.

Estaba preparada, física y mentalmente, para compaginar y desarrollar mi nueva vida como profesora y como madre. Con una *mentalidad de crecimiento* —del 'yo puedo con todo'— y con mucha ilusión, me embarqué en un largo viaje por el mundo académico; un viaje que evolucionó y, en ocasiones, viró en direcciones inesperadas.

El primer semestre fue el más complicado. En mi debut como profesora, la clase que impartía estaba programada para durar una hora y quince minutos; la despaché en treinta minutos, a la velocidad de la luz, y eso que la ensayé muchas veces. Mis presentaciones eran frías y secas, rápidas y sin espacio a la participación ni el '*feedback*'; repletas de conceptos teóricos y carentes de anécdotas y pausas que aliviaran y motivaran a mis estudiantes; clases objetivas y aunque les ponía pasión acababan un poco desorganizadas. Me disculpaba con frecuencia, y mis alumnos —conscientes de mi lucha y mis esfuerzos por hacerlo bien— se mostraban pacientes y condescendientes. Cuando acepté aquel trabajo; realmente no era consciente de las habilidades que necesitaría. A pesar de la dificultad inicial, estaba convencida de que aprendería a hacerlo mejor. En las primeras semanas pasé horas y horas preparando el plan de estudios y ensayando mis clases en casa para ajustar los tiempos y sincronizarlas mejor. Hice un borrador con las posibles preguntas que podrían surgir en clase. En los momentos de silencios incómodos y pasivos, con frecuencia les decía: «Quizá os estéis preguntando cómo...», y acto seguido respondía aquella cuestión que yo misma había introducido. Quizá nadie se formulaba esas preguntas, pero estimulaba la atención y hacía la clase mucho más amena.

Cuidar de mi pequeño Michael era para mí lo mejor y más esperado del día. Consideraba la lactancia muy importante así que instalé una mini nevera en mi despacho donde guardaba la leche materna que me extraía, aprovechando las pausas entre clases o reuniones. Los alumnos llamaban a mi puerta y yo fingía no estar, a pesar de que los silbidos del sacaleches delataban mi presencia. Acabé colocando la nota del 'No Molestar' fuera de mi puerta. Mis alumnos sabían lo que hacía y respetaban mi intimidad.

Repetí aquella rutina de lactancia con mis tres hijos; extracción de leche durante las pausas de trabajo, etiquetado, congelador y transporte a casa a disposición de mi madre para que alimentara a mis bebés al día siguiente. Así durante el primer año de vida de mis pequeños. El goteo constante de nutritiva leche materna que manaba de mis pechos rebosantes no encajaba muy bien en mi papel de joven e impulsada profesora de informática. O quizá sí; nuestra condición humana está por encima de nuestro papel social y laboral. Por supuesto no era la única mujer trabajadora en esta situación. Sentía una mezcla de ternura, empatía y compasión por todas las esforzadas madres trabajadoras. De alguna manera me conectaba con todas ellas. Por la noche mis bebés dormían conmigo. Conectados física y emocionalmente, les podía dar el pecho cómodamente —medio adormilados—. Dormimos acurrucados en la misma cama durante muchos años. Hasta que, finalmente, decidieron ellos, por su cuenta, que llegó el momento de mudarse a sus propias habitaciones.

En los días que daba clase, cumplir con las responsabilidades y los quehaceres cotidianos suponía todo un reto. La falta de sueño pasaba factura y me levantaba cansada, pero mis alumnos me esperaban en clase deseosos de escucharme y ávidos de aprendizaje. El café expreso con el que mi madre me despertaba cada día antes del trabajo era tan fuerte que podría despertar a todo un poblado apocalíptico de somnolientos zombis. Y así es como lo hice. Afrontaba mis días de trabajo comenzando con un buen chute de cafeína y de estimulante chocolate cien por cien cacao. ¡Ah! y, para el almuerzo, sabrosa comida casera que preparaba en casa y me llevaba al trabajo en envases herméticos.

En mis tres embarazos sufrí unas náuseas horribles. Para la mayoría de las embarazas es una sensación constante durante todo el día; y así lo sufrí yo. A veces no me atrevía a comer nada; otras, ingería grandes cantidades de comida que luego vomitaba con la cabeza colgando sobre el váter. Los recuerdos me llevan de vuelta a los meses en que estaba embarazada de *Dylan,* y ya madre de dos renacuajos. Aquel semestre daba una clase de JavaScript a las 8:30 de la mañana. En mitad de una clase, de repente sentí unas náuseas tremendas, detuve mis explicaciones, salí corriendo del laboratorio de *Stern Hall* hasta sentarme en un banco fuera del aula. Saqué de mi bolsillo una bolsita con uvas y me comí tan sólo una. Al instante, me encontré vomitando en un pequeño jardín justo delante de mí. Un poco recompuesta me limpié la boca y volví al aula, con la cara pálida y desencajada por las arcadas, sin otra cosa en la cabeza que la explicación, interrumpida. *¿Por qué recuerdo aquel día con tanta intensidad?*

Durante el embarazo de *Dylan* fueron frecuentes los días así. Algunas tardes, mientras conducía de vuelta a casa, agotada de luchar contra mis náuseas matutinas y extenuada por el trabajo, derramaba lágrimas de impotencia y cansancio. Llegaba a casa y mi madre buscaba en mí su propio consuelo y descanso tras pasar todo el día con los animados y enérgicos superhéroes —como ella llamaba, cariñosamente, a sus nietos—. Una vez que yo llegaba a casa mi madre se dedicaba a realizar sus rutinas de ejercicios diarios y a cuidarse. La casita en la que se alojaba, en el jardín de mi casa, estaba rodeada de árboles gigantes y de parterres con hermosas rosas y con vistas a los caballos: un entorno, bucólico y acogedor, perfecto para relajarse. Yo estaba orgullosa por su dedicación hacia ella misma, su salud y su bienestar. Y allí estaba yo cada tarde, sola con mis pequeños y mis luchas cotidianas.

Mike trabajaba muchas horas y siempre llegaba a casa tarde. Al final de su jornada laboral asiduamente iba al gimnasio lo que, con frecuencia, generaba conflictos entre nosotros. Honestamente, le quería tirar de los pelos, pero me contuve y nuca se lo hice. Durante los primeros años de maternidad nunca le dije —aunque lo pensaba— lo mucho que me molestaba que él dispusiera de tiempo para hacer ejercicio, pero no yo. Su cuerpo se mantenía en forma y tonificado, ¡y el mío no! Con el tiempo dejé de plantearme aquella cuestión.

Recuerdo aquellos días que me encerraba en el baño —con Michael, de tres años, y Brandon, de uno— con la cara en el váter, por enésima vez, y esperando a que Mike llegara a casa. En cuanto llegaba a casa, ya de noche, solía estar de muy buen humor y rebosante de energía para jugar con los pequeños. A diferencia de otras parejas con hijos, nuestra hora de irnos a la cama era demasiado tarde. A las diez de la noche aún luchaba impotente por acostar a los niños —y a Mike, ya de paso— aún sin sueño y rebosantes de energía.

Mike me admiraba come madre. Le encantaba observar mi profunda adoración y cariño por nuestros hijos. Siempre le decía que esos momentos serían los más grandes de nuestras vidas. Y así lo fue. Como no creció con unos padres a su lado, la unidad familiar se convirtió en su meta, su obsesión. No tenía ninguna referencia sobre la experiencia ni el significado de la paternidad. A veces me pregunto si era un niño más en la familia; sin sentido definido de la estructura familiar, ni de la disciplina necesaria. Su energía era infantil y no tenía límites ni normas con nuestros hijos. Nuestras noches eran de auténtica locura. Corrían, jugaban, reían, pero no dormían hasta que yo ya caía agotada, y ahí ya, ellos me seguían.

Mis funciones de madre y profesora estaban totalmente mezcladas. A veces, lo hacía todo a la vez. En mi despacho en Mills puse una mesita multicolores para los niños y un montón de juguetes para cuando los tenía que traer conmigo al trabajo. En casa tenía un ordenador en la cocina y otro en el cuarto de juegos con acceso a mis documentos y correos electrónicos. Mis apuntes de clase estaban adornados con los dibujos infantiles de ellos, y sus cuentos para colorear tenían notas manuscritas con mis recordatorios académicos.

Siempre tuve mi despacho de casa al lado del área donde

jugaban para poderles echar un ojo mientras trabajaba. Ahora todavía con hijos grandes y algunos ya fuera de casas, sigo con mi oficina en la parte más ruidosa de la casa. Así me entrenaron.

Mi madre me ayudando con los niños durante ocho años, justo hasta que cumplió sus 65 y Dylan empezó, con cuatro añitos, el ciclo de preescolar. Michael y Dani tenían ocho años y Brandon seis. Carmen —madre soltera, trabajadora y estudiante a tiempo completo— y Dani vivían con nosotros. Sin mi madre en casa mantener el equilibrio se hizo, de repente, abrumadoramente complejo. Intenté buscar una niñera que me ayudase, pero no logré encontrar a nadie que se adaptara a los horarios flexibles que yo buscaba y, lo más difícil, dispuesta a ocuparse de cuatro revoltosos diablillos. La única niñera que probó aquel trabajo apenas aguantó unas semanas; las ocurrencias y travesuras con que Brandon la torturó sobrepasaron su paciencia. Al llegar a casa era frecuente encontrármelos enfadados a los dos; uno porque se negaba a comer el arroz, la otra porque no le obedecía cuando le mandaba comerse el arroz. En fin, una locura.

En vacaciones, y en los días en que no tenían colegio, los llevaba conmigo al trabajo. Ellos disfrutaban interactuando con mis alumnos y, a veces, causando algún que otro estrago por el campus. Como cuando Brandon saltó, en pleno invierno, a una fuente de agua helada. Aguantó, empapado y aterido, hasta que volvimos a casa al final de mi jornada.

A pesar de las preocupaciones, de los días agotadores y las noches sin dormir, y de los berrinches, los años de maternidad, con los niños pequeños y en casa, son mágicos e inolvidables. Los mejores de la vida, quizás. Volvía a casa después del trabajo con la emoción de volver a abrazarlos. Mis pequeños me hacían sentir profundamente querida. De bebés, se agarraban con toda su fuerza para que los amamantara mientras me miraban complacidos con toda la ternura del universo en sus ojos. Sus manitas agarradas a mí, como si no quisieran soltarme jamás. Siempre que podía los mantenía pegados a mi cuerpo —durante el día y por la noche— . Poco a poco crecían. Recuerdo cómo corrían hacia mí, con brío y sus bracitos abiertos, hasta alcanzarme y colmarme de besos. A veces me contaban cuentos y jugábamos al Lego; construimos todos los modelos que marcaban las instrucciones y muchas otras configuraciones surrealistas que inventábamos. Dani, Brandon y Dylan seguían las instrucciones al detalle; Michael era más creativo e innovador. Llegaron a construir —para mi emoción y sorpresa— una casa completa que representaba, a escala, la nuestra propia. Movían las pequeñas figuritas como si fuesen cada uno de nosotros. Es posible que mi vida, entonces, girara alrededor de esos momentos en los que las obligaciones y el caos se tomaba un respiro y podía disfrutar de mi vida como madre.

Recuerdo el día en el que Michael se puso enfermo y no podíamos detener sus vómitos ni controlar la fiebre, así que, finalmente, lo llevamos al hospital. Pasé la noche, junto a mi pequeño, en una incómoda silla. Atenta y vigilante, contemplaba sus hermosas mejillas en la tenue claridad de la habitación. A falta de mi diario, escribí mis pensamientos en un trozo de papel y sin apenas luz: «Si superas esta noche, prometo estar a tu lado el resto de mi vida». Después recé —como en mis tiempos de juventud— al Universo, a mi abuelita y a todos los poderes divinos y mundanos. Se despertó por la mañana, recuperado y con fuerzas. Mike se presentó en el hospital con un café expreso en la mano, totalmente preparado para hacerme el relevo. A pesar de que no había pegado ojo en toda la noche, llegué puntual y recompuesta a mis clases de Redes Informáticas. Eran las nueve en punto de la mañana.

A todo esto, conciliar los horarios escolares de los niños con los laborales de los padres es un auténtico rompecabezas, especialmente con las locuras de horarios en nuestro distrito de California. Parece que el sistema educativo se diseñó sin pensar que la mayoría de los padres tienen trabajos. A todo esto, se suma la participación de los padres en el colegio, que, aunque es voluntaria, si no lo haces, quedas mal. Mis hijos me pedían que fuese a ayudar en las clases como hacían otras madres. Me ofrecía para ayudar con las clases de matemáticas y conducir en los viajes escolares durante las últimas semanas del año. Sus caritas, orgullosos de mí presencia en sus clases, son inolvidables.

En una ocasión, leí para toda la clase *Pipi Calzaslargas*, mi libro infantil favorito; en otra, ofrecí una charla a los padres y madres de todo el colegio sobre codificación para niños. Lo intentaba, pero me sentía un poco agobiada por el nivel de implicación —creo que excesivo— de algunas madres y las altas expectativas de los maestros.

Al final del curso, los padres acudíamos a clase y los niños enseñaban con orgullo y sonrisas de felicidad sus trabajos en las paredes del aula y en los pasillos. Todavía me fastidia pensar en cómo las plumas que mis hijos idearon para el proyecto de arte del pavo del Día de Acción de Gracias fueron el trabajo menos artístico y más simple de todos los expuestos. Pero, en realidad, lo hicieron ellos solos y con el material que les puse sobre la mesa, y de eso me siento orgullosa. La mayoría de los proyectos no correspondían a la edad de los alumnos; parecían más bien competiciones entre madres. Un poco ridículo, la verdad.

A pesar de que lo intente sentía que no conectaba con las madres del colegio. Tal vez por mi situación particular —siempre acelerada y con prisas—. O tal vez por la diferencia cultural. No lo sé. Algunas mañanas, al dejar a los niños en el colegio, observaba cómo las otras madres charlaban entre ellas, vestidas con ropa deportiva y gorra americana, sus cafés de Starbucks en la mano y preparándose para las caminatas en grupo. De alguna manera, me recordaba escenas de la típica película de Hollywood en las que las chicas de instituto charlan y compiten por ser las más bonitas. Algunas ni saludaban, totalmente metidas en sus cabezas, ignorando los detalles alrededor de ellas. Por suerte, contaba con mi buena amiga Bonnie. La conocí una noche de Halloween mientras paseaba por el barrio y, desde aquel día, nos convertimos en grandes amigas. Quizá mi única amiga en Álamo durante los años de primaria. Una buena amistad marca la diferencia para entender y enfrentar el mundo. A través de ella podía estar al día con los asuntos del colegio y siempre acudíamos juntas a los múltiples actos escolares —incluso nos disfrazábamos juntas en Halloween—. Me hubiera gustado pertenecer a una comunidad de madres. Mi única comunidad fuera de mi familia fue Bonnie.

A veces los niños, cuando se hicieron un poco mayores, caminaban solos hasta casa. Con calor, bajo la lluvia y el frío. Para mi tranquilidad, al llegar a casa siempre me llamaban por teléfono para informarme de que estaban sanos y salvos. Dani y Brandon

—traviesos pero responsables— cuidaban de Dylan y yo confiaba en ellos. Michael, más interesado en charlar con los amigos, no siempre se dirigía directamente a casa. Ya desde muy joven, mostraba un enfoque muy particular en hacer las cosas de forma diferente y a nunca seguir el camino que, se supone, debía.

Cuando llegaba a casa de mis horas de trabajo, me preguntaba cómo había llegado el chocolate hasta el techo de la cocina, pero Brandon se sentía orgulloso de sus pasteles de chocolate. Aquello bastaba para hacerme feliz. Solo tenía ocho años y ya era muy proactivo e independiente —aunque me esperaba para encender el horno—. Cuando se quedaban solos en casa, mi corazón latía con fuerza y mi cerebro, impotente, no cesaba de preocuparse y suplicar esperando que no se metieran en líos y que Mike llegara a casa antes que yo y a una hora decente. No era la única madre trabajadora con estas preocupaciones, pero me sentía sola con mis pequeñas batallas diarias.

Mike, cuando se encargaba de ellos los días que yo enseñaba temprano, los niños llegaban siempre tarde al colegio. Y encima, casi siempre dejaba a Dylan en el colegio con un pijama desparejado. Con Mike, se vestían solos y se ponían la ropa que ellos mismos elegían libremente. Mike pensaba que aquello era normal.

Encontrarme a Dylan en pijama cuando lo recogía del colegio me fastidiaba. Recuerdo un día cuando corrió hacia mí con sus rizos rubios, ojos grandes y azules, piel bronceada, sonrisa de diablillo y, por supuesto, con un pijama que desentonaba. Lo abracé fuerte y le dije: «Mi pobre Dylan fue al colegio en pijama», a lo que bien rápido contestó: «Mamá, ni soy pobre ni a nadie le importa que lleve pijama excepto a ti». Era un claro recordatorio de lo que realmente importaba; toda una lección de mi pequeño. Él era feliz y yo preocupada, mientras tanto, por tonterías.

Mike hacía todo lo posible por gestionar los trayectos hasta el colegio, los recados, las compras de casa y la mayoría de las actividades extraescolares de los niños. Y, mientras tanto, hacía malabares para atender y gestionar sus llamadas de trabajo. Entendía la dificultad y no se lo reprochaba. Los dos colaborábamos y nos repartíamos tareas y responsabilidades; él fregaba los platos, acumulados desde el desayuno, y por la noche yo cocinaba y me encargaba de los asuntos escolares. Éramos un equipo fuerte, él con su energía natural que parecía nunca acabar, y yo con mis cafés.

Mis hijos eran muy traviesos y tenían la habilidad especial de encontrar las formas más creativas de meterse en líos. Grababan sus diabluras en video, y así es como a veces me enteraba de lo que hacían. En cierto modo, esas travesuras dieron muchas risas a toda la familia; y yo asumí que sus juegos inventados y sus destrozos eran una parte importante del desarrollo saludable y creativo. No es que yo disfrutara o fomentara, sin más, sus comportamientos, pero, en general, les dejaba hacer y experimentar, siempre con un ojo hacia ellos, y el otro en mi trabajo. Competían entre sí para ver quién era capaz de saltar por encima del gran sofá del salón —con una mesa auxiliar como obstáculo adicional— sin tocar los muebles y aterrizando de pie sin caerse. Mike se unía a ellos en sus desafíos competitivos, mientras yo, desde mi cocina que conectaba con el comedor y luego con el salón (estilo estadounidense), los observaba de lejos y rezaba para que salieran vivos del juego.

Como resultado de aquellos desmanes y aventuras, Brandon tuvo múltiples puntos de sutura, huesos rotos y hasta conmociones cerebrales. Michael y Dylan solo unas pocas fracturas; Dylan se rompió el pie saltando desde lo alto de nuestro coche y a Michael le tuvieron que dar algunos puntos en la frente. Dani podía escalar —con extrema precisión y agilidad— cualquier cosa escalable. Tenía más posibilidades de encontrar a mis hijos subidos a los árboles secuoyas que por la superficie de nuestro patio trasero. Ya de adolescentes y jóvenes adultos, siguen buscando la oportunidad para trepar esos árboles gigantes. Ahora, hasta alturas peligrosas. Dani siempre está en el punto más alto, Brandon un poco más abajo, luego Michael y, por último, Dylan. Sin duda, algún lejano pasado arborícola resurge en ellos.

Compartía historias de mis hijos con mis alumnos en Mills. Un poco por curiosidad y un poco con la esperanza de aprender algo nuevo que pudiera aplicar en mis estrategias de crianza, a menudo los animaba a que me contasen aventuras de sus infancias. Mis hijos tenían un espíritu un poco salvaje innato; una pulsión por cuestionar toda autoridad, las normas establecidas y las etiquetas sociales; por provocar una reacción, desencadenar el ambiente; probar nuevas ideas; tomarse la revancha por su cuenta y con métodos propios, sin consejo paterno; con una respuesta espontánea para todo. En una ocasión, los llevamos a cenar a un restaurante de San Francisco donde Ana actuaba bailando. Los niños siempre fueron sus fans más devotos. Durante la velada, uno de los dueños del restaurante preguntó a Brandon, de 10 años, cómo era posible que un niño tuviera ya cuenta en las redes sociales. «¡Oh! Eso no es un problema. En Facebook tengo veintiún años», respondió alegremente.

Sus ingeniosas respuestas me dejaban un sabor agridulce. Por un lado, me resultaban graciosas aquellas locas ocurrencias, pero, por otra parte, me preocupaban.

En uno de nuestros viajes volviendo de Maui en avión, yo me encontraba incómodamente constreñida en el asiento de en medio, con las cabezas de Brandon y Dylan apoyadas en mi hombro, cuando noté los pies del niño que ocupaba el asiento de atrás —con sus calcetines, sucios y apestosos— colgando sobre mi cabeza. Los inquietos pies alternaban entre patear el respaldo de mi asiento y apoyarse encima de él, justo sobre mí. Pensé que el karma me estaba castigando por las incontables veces que mis niños habían molestado a otros pasajeros. Fue entonces cuando se me ocurrió una idea espléndida. Sin decirle nada a Brandon, le pedí que cambiara de asiento conmigo para que pudiera estar al lado de Dylan. En realidad, quería poner a prueba la capacidad de Brandon para manejar la situación. Pensé que, quizá, siendo niño también, sería más paciente y tolerante. El niño del asiento trasero decidió bajar los pies, pero seguir pateando el asiento de Brandon una y otra vez, con insistencia. Me sentí tranquila y orgullosa de Brandon porque parecía que ignoraba al niño y se había quedado dormido. Al salir del avión, le pregunté si había sentido patadas. Tenía curiosidad por saber cómo su mente era capaz de bloquear un acontecimiento tan molesto. «Cogí sus zapatos de debajo del asiento y les escupí. Eso me hizo sentir mejor, mamá», me dijo muy seguro de sí mismo, despreocupado y más feliz que nadie.

Pero, a pesar de todo, los días llegaban a su fin y la vorágine cotidiana también. Nos acostábamos todos en mi enorme cama. Dani también, durante los años que vivió con nosotros. Yo traía mi caja de libros y leía en voz alta —o lo intentaba— mientras ellos saltaban en la cama, haciendo piruetas, dando volteretas y peleando entre ellos. Parecían los inquietos cachorritos de una camada. En medio de aquel jolgorio, conseguir que prestaran atención a mi lectura durante tan solo un minuto era suficiente para sentirme satisfecha y realizada como madre. Siguiente reto: cepillarse los dientes. Aquello era otra mini odisea. Siempre preocupada por si se les escapaba algún diente, lo hice yo misma durante sus primeros años. En la cama, exhaustos ya y más tranquilos, durante los últimos minutos les contaba historias de piratas, mientras acariciaba sus cabellos sedosos y sus pieles suaves, y el sueño lentamente se apoderaba de ellos. Entonces, cerraba mis ojos, sin ganas ni intención de pensar, agotada pero feliz. Guardo muchos recuerdos de los cuatro niños por la mañana, aún dormidos, enredados como un ovillo y mezclados en posturas imposibles; con sus cabecitas apuntando hacia los cuatro costados de la cama.

Mis grandes retos particulares como madre trabajadora y el espíritu travieso de mis hijos no restaban ni un ápice al amor maternal inmenso e incondicional que sentía y siento por ellos. Es algo que se despierta con la maternidad, ya desde el mismo instante en que la prueba de embarazo muestra un positivo, ya desde las primeras náuseas del embarazo. Fue un regalo del Universo, de la vida. Una lección y la oportunidad perfecta para que Mike y yo pudiéramos evolucionar abriéndonos paso a través de las dificultades y con el amor por estandarte. Mike aprendió humildad y paciencia; yo, sobre maternidad y el fabuloso mundo de los pequeños; su desarrollo, su psicología, sus instintos e impulsos, y su forma única y genuina de trazar y alcanzar metas. Mis hijos han conseguido replantearnos muchas de nuestras creencias arraigadas y que creíamos fundamentales e inamovibles; nos han sacado de nuestros errores cientos de veces; nos han mostrado un amor fiel y desinteresado, una lealtad y una paciencia infinita; nos han enseñado que vivir fuera de nuestra zona de confort no es tan malo, al contrario, que, a pesar de la incomodidad inicial, es lo que nos hace transitar nuevos caminos y avanzar como personas. Mike y yo pronto nos rendimos —tiernos y embobados— a sus cándidas miradas, a sus sonrisas inocentes y limpias, a su amor infinito y a su naturaleza bella y humanamente salvaje. Ser madre fue —y lo será hasta el fin de mis días— lo mejor de mi existencia.

CAPÍTULO 15

Ser yo

"Si alguna vez alguien te dice que eres rara. Di gracias." – Ellen DeGeneres

TRABAJO DURO Y PERSEVERANCIA: tenía la sensación de que avanzaba en mis objetivos y que, poco a poco, escribía mi destino en piedra. Con mentalidad positiva y esfuerzo, visualizando y escribiendo mis metas, practicando la atención plena y momentos de meditación, me mantenía presente y alineada con mis propósitos. Planteaba pequeños desafíos y los alcanzaba; bosquejaba expectativas y las hacía realidad; presentía mi futuro y creía en él. Hasta ahora, todo había funcionado.

Por primera vez en mi vida, mi situación económica me situaba entre los pudientes y privilegiados. Tenía recursos de sobra para mantener a mi familia y gastar con la libertad de poder elegir sin que el dinero fuese un impedimento. Realmente, un sueño que a veces ni yo parecía estar viviendo. La posibilidad de vivir en una zona privilegiada y segura donde criar a mis hijos; de poder comprar alimentos variados y ecológicos en los mejores mercados; de viajar por ocio; de disfrutar; de ofrecer a mis hijos una buena educación y actividades extra como música, deporte o ciencias; y la oportunidad de poder elegir mi propia carrera profesional. Me movía en la órbita armoniosa del éxito personal y profesional.

Sin embargo, a pesar de lo bien que me sentía con mi vida —a mis 30 años— y con mis logros personales y profesionales, el mundo que me rodeaba no parecía tener la misma percepción, ni la misma actitud. Los incidentes intolerantes de índole clasista, cuando no chauvinista o, directamente, xenófobo eran tan habituales como numerosos. Todavía me molestan recordarlos y contarlos. No es que me afecten personalmente, pero me traen a la memoria la hipocresía del mundo en que vivimos, los prejuicios y las injusticias.

A veces sutiles, a veces explícitos, pero siempre despóticos y despiadados. El mensaje de fondo era el mismo: «no perteneces a nuestro estrato social».

El Sr. Cascarrabias, un señor —por llamarlo de alguna forma— que hacía la compra en un supermercado cerca de mi casa insistió, con insolente exigencia, en que debía de hablar en inglés si pretendía vivir en los Estados Unidos; en que debía hablarles a mis hijos en aquel idioma y no en español, como me había escuchado. Mis hijos presenciaron la escena. Ahora me pregunto si quizás mis hijos se alejaron de mi lengua natal, el español, debido a los prejuicios hacia mi idioma en este país. Momentos de desaprobación parecían caer como gotas de lluvia en medio de una tormenta.

El Sr. Frustrado, un señor —por no llamarlo energúmeno malhumorado— mientras yo sacaba dinero en el cajero, me gritó, con descerebrada maldad, que los extranjeros «matan bebés».

La Sra. Ignorante, una señora —por no llamarla Doña

Prejuicio— que parecía tener mi edad, me preguntó en el gimnasio si podía contratarme como niñera, sin saber nada de mí, solo por mi apariencia hispana.

La Sra. Entrometida —por no llamarla Doña A-usted-qué-le-importa—, en mi tienda de comestibles favorita, comentó con una risita sarcástica y maliciosa que mi hijo Michael tenía un gusto caro por comprar sushi. Remató el comentario —que nadie le había pedido— con la pregunta: «¿No le gustan los burritos mexicanos?» En fin, sátiras aparte, las creencias y comentarios de personas así, tan deplorables como frecuentes, probablemente eran consecuencia de habitar en una burbuja privilegiada donde ni el viento se atreve a molestar.

En mi entorno profesional, las suposiciones de este estilo seguían siendo ridículas, igualmente impactantes y de tal calibre. En una conferencia sobre comunicaciones inalámbricas, en Denver, uno de los asistentes —investigador doctorado— me preguntó si podía añadir más café a la cafetera; daba por sentado que formaba parte del personal de apoyo. Algo parecido me pasó en una conferencia sobre ciberseguridad, en San José. Esta vez un asistente me pidió que tramitara su reembolso. Resultaba sospechosamente frecuente que, durante el desarrollo de las conferencias, algunos participantes se dirigieran a mí con peticiones más propias del personal organizador del evento, que como profesora de informática; de alguna manera, en sus mentes no encajaba que yo lo fuese. En una ocasión asistí a una conferencia sobre liderazgo femenino y, en el turno de consultas, pregunté a la ponente cuales eran los requisitos para ofrecer una imagen profesional y respetable como ingeniera. «Córtate el pelo y hazte tatuajes», fue su inesperada y desalentadora respuesta. Con su cuerpo fibroso —que, en cierto modo, envidiaba— y tatuado y su pelo corto, ella si parecía cumplir con el estereotipo adecuado. Según ella, claro. Aquella respuesta me molestó mucho. Siempre he admirado a las mujeres de presencia fuerte y esperaba que me diera algún consejo provechoso sobre cómo abordar la diversidad —ideas, aspecto e imagen— y el liderazgo femenino, especialmente en mi campo de la ingeniería. Si tengo que tatuarme, cortarme el pelo o adoptar una imagen con la que no me siento identificada para que me acepten y respeten, entonces no quiero pertenecer a ese colectivo.

Los grupos, a veces, tienen una fuerte tendencia a cerrar las puertas a los que no son como ellos. Se impermeabilizan, se refuerzan y auto justifican, pero también se radicalizan y se empobrecen. Ésa era la triste cuestión que, por otra parte, no encajaba muy bien con la filosofía y los ideales abiertos e integradores del mundo intelectual. Me pregunto qué opinaría sobre este asunto Hipatia de Alejandría, Marie Curie, Lynn Margulis o Jane Goodall —solo por atravesar la historia de la ciencia con algunos nombres de mujeres extraordinarias—. ¿Les importaría a ellas nuestro aspecto o, por el contrario, nuestra inteligencia y nuestra contribución al conocimiento? Aquella respuesta no parecía muy coherente con el mensaje que pregonaba en su discurso como defensora de la mujer. Con su comentario, me cerró puertas. Recuerdo que mi padre me censuraba y avergonzaba —durante mi juventud y adolescencia— por mi condición de mujer. Ahora, no dejaría que nadie lo volviera a hacer y menos por no seguir los dictados de la imagen ni el 'look' que, alguien ajeno a mí y quizá con ínfulas de 'trendsetters' o de jueza, consideraba aceptable y adecuado. A lo largo y ancho de mi vida he conocido mujeres inteligentes que parecen auténticas muñecas Barbie de carne y hueso. Yo no poseo ese tipo de imagen, ni tampoco es mi meta, pero puedo comprender las luchas por las que pasan esas mujeres. Innumerables mujeres, con cuerpos de Marilyn Monroe y rostros de Whitney Houston, que nunca deberían ser —pero han sido— disuadidas de seguir carreras en campos dominados por los hombres.

Todas estas disquisiciones me abocaron a un conflicto interno sobre mi verdadera identidad. En mi vida personal, me planteaba cómo podía crear o integrarme en un grupo de madres donde intercambiar pareceres y experiencias sobre nuestros hijos sin que, para ello, tuviera que reinventarme de un modo que ni siquiera sabría cómo hacerlo. En mi vida profesional podía dejar de llevar botas de tacón alto o de pintarme las uñas en un intento por parecerme más a mis pares de grupo. Pero ¿realmente supondría esto una diferencia sustancial? ¿llevaba una etiqueta en la frente que anunciaba que yo no pertenecía a esos grupos?

Ante esta tesitura debía tomar una decisión y posicionarme; aceptar todo como estaba, no dar la cara y seguir quejándome a escondidas, o bien aprovechar la ocasión para reivindicar y defender mis ideales y opiniones, cambiar prejuicios, romper barreras y disipar la ignorancia. Me di cuenta de que estaba en el lugar apropiado, y con la oportunidad perfecta, puesto que era única en un aspecto que para muchos era una amenaza. Una vez que cambié mi percepción de la situación, el mensaje me pareció diferente. El mensaje que realmente me estaban enviando era: «Si no te pareces a mí, no puedes formar parte de mi grupo». Me di cuenta de que eso marcaba la diferencia. Yo no era el problema; el problema lo tenían ellos y ellas porque no podían ver más allá de sus creencias miopes y experiencias limitadas. Empecé a esforzarme en trabajar en mí misma, en tener —y hacer valer— voz propia cuando ocurrían estos episodios.

La técnica —de superación personal— de las «poses de poder», desarrollada por la psicóloga social estadounidense Amy Cuddy, me ayudó a ser más consciente de cómo me presentaba ante el mundo. En su charla TED 'El lenguaje corporal moldea nuestra identidad', subraya que el simple hecho de adoptar una 'pose de poder' —similar a la que adopta Wonder Woman, la superheroína ficticia y primera mujer empoderada y revalorizada de los cómics—, otorga por si sola un impulso automático de autoconfianza que nos ayuda a conquistar nuestras inseguridades. A menudo me presento ante el mundo con un talante apacible y humilde lo que, con frecuencia, me convierte en la diana donde hacen blanco las conductas de abuso, odio, miseria o los deseos caprichosos de los demás. No voy a decir que fui yo quien provocó esos incidentes, ya que, haga lo que haga, no puedo cambiar las opiniones y los prejuicios de los demás. Pero me ayudó a ser consciente de mis propios puntos fuertes.

Triunfé en la batalla existencial sobre mi identidad. Comencé por aceptar todos los aspectos físicos y mentales que me definen y que me hacen única entre los ocho mil millones de almas que habitan el planeta Tierra. Me dejé el pelo rebelde y alborotado, con sus rizos naturales —encrespados, a veces—, como siempre lo tuve —antes de empezar a acudir regularmente a la peluquería—, volví a dejar mis uñas largas y pintadas, y me sentí cómoda y orgullosa hablando con mi genuino acento español. Volví a ser yo. Había estado luchando contra —y no a favor de— mi imagen y mi voz, buscando un espacio que no era auténtico sino impuesto y artificial, forzando cambios que me alejaban de mi autenticidad. Esa toma de conciencia no fue sencilla —debo reconocerlo y admitirlo—; me llevó más de una década. Rondaba los cuarenta cuando me di cuenta de que me estaba alejando lentamente de mis raíces, de mí misma y de la persona que había logrado alcanzar metas y sueños más allá de lo esperado. Mi fuerza y mi resistencia emanaban de mí misma; no de la persona que quizá los demás esperaban que fuera. O querían ver.

Cuando paseo por la ciudad de Walnut Creek —a diez minutos de mi casa—, suelo visitar un encantador y pequeño callejón, flanqueado por fuentes de agua y mesas de restaurante en las aceras. Una auténtica maravilla que me recuerda a las callejuelas de Cádiz. Al final, un majestuoso roble centenario me cautiva y despierta mi imaginación. Una de sus ramas brota del tronco y se extiende, primero en paralelo al suelo y, poco después, hacia abajo, hasta casi rozarlo. Es un vástago viejo y díscolo. Sus ramas hermanas parecen seguir la dirección correcta y esperada para un roble —parecen estar donde debieran—, pero no me resultan tan interesantes como esta rama tan especial. Pareciera que, aceptando su diferencia y siguiendo su propio camino, se obstinara en su lucha por pertenecer. A menos que un jardinero —en su búsqueda de armonía o por corregir la diferencia— la cercene, seguirá viviendo su vida. Por otros cientos de años, quizá. Perturba la comodidad de los paseantes y puede que finalmente acaben talándola. Espero que no. Me alivia cada vez que la encuentro allí. En su sitio. Intacta. Siendo ella. Esa rama es especial para mí y, de alguna forma muy humana, me preocupo por ella.

Al igual que aquel roble, con su rama indómita y diferente, todos tenemos nuestra pequeña peculiaridad que nos hace diferentes —nuestra pequeña ramita que se sale de la norma—. Descubrir y apreciar esa parte de nosotros mismos, nos ofrece la oportunidad de valorar lo singulares y maravillosos que somos. El coraje de reconocernos como diferentes nos ilumina en nuestras batallas por librar. El valor de aceptar, valorar, respetar y amar lo que realmente somos traerá paz a nuestros corazones.

CAPÍTULO 16

Mi proceso de titularidad

"Las madres de éxito no son las que nunca han luchado. Son las que nunca se rinden a pesar de las luchas." – Sharon Jaynes

CONTINUÉ CON MI MALABARISMO, sacando adelante todas mis responsabilidades, con la nueva meta de conseguir la plaza fija como profesora en Mills. El proceso de evaluación para acceder a la titularidad es laborioso y estresante: exige al candidato demostrar excelencia en la docencia, la investigación, el servicio a la Universidad, y acreditar sus méritos y aportaciones profesionales. Todo ello debe realizarse en un plazo de unos seis años. Al final de este periodo, los aspirantes presentan una memoria extensa y detallada que incluye el currículum vitae, publicaciones, becas obtenidas, programas de cursos, evaluaciones de los estudiantes y su análisis, historial docente, investigador y profesional. En la resolución sobre la titularidad participan órganos colegiados y unipersonales: el profesorado titular del departamento, el comité de titularidad de la Universidad, el rector, el presidente, el Consejo de Administración y, finalmente, revisores externos. Sobre la base de esta evaluación múltiple, el miembro del profesorado consigue el puesto de profesor asociado o, en caso contrario, debe abandonar la Universidad.

Durante los primeros años de trabajo, no encontré el apoyo que esperaba de todos los miembros del profesorado, lo que añadió dificultad y muchísimo estrés. Empecé a preocuparme sabiendo que, sin el respaldo de todo el profesorado del departamento, nunca lograría obtener la titularidad.

En mis cuatro años como profesora, tuve que crear e impartir un total de seis cursos diferentes de informática, algunos de ellos fuera de mi especialidad. Este nivel de exigencia durante el proceso de titularización no es lo habitual. A pesar de mis reservas, no puse objeciones, lo que quizá fue mi primer error profesional. Mi situación era injusta, pero la falta de confianza me hizo callar mis frustraciones. En una ocasión, una colega hizo comentarios cuestionando mi compromiso con el trabajo, ya que en ese momento era madre de tres hijos pequeño, y eso no era común. Busqué apoyo moral fuera de Mills, porque sentía que ser madre estaba jugando en mi contra en mis metas profesionales. Acudí a ver a una exprofesora de la Universidad de Stanford, en Palo Alto, a quien conocía y admiraba desde mis años en Berkeley. Me dijo claramente que el mundo universitario no era un lugar para madres: «Ten cuidado, porque pocos serán los que te apoyen». Y, efectivamente, así fue.

Como muchas otras mujeres —especialmente las que son madres— que buscan alcanzar con éxito su lugar profesional, oculté mis batallas personales y me volví versátil y adaptable. Como agua que fluye sin resistencia entre las sólidas rocas. Esto significaba ampliar la gama de cursos que podía impartir para satisfacer las necesidades del departamento, aun a costa de salirme de mi esfera de especialización. La Universidad —que se enfrentaba a limitaciones económicas— no siempre podía contratar a más profesores para cubrir aquellos cursos. A pesar de mis esfuerzos, finalmente, no pude aceptar todas las demandas que me llegaban, lo que provocó continuas discusiones y tensiones. La misma colega volvió a la carga: «Como profesora novel, si quieres conseguir la titularidad, no deberías negarte a asumir tareas extra departamentales». Ya estaba asumiendo más de lo que me había propuesto en un principio, había rebasado mi propio límite. Sin embargo, mi titularidad estaba en peligro y era patente que no todo el profesorado me apreciaba de igual manera. Esta falta de apoyo me enfureció muchísimo. Estas opiniones quizás no me hubiesen molestado si no fuese porque afectarían mi futuro de una forma negativa.

Para mantenerme motivada, en los trayectos hacia y desde mi trabajo escuchaba audiolibros de autoayuda. *El Secreto*, de Rhonda Byrne, basado en el concepto de la «ley de la atracción: atraemos las cosas en las que pensamos», me resultó especialmente útil; me enseñó a utilizar el poder de la mente para cambiar mi realidad. O por lo menos a practicarlo. Tanto me inspiraron aquellos audios que también leí el libro y vi la película. Mis frases favoritas son: «La energía fluye hacia donde se dirige la atención» y «Lo que resistes persiste». Básicamente: cuanto más nos centramos en nuestros problemas, más grandes se hacen. Y a la inversa. La autora sugiere mantener nuestros pensamientos en la prosperidad y el crecimiento. Este era el momento perfecto en mi vida para poner en práctica lo aprendido: practicar la ley de la atracción en mi vida profesional.

Si quería conseguir la titularidad, tenía que concentrarme en conseguirla y no en los obstáculos que se me presentaban. Me comprometí a ello; constantemente me imaginaba consiguiéndolo, centrándome en mi objetivo más que en las dificultades y trabajando para adquirir una confianza sólida y ajena a la opinión de los demás. En confiar que la batalla la ganaría yo.

Durante el proceso por conseguir lo que quería, o que pensaba merecía, el estrés continuo día tras día empezó a pasarme factura. Desarrollé un persistente dolor de garganta y zumbidos intermitentes en los oídos. No dormía bien y me sentía agotada. Como gota que colma el vaso, una mañana, al levantar a Brandon del sofá, un tirón muscular en la parte baja de la espalda me dejó inútil e incapacitada; no pude caminar durante días. Cuando llueve, diluvia, y así fue como mi situación empeoraba.

Me sentí rota, destruida, incapaz de dar ni un solo paso más en mi carrera como profesora. De camino a una de las reuniones del profesorado al comienzo del semestre, de repente me sentí oprimida emocionalmente y rompí a llorar sin entender muy bien el porqué. Sin compasión hacia mí misma, llamé a Mike por teléfono, frustrada y enfadada. Se asustó al escuchar el tono de mi voz. Me suplicó que volviese a casa, pero no lo hice. Me fui a trabajar secándome las lágrimas y enfadada con el mundo, forzando una sonrisa hipócrita en mi cara. Por la tarde, de vuelta a casa, Mike me sugirió que dejase mi trabajo. No tuve ánimo ni energía para responderle, pero, de alguna forma, de pronto vi un destello de luz al final de aquel túnel imaginario: la posibilidad de ralentizar un poco mi estilo de vida. Bien mirado, la verdad era que mi salario no justificaba adecuadamente las incontables horas que dedicaba al trabajo, el nivel de exigencia y el estrés que me generaba. Por no hablar del tiempo que pasaba lejos de mis hijos. Un tiempo que jamás podría recuperar y a una edad que mis hijos nunca volverían a tener.

Acuciada por estos pensamientos, a pesar de mi desaliento y sin pensarlo demasiado, aquella misma noche —lunes 19 de enero de 2009, según mi diario— encontré las fuerzas suficientes para redactar un correo electrónico dirigido al Rector de la Universidad —y a todo el profesorado de mi departamento— para comunicarles mi decisión de renunciar a mi puesto de titular. Volví a repasar el texto; corregí algún error ortográfico y aclaré algún párrafo confuso. El cursor parpadeaba en espera hasta que pulsé el botón de enviar. Sin reservas. Poca lógica puse en mi decisión. Esa noche me fui a la cama con pajaritos en la cabeza, soñando despierta con una vida libre del peso abrumador de las responsabilidades de mi trabajo y dedicada, en cuerpo y alma, al cuidado y la crianza de aquellos niños que dormían a mi lado. Abrazándoles junto a mí, me sentí la mujer más feliz de la tierra.

A la mañana siguiente, el teléfono no paraba de sonar. Una nueva realidad. Eran mis colegas expresándome su apoyo. Me llenó de orgullo y alegría saber —y escucharlos— que yo verdaderamente les importaba, que me valoraban y que no querían que abandonase mi puesto. Si decidía marcharme en firme no era por falta de un equipo fuerte y unido que me apreciaba y luchaba por mí. Les tenía cariño y apreciaba enormemente aquel gesto de apoyo que me conmovía y que no olvidaría jamás, pero no encontraba la energía suficiente para continuar con aquel frenético ritmo de trabajo. Aún con aquellos mensajes de cariño y apoyo resonando en mi cabeza, me fui con mis hijos al parque. Durante unas horas, saboreé la dulce libertad de ser solo una madre. Aún recuerdo esa sensación de felicidad.

Al volver a casa, me senté junto a Mike y mi madre. Por la televisión retransmitían la toma de posesión del Presidente Obama. Aunque apenas me interesaba la política ni seguía de cerca las noticias, el discurso de Obama me causó una profunda impresión. Su charla y sus palabras tenían una forma extraordinaria de inspirar y levantar el ánimo de la gente. Mensajes como 'la esperanza por encima del miedo' y 'la unidad de propósito por encima del conflicto y la discordia' resonaron profundamente en mi interior. Aquellos postulados, mezclados con el aliento de mis colegas, formaron el cóctel perfecto que provocó un cambio instantáneo y radical en mi forma de pensar. De repente me di cuenta de que había trabajado con determinación y dureza en mi carrera como para ahora renunciar a mis objetivos, tan precipitada y ligeramente. Aunque las posibilidades de conseguir la titularidad fuesen ínfimas, merecía la pena intentarlo. No tiraría todo mi trabajo y esfuerzo por la borda, sin más. No era mi estilo. Cuando comuniqué este cambio de opinión al jefe de departamento y al Rector, se alegraron con sinceridad. Supongo que enviaron mi correo electrónico a la papelera de reciclaje. Mi experiencia como madre y ama de casa en exclusividad apenas duró un día. Pero lo recuerdo como una eternidad.

Mantener mi identidad de mujer independiente significaba mucho para mí. Me encantaba mi trabajo, pero no la política, la burocracia y las complejas relaciones institucionales que a menudo lo acompañaban. Me apasionaba mi carrera académica y mi dedicación a los alumnos. Sentarme delante del ordenador mientras saboreaba una taza de café —o una infusión de té—, y ponerme a trabajar —estudiar, pensar, razonar, crear— era, sigue siendo y probablemente siempre será, una de las actividades más satisfactorias de mi vida. Quería trabajar, necesitaba trabajar. Pero subsistía el mismo problema de siempre: ¿cómo podía compaginar la maternidad y el trabajo sin que todo me sobrepasara, sin estresarme ni acabar quemada? Era madre dedicada y cariñosa, sé que lo fui. También era una profesora afable. Mis hijos y mis estudiantes siempre fueron mi propósito. Pero ¿y yo?, no sé si me acordaba de mí misma, o de Mike, o quizás de otras personas que me necesitaban.

El empeño —casi obsesivo— por lograr mis objetivos personales y profesionales, el apoyo incondicional del Rector y de la mayoría del profesorado, el impulso de mi familia y amigos y, sobre todo, mi amor por mi profesión y mis estudiantes, me dieron la fuerza y el empuje necesarios para seguir adelante. Las tacitas de café expreso, bien cargado, también ayudaron. Durante todo el proceso de titularización, y con mis hijos aún pequeños, me enfrenté a retos difíciles, a días estresantes y aciagos y adversidades de todo tipo, pero no hubo un solo día en el que descuidara la preparación y la dedicación a mis clases, en que no proyectara mi pasión por la enseñanza o no arrancara una sonrisa a mis alumnos. Cruzar el umbral de la puerta y entrar en un aula repleta de estudiantes me produce una sensación indescriptible de dicha y satisfacción. En clase, frente a mis alumnos, con el timón de su aprendizaje en mis manos, mantenía el cuerpo erguido, los brazos abiertos, la cabeza alta y el espíritu vivo. Siempre así; presente en cuerpo y alma, centrada en mi trabajo y con actitud estoica ajena a las circunstancias. La profesora Konrad… siempre dispuesta, risueña y presta al trabajo.

CAPÍTULO 17

Adversidad económica

*"El éxito no es la ausencia de fracaso; es la persistencia
a través del fracaso." – Aisha Tyler*

MIKE SE ENCONTRABA EN LA CIMA de su carrera profesional, con unos ingresos excelentes que, sumados a mi salario como profesora, hacían que nuestra economía fuese viento en popa. Aprovechando aquella coyuntura favorable, decidimos remodelar nuestra casa para ganar en confort y embellecerla con algún que otro capricho lujoso. Reformamos la cocina y los cuartos de baño con armarios a medida y encimeras de granito. También pavimentamos toda la vivienda con madera de arce. Como colofón, invertimos una cantidad considerable en la compra de unos terrenos en Lafayette, una ciudad cercana a la nuestra.

Animado por los vientos que parecían soplar a nuestro favor, Mike tomó la decisión de dejar su consolidado puesto en ventas en la compañía Oracle para unirse a una empresa emergente. Era un paso arriesgado, pero con un futuro aparentemente más prometedor. El objetivo era obtener mayores ingresos y aprovechar la flexibilidad que ofrecía este tipo de empresa. Paralelamente, tras mi batalla profesional que casi me deja sin trabajo, solicité una excedencia de un semestre en Mills para centrarme por completo en mi investigación y en la publicación de un proyecto en el que implementaba un simulador inalámbrico. Esto suponía que durante un año mi sueldo se reduciría a la mitad, pero no me parecía un problema, puesto que mis ingresos no parecían ser necesarios para hacer frente a nuestros gastos y estilo de vida. En definitiva, Mike y yo decidimos diversificar y ampliar nuestras estrategias de inversión a costa de asumir riesgos en nuestras respectivas carreras.

En medio de estos cambios profesionales, recibimos una noticia que sacudió nuestra vida personal: mi hermano Memel, cediendo a los deseos de su esposa Sarah, decidió mudarse a Australia, el país de origen de ella, para estar cerca de su familia. La idea de separarme no solo de mi hermano, sino también de mis sobrinos Rubén y Lola, me resultaba desgarradora, sumiéndome en una profunda tristeza y angustia.

Poco después de la partida de Memel y su familia, y justo en el epicentro de nuestros cambios de rumbo profesional, la crisis financiera de 2007-2008, que afectó al mundo entero, también llamó a nuestra puerta. En poco tiempo, la incipiente empresa de Mike se vio salpicada por la crisis, dejándole sin trabajo y, en consecuencia, a nuestra familia con solo mis ingresos reducidos a la mitad durante casi un año. Creo que nunca valoré tanto mi carrera y mi salario como en aquella época.

El estallido de la burbuja inmobiliaria desplomó el mercado de la vivienda y nuestras inversiones inmobiliarias perdieron valor y se fueron directamente a pique. Como multitud de familias, logramos subsistir gracias a nuestros ahorros. Hasta que se agotaron. Fue entonces cuando no pudimos hacer frente a nuestra hipoteca, a nuestra inversión inmobiliaria y, triste y angustiosamente, a nuestros gastos mensuales.

Como millones de familias, entramos en pánico. Mi fórmula mágica: esfuerzo tenaz + mentalidad adecuada = sueños cumplidos, dejó de funcionar. La crisis llegó rápido y cayó a plomo, arrastrándolo todo como un tsunami. Apenas sin tiempo para reaccionar, buscamos oportunidades, reflexionamos, consultamos con amigos y familiares, pero sin éxito. Acuciados y abrumados por las prisas y la presión, finalmente pusimos nuestra casa en venta. El estrés fue in crescendo en proporción directa al tiempo que pasaba sin que nadie se interesara por nuestra vivienda. Nuestra casa se había revalorizado en más de dos millones de dólares apenas unos meses antes de la crisis financiera más grande desde la Gran Depresión, y ahora ni siquiera encontrábamos comprador por un cuarto del precio.

Nuestra agente inmobiliaria, encargada de la venta, aparecía por casa casi sin avisar y a horas intempestivas con potenciales compradores. Tal era nuestra desesperación que se lo permitíamos. Estas visitas eran perturbadoras y nos causaban un estrés diario adicional. Cuando llegaban, y mientras recorrían la casa, mi madre, los niños, Charlie —nuestro labrador de pelaje arena— y yo nos montábamos en nuestro monovolumen y conducíamos sin rumbo hasta que terminaban la inspección. Me sentía decaída y agotada todo el tiempo.

Aún con la casa en venta, Mike encontró trabajo como director de ventas en Utopy, una empresa emergente en expansión. En su nuevo puesto, primero tendría que crear una cartera de ventas partiendo de cero antes de poder ganar lo suficiente para cubrir nuestros gastos mensuales. A pesar de su esfuerzo, la debacle financiera era demasiado grande para recuperarse con facilidad.

Mike se resistía a perder nuestra casa, pero yo, más realista y práctica en aquel momento de nuestras vidas, me di por vencida y, sin consultarlo con él, comencé a buscar una vivienda de alquilar. Durante mucho tiempo, Mike parecía estar ajeno a nuestra realidad, en un estado en el que no quería o no podía reconocer nuestra nueva situación. Yo, mientras tanto, combatía el estrés con proactividad, buscando alquileres en barrios más asequibles, fuera de Álamo.

En el colegio de mis hijos, una madre me habló de una casa cercana. Era mucho más pequeña que la nuestra —tres dormitorios y tres cuartos de baño— y con una parcela de aproximadamente una cuarta parte. La fui a ver en seguida, y me encantó de inmediato, especialmente el patio trasero con cinco secuoyas, cuatro muy grandes y una colosal justo frente a la casa. Inesperadamente, Mike reaccionó y siguió mis pasos sin vacilar ni hacer demasiadas preguntas. Firmamos el contrato de alquiler. En el frontal de nuestra preciosa casa aún colgaba el cartel de «Se vende».

Mientras Mike se encontraba en un viaje de negocios con su nueva empresa, y con la valiosa ayuda de mi madre y mi hermana Carmen, nos mudamos a nuestro nuevo hogar. Quería sorprenderle cuando volviera. Hicimos la mayor parte del traslado durante el fin de semana en medio del caos familiar, con cuatro niños inquietos y revoltosos amenizando el trasiego. Como en un 'déjà vu', aquella situación me resultaba familiar; en España, mis hermanos, mi madre y yo nos habíamos hecho fuertes y resistentes a cambios mucho más drásticos. Mi experiencia me había preparado para este tipo de situaciones; era como una guerrera instruida en el combate.

Las tres sabíamos exactamente cómo coordinarnos; qué paso iba antes que otro y qué hacer en cada momento, al unísono y casi sin necesidad de hablar. Carmen bromeaba y se burlaba de la miseria; mis únicas lágrimas eran de risa. Es fascinante el poder desdramatizador y terapéutico del humor. Mi madre me aconsejó que me protegiera del estrés negativo e innecesario centrándome en mis hijos. «Vamos, Almudena, no malgastes tu preciosa vida con acontecimientos que no puedes controlar. Estos niños necesitan una madre fuerte y sana», me decía, con filosofía estoica. Y tenía razón: centrarme en mis cuatro hijos me mantenía anclada en el momento presente, alejada de la tristeza por el pasado y de la ansiedad por el futuro. Cuando mi madre se preocupa por mí, sigue abordando el hecho —vital y real— de que mis hijos siempre me necesitarán. Es inteligencia con sentido práctico: sabe bien que una madre puede sacrificarse y descuidarse, pero no si eso perjudica a sus hijos.

En un breve lapso de tiempo perdimos nuestra casa. Pasó a engrosar el patrimonio del banco. Y también nuestras inversiones inmobiliarias. También nuestros ahorros. Lo perdimos todo.

Perder la casa fue doloroso. Separarnos de los caballos, devastador. Los trasladamos a su nuevo rancho, a una hora de distancia. Ya no podría mirar por mi ventana, mientras tomaba mi café expreso o mi chocolate caliente, para admirar, embelesada, sus bellezas y sentir sus poderes. No podía verlos, al menos, tan a menudo. Su distancia física creó una separación que todavía duele.

Por duro que fuera el presente, tuve que asumirlo y centrarme en el futuro. Ya no tenía aquella fabulosa propiedad ecuestre en la que había vivido, amado y sido absolutamente feliz durante los diez últimos años de mi vida. Tan solo quedaban maravillosos recuerdos: mis hijos pequeños, divertidas fiestas, mis caballos solazándose en el patio trasero, los niños rodando por una montaña de estiércol, el huerto ecológico que montamos y cuidamos... Los rincones donde todo aquello ocurrió quedaron atrás, en el pasado irrecuperable; los momentos y sus sensaciones quedaban, sin embargo, guardados en nuestra memoria, en el presente y listos para resistir los embates del futuro. Arrastrada por lo irremediable, me dejé llevar. No miré hacia atrás.

Creo que Mike tardó mucho tiempo —años— en resignarse y aceptar nuestra nueva situación financiera. En el pasado habíamos trabajado duro, ahorrado cuanto pudimos, actuado con responsabilidad y evitado endeudarnos por encima de lo sensato. Pero, de repente, durante esta crisis, nos encontramos con más deudas de las que jamás hubiéramos previsto o imaginado. Para Mike, fue más difícil verlo y aceptarlo. Se sentía avergonzado. Yo me ponía en su piel y lo entendía. Imaginaba cómo me sentiría si perdiese mis títulos académicos, si tuviese que empezar de nuevo.

No podíamos permitirnos el lujo de dejarnos arrastrar por nuestras emociones. Nuestro trabajo y nuestros hijos pequeños nos necesitaban y reclamaban constantemente nuestra atención y nuestro amor. Yo estaba preocupada por Mike, sobre todo por su forma de valorar el dinero y el éxito profesional. En realidad, en aquel momento podríamos perfectamente habernos adaptado a cuanto teníamos y no correr nuevamente riesgos innecesarios. Pero

Mike no es así; su meta siempre será conseguir más y más.

Afortunadamente, los niños, en su mundo infantil y ajenos a todo, eran tan felices como siempre. Iban al mismo colegio y conservaban sus amigos. Estaba tranquila y agradecida de que su percepción de la realidad no hubiera cambiado tanto como para nosotros. Recordaba mi infancia: cómo me mudaba de casa casi todos los años y cómo tenía que lidiar, sin más remedio, con cambios constantes de colegio y amistades. Los cambios fueron la norma y dejaron de asustarme. Me acostumbré a ello; a cerrar puertas y a abrir otras nuevas, una y otra vez. Como quien cambia de zapatos.

Quizá fuera esta la razón por la que, de niña, no podía entender el dolor de dejar ir, de pasar página sin más. Los recuerdos y las emociones durante esas transiciones me resultaban tan cotidianos como la vida misma. En cuanto me hice adulta, tomé conciencia de la inevitabilidad de la 'impermanencia', de la transitoriedad — un concepto filosófico abordado por todas las religiones y filosofías— de absolutamente todo. Todo se halla en cambio permanente, nada es para siempre. Lo material, lo inmaterial, lo animado e inanimado, las cosas, las personas. Lo único seguro es el cambio. Es de sabios asumir esto y aprovechar las adversidades para crecer. Lo más amado me da la fuerza suficiente para resistir.

Mike y yo nos acomodamos en nuestra nueva casa, con un precio de alquiler que podíamos asumir y sin ahorros en el banco ni inversiones en la cartera. Nos las arreglamos haciendo lo que ya hicimos otras veces y mejor sabíamos hacer: trabajar para superar el momento y alcanzar nuevas expectativas. Desempolvé mi fórmula mágica. Mis lecturas me habían enseñado los peligros del pensamiento negativo y el poder de la mente consciente y bien amueblada. Perder nuestros activos podría haber sido solo el principio de una situación mucho más desastrosa. No podía sentir pena por nuestras pérdidas. Punto. Creía firmemente que el relato que me contara a mí misma y a los demás, los pensamientos a los que me aferrara y el filtro de las gafas mentales con que observara mi realidad redefinirían la trayectoria futura de mi vida. La vida seguía adelante y así debía vivirla: hacia adelante. Cité a John Lennon en mi sempiterno diario: «La vida es aquello que te va sucediendo mientras estás ocupado haciendo otros planes». Lo remarqué un par de veces. Como grabándolo en mi corazón a la par que en el papel.

CAPÍTULO 18

Una realidad nueva

"Una mujer es como una bolsita de té: no puedes saber lo fuerte que es hasta que la metes en agua caliente." – Eleanor Roosevelt

COMENZAMOS EL VERANO YA instalados en nuestra nueva casa de alquiler. Este sería el primer año que, por cuestiones económicas, no podríamos apuntar a nuestros hijos a los campamentos de verano. Durante esta época, los niños solían realizar múltiples actividades —deportes de equipo, natación, música, y cursos de ciencia e ingeniería— en los distintos campamentos a los que los inscribíamos. Aquel verano tenía una cierta inquietud interior por dejar a mis hijos sin la posibilidad de refuerzo y progreso en sus habilidades físicas y académicas. Nuestra situación económica no nos permitía matricularlos en los cursos de otros años y yo sentía que debía encontrar una solución creativa para ellos. No es que los niños lo pidiesen —parecía que no les importaba demasiado—, pero, de alguna manera, esta comezón que tenía me presionaba para intentar algo. Es posible que, inconscientemente, me estuviera comparando con las familias de mi entorno. Sentía una especie de remordimiento por no poder seguir los planes de verano que los demás tenían para sus hijos y la idea de que los míos se quedaran rezagados, en aquellos aspectos, me inquietaba. Ahora comprendo que aquellas comparaciones eran ridículas y desacertadas, pero entonces no lo creía así. El caso es que puse en marcha el engranaje de mi creatividad y diseñé una experiencia veraniega de actividades y aprendizaje para mis hijos. Un programa completo y definitivo.

Proyecté y desarrollé un novedoso plan de estudios para enseñar programación informática y resolución de problemas a niños de primaria. Sería de utilidad no solo para mis hijos sino para cualquier otro estudiante de ese ciclo de estudios. Estaba muy motivada con este proyecto pues cumplía dos propósitos: crear una experiencia educativa de verano para mis hijos y probar estrategias eficaces de enseñanza de la codificación y la resolución de problemas en una población juvenil diversa. Centré mi diseño en cinco tecnologías: Robótica Lego Mindstorm y Arduino (para enseñar a construir y programar robots y circuitos digitales); programación Alice (un entorno de programación basado en bloques fácil de aprender para animaciones por ordenador); programación Processing (para programar diseños visuales); y Python, mi lenguaje informático multiuso favorito. Creé una variedad de lecciones en bloques de tres niveles: principiantes, intermedios y avanzados, de tal forma que ampliase los potenciales usuarios dando cabida a niños con distintas capacidades, antecedentes y estilos de aprendizaje. Llamé a mi programa *KidsLogic*. Me fascinó desde el principio.

Mike consiguió una licencia comercial para el programa y además se ocupó del marketing y de otros asuntos relacionados con la comercialización. También negoció con Seven Hills, un prestigioso colegio privado, el uso de sus modernas instalaciones recreativas e informáticas. Ofrecimos matrícula gratuita a los estudiantes que no podían permitirse pagar un campamento de verano, trabajamos en la construcción de aulas diversas y nos acercamos a niñas que parecían estar poco interesadas en la codificación, invitándolas a unirse al campamento de forma gratuita con el objetivo de lograr una proporción equilibrada entre niños y niñas. Los campamentos se realizaron durante seis años consecutivos y, para satisfacer la gran demanda, empezamos a organizar también campamentos de invierno.

Mi hermano Chino asumió encantado el papel de monitor y educador y dedicó sus vacaciones de verano, junto a mi sobrina Olivia, a enseñar codificación a los participantes. Conectaba fácilmente con los niños y rebosaba energía en los distintos juegos creativos y el baloncesto. Con su don de imitar sonidos de animales, entretenía a los estudiantes. Con una sonrisa traviesa, clavaba con precisión el rítmico 'cri-cri-cri' del grillo en mitad de la clase. Era superdivertido, con espíritu juvenil y con una aguda mente de ingeniero de software. Fue un componente clave para el éxito del programa.

Con el tiempo, amplié mi programa de estudios para hacerlo llegar a estudiantes de secundaria y primer curso de universidad. En el sexto año, y en colaboración con un profesor del departamento de Educación de Mills, realizamos una evaluación formal exhaustiva de mis métodos y mi plan de estudios. Evaluamos los conocimientos y habilidades adquiridas. Tras el análisis de los resultados, lo que más destacaba era nuestra capacidad para inspirar a estudiantes con prejuicios negativos hacia la informática. El proyecto resultó ser una oportunidad ideal para despejar el miedo y despertar el interés y la pasión entre los jóvenes estudiantes por el razonamiento computacional y la programación informática.

También expuse mi plan de estudios a estudiantes de Mills durante unas clases de grado y a un grupo de estudiantes que eran parte de un programa diseñado para mujeres universitarias de primera generación. Publiqué los resultados de este estudio en 2020, explicando el proceso que seguíamos para enseñar razonamiento computacional complejo a jóvenes estudiantes.

Convertí la crisis financiera en una oportunidad para reinventarme. Canalicé mi investigación académica hacia un proyecto pedagógico útil y rentable. Les ofrecí, no solo a mis hijos sino también a otros muchos niños y niñas, la oportunidad y las herramientas adecuadas para aprender codificación y tecnología mediante técnicas atractivas y eficaces. Me sentía satisfecha y realizada. Trabajaba sin descanso todo el año, pero disfrutaba con lo que hacía y mi pensamiento se impulsaba y aceleraba en múltiples direcciones. También colaboraba en otros proyectos de investigación, al tiempo que creaba nuevos cursos y planes de estudio para mis estudiantes universitarios y de posgrado en Mills.

Tras nuestro primer y exitoso campamento KidsLogic, y ya hacia finales de verano, Mike inició lo que durante los siguientes años se convertiría en una tradición para la familia: ¡la acampada! La manera perfecta de explorar la naturaleza donde mis hijos dieran rienda suelta a sus espíritus salvajes y con la ventaja de no tener que gastar una cantidad exagerada de dinero. A los niños les encantaba saltar a los lagos desde las rocas, trepar a los árboles, hacer senderismo por los bosques y las montañas, buscar animales salvajes y coger pequeñas culebras de agua. Incluso se toparon, en varias ocasiones, con tímidos osos negros que deambulaban en busca de comida. El pequeño Dani una vez corrió tras uno de ellos, palo en mano, mientras el resto de los niños le seguía. Mike y yo les aguamos la fiesta y detuvimos su divertida —y peligrosa— aventura. La noche anterior, el guarda del camping había informado a los niños de que no debían tener miedo de los osos que encontraran por la zona. Mientras los instruía, imitaba el cacareo de una gallina cobarde. No fue un buen consejo para los niños. A los osos —a toda la fauna— hay que respetarlos y pueden resultar peligrosos si se sienten molestados o amenazados. Pero el guarda se lo pasó en grande diciéndoles tonterías a los niños. Mis hijos y Mike se aseguraban, sin demasiado sentido de la prudencia, de no seguir nunca las señales que guiaban los senderos; parecía ser la marca de identidad de nuestro estilo de vida. Desafiaban nuestras excursiones buscando los caminos alternativos más interesantes, pero también más inhóspitos. Con frecuencia nos perdíamos y sufríamos momentos de incertidumbre y miedo. Afortunadamente, siempre acabábamos la jornada aventurera con una cena deliciosa, aderezada con briznas de hierba y tierra por todas partes, pero con satisfacción y grandes sonrisas en la cara. Acampamos en Yosemite, Kings Canyon, Calaveras Big Trees, Crystal Basin, Graeagle y otros muchos 'campings' por toda California.

El recuerdo de nuestra visita a las cataratas Vernal en Yosemite aún me produce escalofríos. La excursión, calificada de difícil y exigente incluso para adultos en buena forma física, tiene un recorrido de unos seis kilómetros, entre ida y vuelta, con una pendiente considerable hasta la cima. Mike decidió llevarnos a los cuatro niños y a mí a ver las cataratas. Iniciamos el recorrido; Mike cargaba con Dylan, de dos años; Michael y Dani, con seis años los dos, le seguían de cerca; Brandon, de cuatro años, iba junto a mí, cerrando la pequeña comitiva. Subir la montaña justo al borde de los acantilados me hizo percatarme de mi verdadero pánico a las alturas. Ver a Michael y a Dani caminando delante de mí, por un estrecho sendero de tierra, y con solo una débil barandilla separándolos del acantilado agravaba mi angustia hasta el borde mismo de la náusea. Me puse verdaderamente enferma de los nervios. Imaginaba sus cuerpecitos rodando por el acantilado y perdiéndolos para siempre. Entré en pánico y las montañas devolvieron el eco de mi potente grito: «¡PARAD! ¡PARAD AHORA MISMO! ¡Esto es una locura! ¡Nos vamos a morir todos! ¡Vámonos!». Sentía un irrefrenable impulso de llorar, abrazar a mis hijos y correr con ellos colina abajo hasta un lugar seguro. Alertados por mi grito, Michael, Dani, y Mike con Dylan, volvieron hacia mí. Michael y Dani agarraron con fuerza mis piernas, insistiendo en continuar, rogándome que les dejara subir a la cima con papá. En la cara de Mike, aún con Dylan en brazos, se reflejaba un «por favor, déjanos hacerlo». ¿Cómo podía Mike ser tan imprudente? ¿Cómo no se daba cuenta del peligro de la situación? ¿Por qué tenía que ser yo la aguafiestas que arruinara la diversión? Vamos a morir todos, en esta loca aventura sin sentido, pensaba yo. Una familiar oleada de malestar recorrió todo mi cuerpo. Como madre, me había enfrentado a muchos momentos difíciles en mi vida, momentos en los que los miedos o preocupaciones por mis hijos resultaban irracionales para Mike y para los niños, pero muy reales para mí. Sentía el mismo pavor que si hubiese tenido a un tigre hambriento ante mí. En aquel momento, no estaba segura de si corríamos un peligro real o, sencillamente, era un delirio mío. Me hacían dudar de lo real y lógico. Los niños y Mike me prometieron que continuarían con mucho cuidadito, que caminarían muy despacito y lo más lejos posible del borde del precipicio. Quería llorar. Quería enfadarme con ellos y obligarles a bajar de vuelta con todos ellos. Me sentí impotente. Pero, en su lugar, les dije: «Vale, vamos, pero si uno de vosotros se cae por el acantilado, yo salto detrás».

Reanudamos la subida y pronto olvidaron su promesa y tomaron un ritmo tan rápido que nos dejaron rápidamente rezagados a Brandon y a mí. Quizá por el esfuerzo, Brandon comenzó a quejarse del estómago. Nos sentamos en una roca, probablemente hacia la mitad del camino hasta la cima. Perdí de vista al resto. Sentía que no controlaba la situación y aunque necesitaba llorar de nuevo por rabia e impotencia, me contuve y simulé normalidad ante mi hijo sentado a mi lado.

Brandon era un niño simpático al que le encantaba decir payasadas que siempre terminaba con la frase: «es broma». Dentro de lo posible, disfruté de aquel precioso momento que pasamos juntos, sentados en la roca y admirando el impresionante paisaje salvaje. Fue un momento mágico y especial. Brandon me recordó lo mucho que me quería y comentó que aquel año era especial pues solo nos separaba un cero; él tenía cuatro años y yo cuarenta. Su tierna conversación me mantuvo concentrada en el momento presente y bastante entretenida. Finalmente, logré convencerle y nos dimos la vuelta. Un poco defraudado y molesto por no haber alcanzado la cima con sus hermanos, comprendía, sin embargo, que su dolor de estómago lo habría hecho imposible de conseguir. Se me rompió el corazón al dejar a mis otros hijos alejarse por aquel peligroso sendero y estaba furiosa con Mike. Llegamos a nuestro, ya seguro, punto de partida. Brandon y yo esperamos lo que nos pareció una eternidad. En realidad, tan solo un par de horas. Por mi parte no cesaba de preguntar a los senderistas que volvían si habían visto a un hombre rubio americano —y loco— con un pequeño a cuestas y dos niños de seis años de edad. Mi ansiedad aumentaba por minutos hasta que una señora me aseguró que los había visto en la cima «felices y divertidos, nadando junto a las cataratas». Me sentí aliviada ahora que sabía que habían llegado sanos y salvos a la cima. Mi alivio momentáneo enseguida dio paso a mi ansiedad permanente; aún tenían que bajar. Brandon esperó con paciencia, yo con angustia agónica. Era uno de esos momentos en los que una madre solo puede llorar en su interior, y en silencio. Jugué sin ganas con Brandon, asegurándole —en realidad, asegurándome a mí misma— que sus hermanos estaban bien y pronto volverían. Cuando, por fin, los divisamos a lo lejos bajando por la ladera, corrimos hacia ellos. Brandon hacia Dylan, yo abrazando a Michael y a Dani, mientras lanzaba una mirada, cargada de rayos y truenos, hacia Mike, por su actitud temeraria. Estaba feliz pero agotada. Brandon tenía muchas preguntas sobre la aventura que se había perdido.

Nuestras aventuras —y mis desventuras— con Mike y los niños continuaron los siguientes años. Una parte de mí deseaba superar mis miedos y poder disfrutar de lo que ellos parecían amar tanto: las alturas, los acantilados, los lagos, la vida salvaje, las montañas, la exploración. No lo conseguí. Tuve arrebatos de pánico similares haciendo senderismo en el Parque Nacional de Zion, en el Cañón Bryce y en el Gran Cañón. No lograba conectar con la naturaleza y el paisaje, pues mi obsesión era asegurarme de que los niños salían vivos de estas experiencias —mantenerlos alejados de los osos y del borde de los precipicios.

Visitamos el Parque Nacional de Zion, en Utah. Después de varios días de aventuras y sin más energía ni valor para continuar caminando, Mike no quiso dejar de ver el popular sendero con vistas al cañón —Canyon Overlook Zion—. Era un día realmente caluroso, con más de 38 °C de temperatura. En cuanto nos acercamos al acantilado, entré en pánico. Esta excursión no era ni más ni menos peligrosa que otras, pero, por razones inexplicables, el miedo se impuso a la lógica y el raciocinio. Me giré y me alejé de Mike, los niños y del precipicio aterrador. Dylan, entonces con nueve años, no quiso dejarme sola, así que, en un acto de comprensión y protección, me tomó de la mano y me siguió hasta el coche. Dylan iba serio y enfadado. Le pregunté si estaba bien. «¿Quieres la verdad o una mentira, mamá?», preguntó con intensidad. Conociendo la facilidad con la que Dylan se enzarzaba en conversaciones profundas, le pedí sinceridad. «Entiendo que tuvieras miedo. Pero tú siempre me dices que afronte mis miedos. Entonces, ¿por qué no afrontas los tuyos? Quería ir con mis hermanos, pero no quise dejarte sola. Creo que deberíamos volver cuando te sientas mejor», me respondió con una madurez que sobrepasaba su edad.

Me sentí mal quedándome en el coche y negándole a Dylan la experiencia. Desarmada ante su argumentación, no tuve más remedio que ponerme el sombrero, volver a calzarme las botas en mis pies cansados y sudados, y seguir a Dylan hasta la cima para demostrarle cómo me enfrentaba a mis puñeteros miedos. Consciente de mi esfuerzo, no cesaba en su intento por tranquilizarme. Me aseguraba todo el tiempo que estábamos a salvo. «Tu mente es fuerte, mamá. Imagina que, si te caes, papá te cogerá en el aire como Superman», me decía, rebosante de ánimo e imaginación.

Llegamos a la cúspide. Mike y los niños se quedaron boquiabiertos. Me sentí muy orgullosa de demostrarle a Dylan que disponía de la fuerza interior para luchar contra mis miedos y que él tenía el poder de ayudar a los demás a superar momentos difíciles. El esfuerzo mereció la pena. La vista desde la cumbre no tenía parangón; era absolutamente impresionante y arrebatadora.

CAPÍTULO 19

Un viaje al pasado

"Los que olvidan el pasado están condenados
a repetirlo." – George Santayana

UN AÑO DESPUÉS DE MUDARNOS a nuestra casa de alquiler, obtuve la titularidad en Mills. Me había esforzado mucho por alcanzar el puesto de Profesora Titular. Fue realmente un mérito. Pero, durante el proceso descuidé mi salud física y otros asuntos más profundos y trascendentales: mi mundo espiritual, mi propósito vital. El informe que redacté —durante todo un año— para mi examen de titularidad no mencionaba en ningún momento otros aspectos no académicos de mi vida, como mi labor en la crianza y mis vicisitudes más personales. El dosier estaba muy trabajado y era muy completo, casi una obra de arte que retrataba a una mujer muy motivada que parecía no tener otro objetivo en la vida que su carrera profesional. Aquel informe tan solo contaba la mitad de la historia, pero me permitió conseguir la titularidad. Con mi nueva plaza, mi sueldo mejoró en cantidad —ganaba más— y en calidad —con la tranquilidad y seguridad laboral de por vida—. Pero conseguir el puesto tenía su lado oscuro, pues, en cierto modo, lo sentía como una condena a cadena perpetua;

observaba cómo algunos profesores seguían trabajando a sus ochenta años. Entraban como autómatas en el aula y explicaban y hacían exactamente lo mismo año tras año, década tras década. Por supuesto continuar con su trabajo en la vejez era por voluntad propia, pero no podía evitar verme reflejada en ellos y me preguntaba, un poco aterrorizada, si ese sería mi caso. Acepté la posibilidad de que así fuera, de que mi destino laboral final se hubiera decidido con la firma de un contrato. Sin embargo, la otra posibilidad, si no me hubiesen dado la titularidad, habría sido devastadora para mí. Así pues, tenía sentimientos encontrados y un regusto agridulce.

Justo cuando obtuve la titularidad, la empresa de Mike —Utopy— fue adquirida por Genesys, una empresa de venta de software. Continuó como director de ventas —vendía análisis de voz y texto a centros de llamadas— pero, ahora, en una empresa más consolidada. Su sueldo aumentó y nuestras vidas parecían mejorar poco a poco. Un tiempo después me ofrecieron la posibilidad de disfrutar de medio año sabático remunerado. Aproveché la oportunidad para aprender una nueva plataforma de ingeniería de software llamada 'Ruby on Rails' y una nueva forma de construir software: el proceso de desarrollo ágil.

Nuestra situación financiera estaba dando un giro positivo, por lo que se me ocurrió celebrarlo con un viaje familiar a España. Sería una aventura con la que repasar y visitar los primeros veintidós años de mi vida. Planifiqué el viaje para septiembre. Los niños tenían entre los cinco y los nueve años. Los saqué del colegio y en un santiamén y cruzamos el Atlántico rumbo a España, mi tierra. Fue la primera vez que salíamos de Estados Unidos con nuestros hijos. En París visitamos el Arco del Triunfo y una encantadora cafetería donde tomamos el mejor chocolate caliente que he probado en mi vida. Desde Francia volamos a Madrid, mi ciudad natal. Allí nos quedamos unos días con el tío Jesús — hermano de mi padre—, la tía Encarnita y mi prima Aruca. Visitamos el Museo del Prado, la Catedral de la Almudena, el parque de El Retiro, el Palacio Real, la Plaza Mayor y la Puerta del Sol. Las tapas y los sabores que degustamos en los bares del histórico Mercado de San Miguel fueron espectaculares e inolvidables. Nos acercamos hasta Segovia, a unos 90 kilómetros de Madrid, donde nos maravillamos con su milenario acueducto romano, Patrimonio de la Humanidad, y con su elegante y enorme catedral gótica con rasgos renacentistas. Comimos en la Plaza Mayor, justo al lado de la catedral, en pleno casco antiguo de la ciudad. Paladeamos el plato insignia de la cocina segoviana: cochinillo asado. Aunque me daban pena los pequeños cerditos —de una edad máxima de tres semanas— mi legado español se apoderó de mí. Deliciosa comida y delicioso café. También visitamos la espectacular fortaleza medieval, el Alcázar de Segovia. ¡Qué maravilla! Aprendí que este enorme y espectacular castillo sirvió de inspiración a Walt Disney para diseñar el castillo de Blancanieves. Los niños se convirtieron en valerosos soldados medievales que, armados con espadas y ballestas, no pararon de jugar durante el resto del viaje. También visitamos el Palacio Real de La Granja de San Ildefonso, una impresionante residencia real con una decoración suntuosa y hermosos jardines. Luchamos por no perdernos entre sus laberínticas dependencias mientras aprendíamos algo de historia y los niños guerreaban pertrechados con sus armas medievales y su imaginación desbordante.

Mi familia madrileña —primos, primas, tíos y tías— organizó un elegante almuerzo de reencuentro en una bodega. Mis hijos conocieron de primera mano mi país, mi lengua, mi cultura y mi extensa familia. Dylan se despertaba cada mañana preguntando, un poco desorientado, si estábamos ya en el mundo inglés o aún seguíamos en el español. Se acostumbraron sin dificultad y con rapidez a los continuos besos y abrazos de los familiares y a la amabilidad desinteresada de los desconocidos. Un par de anécdotas: en la estación de tren, una joven besó a Brandon y le llamó guapo, y el camarero de una cafetería, con una gran sonrisa, pellizcó las mejillas de Dylan y le llamó bonito. Estos pequeños gestos, tan propios de la cultura española, y esta forma de ver la vida, tan desconocida para mis hijos, ganaron los corazones de mi familia, que se sintió cómoda y bien acogida como nunca antes. La mayoría de los españoles son cariñosos por naturaleza y tienen un sentido de los límites del espacio personal distinto al de los estadounidenses. A los pocos días, Dylan me dijo que necesitaba un descanso y que teníamos que volver a «menos besos, más inglés y a comer macarrones con queso». Le costaba adaptarse más que a los otros. Yo, sin embargo, me hallaba en mi hábitat natural, en mi elemento. Fluía feliz. Estaba en el cielo.

Continuamos nuestro viaje hacia el sur. Visitamos Jaén y acabamos en Granada. Jaén celebraba su feria: las mujeres con sus trajes de flamenca, música flamenca, desfile de caballos y carruajes. Para Mike y los niños todo aquello era nuevo y lo disfrutaron a lo grande. Mike no daba crédito a sus ojos cuando veía a familias completas, con los bebés en sus cochecitos, celebrando la feria hasta altas horas de la noche. Mientras tanto, yo recordaba con nostalgia cuando iba de pequeña a la feria. Vestida con mi traje de gitana de lunares rojos, un clavel bermellón prendido en el pelo, collares largos, pulseras a juego y mis andares flamencos, siempre dispuesta a bailar sevillanas. ¡Cómo me gustaba! Nunca me dio vergüenza bailar flamenco, ni de niña ni después, ya de mayor. Me apuntaba a un tablao a la primera oportunidad. La feria me trajo lejanos recuerdos; algunos gratos y casi olvidados, otros no tan agradables y difíciles de olvidar. Pero siempre nostálgicos.

Tendría unos seis añitos cuando mi padre me llevó a la feria. Mi madre y mis hermanos se quedaron en casa. Recuerdo que estaba feliz con mi precioso traje de flamenca. Mi padre charlaba y bebía con unos amigos, mientras yo bailaba sevillanas y zapateaba en el tablao. Volví con él y le pedí que me llevara al baño. Aunque parecía estar de buen humor, se enfadó con mi petición. No pude aguantar, me hice pipí encima y le pedí por favor, con voz delicada, que me llevara de vuelta a casa. Delante de sus amigos, me subió el vestido, me quitó mis braguitas, las tiró al suelo de albero y con cara descompuesta me ordenó que siguiera bailando. Aunque nadie quizás lo notó, llevaba el vestido mojado y no llevaba mis bragas. Me quedé en el tablao, pasmada, de pie, paralizada por la vergüenza. Podía sentir los ojos de todo el mundo mirándome fijamente. Me sentía ridícula y tenía unas ganas terribles de salir corriendo y alejarme de allí. Esconderme. Todos aquellos pensamientos y emociones me abrumaban, me traicionaban hasta inmovilizarme. Los demás seguían bailando, ajenos a mi pequeña tragedia.

Me vino aquella pequeña historia a la mente —y al corazón—

, pero no la conté a mis hijos que, ahora, rondaban mi edad de entonces.

Después de todo el día en la feria, y con los niños agotados durmiendo en los asientos traseros del coche, llegamos, ya avanzada la noche, a Granada. Nos costó un rato de súplica y conversación convencer a la recepcionista del hotel de que habíamos olvidado nuestros pasaportes en Madrid, en casa del tío Jesús, pero finalmente accedió a entregarnos las llaves de las habitaciones. Caímos exhaustos en la cama y, horas después, cargados de energía, abrimos las ventanas a la mañana granadina. Callejeamos por la ciudad, visitamos La Alhambra y paseamos por el barrio del Albaicín; dos de los lugares emblemáticos que más me habían impresionado y encantado cuando vivía allí. De alguna forma reviví un trocito de mi pasado. A flor de piel los recuerdos de Juan, las risas de mis amigas Lola, Antonia y María José, la candidez de la pequeña Carmen y las vivencias palpitantes de mi juventud. Aquellas memorias me transportaron, por un momento, a otra época. Un torbellino de emociones me embargaba en cada rincón que reconocía y, como el zarandeo que te despierta del sueño, los niños y Mike me devolvían con frecuencia a la realidad del presente.

Deambulamos por las calles estrechas y empinadas del laberíntico barrio morisco y disfrutamos de unas vistas impresionantes de La Alhambra y Sierra Nevada desde el pintoresco y bullicioso Mirador de San Nicolás, en el corazón del Albaicín. Un par de gitanos cantaban por soleares y tocaban la guitarra. Me arranqué a bailar flamenco mientras los turistas me aplaudían y Mike inmortalizaba el momento con su cámara de vídeo. Mis hijos observaban, absortos y tranquilos, aquel arrebato pasional de su madre. De una forma muy real y espiritual, el flamenco me devuelve a mi esencia, a mi centro. Su duende me infunde paz. Acabamos la jornada con una deliciosa comida en el Bar Kiki. ¿Qué mejor manera de rematar un día fabuloso?

Siguiente destino: Marbella, en Málaga, y Algeciras, en Cádiz. En Los Barrios, un pueblo de Algeciras, logré contactar con unos viejos amigos de cuando vivíamos en Villa Coca y en El Escorpión. Pasamos un día fabuloso con ellos recordando momentos y anécdotas graciosas mientras almorzábamos sin prisas y paseábamos sin rumbo por el pueblo de Los Barrios. Yo llevaba algunas fotos, que me había regalado mi madre, de mis primeros años. Decidí visitar las casas donde vivimos. Mis amigos nos guiaron hasta Villa Coca. Para mi sorpresa, ahora se hallaba en ruinas. Por lo visto, nosotros fuimos los últimos en habitarla. Es posible que aún encontrara, entre el caos y los escombros, algún pequeño objeto, alguna pertenencia sin valor de nuestra familia; un marco desencajado sin foto familiar; mi peluche desmembrado; el pincel deshilachado con que mi madre hubiese querido pintar; la edición barata de una novela con la esquina de una página amarillenta doblada y un pasaje marcado con grafito; un puñado de conchas marinas desgastadas por la sal y pulidas por las olas... No busqué. Quizá temiendo encontrar. Las razones de aquel abandono me eran desconocidas. Tal vez la desidia, tal vez el destino. Quizá las serpientes. Entramos en la casa que parecía a punto de desplomarse sobre nuestras cabezas. Cada habitación me invadía con un tropel de imágenes y recuerdos. Casi podía sentirme abrazando a Ana y Carmen cuando eran bebés, ver a mis hermanos mayores corriendo de un lado a otro, sentir la presencia fuerte y persistente de mi padre entre las paredes desvencijadas de aquella casa. Incluso podía distinguir a Charlie, el mandril, y a nuestro precioso caballo andaluz, Jabato. Fantasmas benévolos y espíritus gentiles parecían habitar entre las ruinas de aquella casa. Reminiscencias etéreas de mi vida anterior.

El Escorpión me despertó otros recuerdos. Nuestro gran patio trasero —con su piscina y la estatua de mujer sosteniendo, desnuda, una cántara de agua sobre su hombro— donde mi padre permitió que se instalaran por un tiempo una comuna de hippies desconocidos que continuamente tocaban la guitarra, bebían y fumaban hachís. La amante de mi padre. Tan joven. El vagabundo que se instaló en el garaje y al que mi padre otorgó el título de chef de la casa. ¡Eran tantos los recuerdos! Me sentía bien, arropada con Mike y mis hijos junto a mí, mientras rememoraba aquellas vivencias de infancia.

Al día siguiente llegamos a la granja donde vivían unas antiguas amistades de mis padres. Mariquita, buena amiga de mi madre en aquellos años, lloró al verme. Me aseguró que me encontraba tan guapa como a mi madre. Su cumplido me emocionó y una lágrima incontenible dibujó un reguero de nostalgia en mi mejilla. Siempre quise parecerme a ella. Su marido me abrazó con fuerza y afecto y me susurró lo mucho que ambos se habían preocupado por mi madre. La querían. El cariño de aquel abrazo me hizo pensar que quizá había olvidado la ocasión en que clavé mi lápiz en su hombro dejando la punta de grafito partida dentro de su piel. No estoy segura de que lo hubiera olvidado; en cualquier caso, su cariño era sincero. Aquella familia había crecido mucho.

Ahora había personas y niños de todas las edades a los que no reconocía ni siquiera sabía de su existencia. Durante la comida, los hombres se sentaron en una mesa y las mujeres en otra, en el patio de una granja bastante grande. Los hombres estrechaban con confianza a Mike, como si le conocieran de toda la vida, y sin dejarle apenas espacio físico para respirar. Cigarrillo en mano, le hablaban con rapidez y deje gaditano. Mike luchaba y, de alguna manera, conseguía integrarse en la conversación respondiendo con algunas palabras en español y riéndose, desinhibido, a grandes carcajadas. Se lo pasaba en grande, entendiendo y sintiendo, de primera mano y por primera vez en su vida, el calor y el afecto de las gentes sencillas y extraordinarias. Ni bebía, ni fumaba, ni hablaba español, pero aquel día lo hizo todo. La magia de la buena gente, de la buena tierra.

La visita a Los Barrios fue agradable, pero también salpicada de momentos tristes por los recuerdos dolorosos de mi infancia que se desempolvaban en mi memoria. Desde allí nos dirigimos a la que considero mi pueblo natal, Chiclana de la Frontera. Visitamos a algunos familiares y amigos y disfrutamos de unos días de descanso en la playa. Reanudando el recorrido por mis antiguas residencias, llevé a Mike y a los niños a Villa Lichi. Este era el lugar donde había soportado años de miseria cuando aún era adolescente y del que finalmente me marché a mis dieciocho años. Sentados en el coche contemplamos la vetusta casa; ya era vieja cuando vivíamos allí. A Mike y a los niños les costaba creer que yo hubiera vivido en una casa tan miserable como aquella, repleta de enormes y repugnantes cucarachas negras. Para quitar dramatismo y sacar a relucir alguna cosa buena, les recordé que

Villa Lichi estaba situada a medio camino entre el pueblo y el mar y les conté lo mucho que me gustaba ir a la playa en mi moto. Esta historia les encantó.

En la intimidad de la noche conté a Mike algunas historias que nunca pensé que estuviera dispuesta a compartir. Creo que fue la primera vez que Mike comprendió de verdad la crueldad de mi padre.

Agotamos los últimos días de nuestro viaje recorriendo la costa atlántica y disfrutando de algunas experiencias más propias de turistas. Visitamos pueblos bonitos como Jerez de la Frontera, El Puerto de Santa María y otros. Nos adentramos hacia el interior de Andalucía y pasamos por Sevilla y Córdoba. Cruzamos el estrecho de Gibraltar hasta Marruecos.

Volvimos a California. Después de nuestro viaje por España y de una satisfactoria evaluación de mi titularidad, tuve una agradable sensación de crecimiento personal y profesional y, además, disfrutaba de una cómoda estabilidad financiera. Las dificultades de ser una madre trabajadora continuaron, pero el hecho de ser ya Profesora Titular me insufló un extra de fuerza y la voluntad para seguir adelante con mi vida, tal y como era. Todo un chute de energía vital. También estaba muy animada para viajar con mi familia a España en un futuro, a ser posible, no muy lejano.

Empecé a considerar que estaba haciendo lo mejor posible en mi trabajo y con la crianza y educación de mis hijos, confiando en su naturaleza innata y en su fuerza interior, pero, sobre todo, aceptando que había muchas cosas que no podía controlar. Intenté relativizar mis preocupaciones y dejar de culparme por sus comportamientos y por las consecuencias de sus actos. Empecé a no tomarme demasiado en serio el caos que parecía envolver mi vida, incluso a disfrutar de él. Convertí mis pequeñas tragedias en divertidas anécdotas: perder el teléfono dentro de la nevera; recoger a mis hijos del colegio a deshoras; olvidarme de las citas médicas; quemar la comida; y dejar mi coche encendido en los aparcamientos. Definitivamente, mi situación de madre trabajadora me dio mucho material para contar e, incluso, escribir. A medida que los niños crecían, el enredo constante y la incapacidad de mantenerme al día con mis responsabilidades diarias continuaban siendo mi reto.

Un hecho memorable —ejemplo de mis habituales despistes— sucedió el día de vuelta al colegio de Michael. Por la tarde se organiza un evento donde los padres, siguiendo el horario de sus hijos, atienden a todas las clases para conocer a los profesores y el currículo del curso que empieza. Los hijos no participan, solo los padres. Decidida a involucrarme en esta experiencia tan única, me dirigí a la escuela a la hora que marcaba el horario que tenía. Llegué puntual a clase. Casi al final del evento, descubrí para mi sonrojo que había seguido el horario de Max, el amigo de Michael. Todas las clases a las que atendí, e incluso cogí apuntes, no le pertenecían a Michael. Me sentí ridícula y aquella confusión me dejó la sensación de ser incapaz de hacer las cosas bien en los eventos escolares de mis hijos. Aquella anécdota nos dio a mi amiga Bonnie y a mí una buena razón para reírnos juntas de mis despistes y otro cuento más que añadir a nuestra larga lista.

Mis proverbiales despistes eran aceptados y tolerados con bendita paciencia por mis amistades, familiares y alumnos. Bien pensado, tenía su encanto.

CAPÍTULO 20

Rompiendo

"Que tu alimento sea tu medicina y tu medicina
sea tu alimento." - Hipócrates

MI SALUD SE DETERIORÓ. Rondaba los cuarenta años y algunos hábitos poco saludables que mantuve durante las dos últimas décadas acabaron pasando factura. Tomaba demasiado café y devoraba cuanta deliciosa comida se me ponía por delante; todo tipo de quesos —manchego, sobre todo—, una exquisita variedad de chocolates y mucho pan, al estilo español, generosamente untado con mantequilla o directamente empapado con aceite de oliva. Me convertí en la aspiradora de la cocina; acababa las sobras de las cenas de mis hijos. «La comida no se tira», era el lema con que lo justificaba. Siempre estaba en movimiento, ya fuera en el trabajo, impartiendo conferencias, corriendo de un edificio a otro o cuidando de mis hijos y haciendo las tareas de casa. Mi incesante actividad hacía que mantuviera la línea y no engordara. O quizás genética de canija. Pensaba que estar delgada siempre era sinónimo de buena salud y no me cuestionaba que mis hábitos pudieran ser perjudiciales. Nada más lejos de la realidad.

Tras mi viaje a España —a principios del semestre docente—

los zumbidos en mis oídos se hicieron más frecuentes y con intervalos en los que sentía vértigo. Padecía una especie de fatiga diaria y me dolía, sobre todo por la noche, el hombro izquierdo y la zona lumbar. También tenía dificultades con la digestión de algunas comidas. Mi médico detectó un ligero aumento del colesterol y la tensión arterial muy baja. El vértigo y la fatiga eran terribles. A veces, durante mis clases, tenía que sentarme fingiendo que pensaba o bien dejar a los alumnos que resolvieran un problema. Buscaba una pausa para sobrellevar la sensación de desmayo sin alarmar a mis alumnos. Pasé la mayor parte de mi tiempo libre —y de mis vacaciones de invierno, primavera y principios de verano— enferma con algún tipo de gripe. Durante el trabajo, mi cuerpo y mi mente —siempre con algo pendiente por hacer— se mantenían activos por la adrenalina que generaba mi estrés constante y por la cafeína que tomaba en exceso. Con frecuencia llegaba, extenuada, hasta el agotamiento. Acabado el semestre, mi frenético ritmo menguaba y entonces mi cuerpo se permitía enfermar. A veces me preguntaba cómo mi cerebro era capaz de elegir el momento preciso en que mi cuerpo podía enfermar para no interferir en mis responsabilidades docentes.

Para tratar los vértigos y las cefaleas mi médico me recetaba distintas medicinas. Segura de mí misma y desobediente, nunca las tomaba; no estaba dispuesta a medicarme para ocultar el problema sin intentar resolverlo, y ni siquiera sin entenderlo. Mi médico me animó a incorporar algún tipo de deporte en mi rutina diaria; según ella correr detrás de mis hijos o por el campus de Mills no era suficiente. Sin embargo, cualquier intento de hacer ejercicio, de alguna forma, debilitaba mi sistema inmunitario y, con las defensas bajas, las infecciones de garganta se hacían resistentes y duraban semanas. Después de cenar solía tener dolor de estómago y digestiones pesadas y muy molestas. Para aliviar los síntomas de indigestión antes de acostarme tomaba 'Pepto-Bismol'. Aunque de sabor agradable, sabía que era poco saludable, y estaba convencida de que estaba dañando mi cuerpo, proporcionándome un alivio temporal, pero perjudicándome a largo plazo. Leña al fuego. Pero no sabía qué hacer.

Mi amiga Bonnie y yo a veces íbamos a dar un paseo en bicicleta por el 'Iron Horse Trail', un interminable sendero ferroviario para peatones, jinetes y ciclistas que atraviesa nuestra ciudad. Disfrutaba de estos divertidos paseos, pero, por desgracia, al día siguiente me dolía la garganta y la cabeza. Parecía que no tuviera energía suficiente para hacer ejercicio.

No me lo dijo, pero creo que Mike razonaba de esta manera: Almudena es escéptica (o tiene miedo) del sector sanitario; cree que se recetan medicamentos en exceso y, además, con frecuencia, innecesarios; pero ESTÁ HECHA UN DESASTRE. ¿Cómo puedo ayudarla?

Sin consultármelo, concertó una cita con una doctora —la doctora Jain— en un Centro de Bienestar de Ayurveda. No entendía ni siquiera el significado de aquella palabra de origen indio, pero la palabra bienestar captó mi atención. Me gustó la idea. Pasé el año siguiente visitando la consulta y aprendiendo teoría y práctica sobre esta medicina alternativa; un sistema holístico de medicina tradicional originario del subcontinente indio. La medicina ayurvédica define la salud como un estado de equilibrio entre el cuerpo, la mente y el espíritu e incluye en su práctica, para la prevención y el tratamiento de enfermedades, la dieta y productos de herboristería. Es lo que se denomina una medicina mente-cuerpo, cuya premisa es despertar el equilibrio natural de la mente y el cuerpo para, hipotéticamente, curarse a sí mismo. Al principio me pareció intrigante el aspecto espiritual del Ayurveda. Durante mis citas prestaba mucha atención a la doctora Jain, tomaba notas y seguí la mayoría de sus consejos. Ya desde el primer día me hizo creer que no tenía ninguna enfermedad. Pero, yo pensaba, si mi cuerpo no estaba enfermo, ¿qué me pasaba? Estaba claro que no me encontraba bien. Y que este estado de salud no era normal.

Aún recuerdo uno de los primeros consejos de la doctora Jain. Hablaba del papel de las bisabuelas en las culturas orientales. Según ella, aunque no siempre se involucren, ellas están presentes en nuestras vidas y eso marca la diferencia. Me pidió que hiciera pausas diarias en casa en las que desempeñara el papel de bisabuela; quizá sentándome fuera de casa y respirando durante unos minutos. Insistió en que era fundamental que todos los días dedicara algún tiempo a relajarme y a estar en paz conmigo misma. Me tomé este consejo muy en serio, buscando cada día el momento y el lugar apropiado para serenarme y alejarme de las situaciones estresantes. No fue algo que lograra fácil y rápidamente, pero con el tiempo lo hice y mejoré. Pude integrar esta práctica de sosiego y distanciamiento en algunos momentos caóticos, pero no en todos. Hoy en día, en ocasiones, sigo practicando el papel de bisabuela; estoy presente, en calma, relajada y, a la vez, poderosa. Influyendo sin palabras o acciones la energía de los más jóvenes.

Como parte del plan, la doctora Jain me pidió que visitara a la psicoterapeuta de su clínica. Pedí cita con la esperanza de una conversación interesante o de aprender algo nuevo sobre los fascinantes entresijos de la mente, un tema que siempre me había llamado la atención. Para romper el hielo e iniciar conversación, primero me preguntó cómo me encontraba. Le contesté que tenía algunos problemas de salud, pero que mi mente no estaba tan mal. Intercambiamos unas palabras sobre mi vida, mis sentimientos y mi infancia. Me pidió que cerrara los ojos. Me sentí cómoda y expectante, sin saber muy bien adónde me quería llevar. Sin abrir los ojos, me pidió que recordara un momento de especial infelicidad en mi infancia. Con mis pensamientos a salvo en la inexpugnable fortaleza de mi cabeza —eso creía yo— volví con la imaginación a la época en que vivía en El Escorpión. Me pidió que volviera a un momento o algún incidente de aquella época asociado a emociones negativas. Me recordé de niña, sentada en el asiento trasero del coche, con mi padre al volante y su joven amante en el asiento del copiloto. Recordé cómo se burlaban de mí, me llamaban mosquita muerta y juntos me humillaban y avergonzaban. Me pidió que describiera al detalle todo cuanto pudiera recordar. Con estupor y sorpresa, comencé a llorar. Con mi llanto liberaba mucho dolor reprimido, pero también sentía vergüenza por hacerlo delante de ella, por mostrarme débil y emocionalmente vulnerable. Por revelarme sencillamente humana. Me disculpé por mi llanto mientras, con rabia contenida, me ordenaba a mí misma PARAR. En ese momento me pregunté por qué no tenía compasión por mí misma, cuando nunca le había pedido a nadie, ni siquiera a mis hijos, que dejaran de llorar. Me sequé las últimas lágrimas con los pañuelos de papel que me ofreció, y después de mi breve —pero dolorosa— historia, me pidió que volviera al momento presente, a la mujer adulta que ahora era. Volví de mi breve odisea mental. Y ahora, ya como Almudena-adulta, pude desplegarme, volver con todo mi ser a aquel momento pasado, a aquel suceso concreto, sentarme al lado y tomar la mano de aquella Almudena-niña y, mirándola a sus grandes ojos asustados, decirle que nunca más se sentiría sola, que yo estaba aquí para ella, para amarla y protegerla. Para siempre.

Mi primera sesión con la psicóloga tuvo un impacto tan inesperado como reparador. Afloraron pensamientos y sentimientos que ni siquiera sabía que aún pervivían en mí. Habían pasado ya tres décadas de aquel suceso, pero, de alguna manera, todavía me atormentaba que mi padre y su amante se burlaran de mí, todavía sentía el dolor. Realmente me molestaba la persistencia de aquel daño, pues nunca quise dar a mi padre y a su amante ese poder sobre mí. Aceptarlo fue difícil. En aquel momento con la psicóloga no logré entender la importancia de superar, de una vez por todas, el daño del pasado para tener una vida verdaderamente sana y libre. Salí de la consulta aprendiendo que, en momentos de miedo u odio, siempre podría cogerme de la mano a mí misma —desdoblarme mentalmente en dos— y solo con ello sentirme mejor. Se convirtió en mi pequeño secreto, mi pequeña e íntima ceremonia reparadora. Siempre podría entrar en mi mente y amar y proteger a aquella niña dañada, y a la adolescente rota que habitaba en mí. Incorporé esta técnica a mis herramientas personales y seguí con mi vida. No volví a ver a la psicóloga. Ahora valoro el gran poder de la psicoterapia. ¡Ojalá hubiese seguido con ella!

El equipo de la consulta de la doctora Jain también me aconsejó hacer cambios en la dieta; sobre todo dejar el queso y reducir el consumo de chocolate y cafeína. Estas sugerencias fueron fáciles de escuchar, difíciles de obedecer. Me resistía a la mayoría de aquellos consejos dietéticos por mi fuerte relación con la comida y mi mentalidad obstinada. Creía firmemente en mi dieta mediterránea casera, a base de ingredientes frescos y ecológicos, y no podía ver el efecto negativo de mis hábitos alimentarios. Pero la doctora Jain tenía una forma singularmente suave de meterme su filosofía en mi testaruda cabezota. Confié y seguí algunos de sus consejos e hice cambios en mis rutinas; por las mañanas sustituí mi habitual tacita de café expreso por agua tibia con limón y sal para hidratarme y ayudar a mi tensión arterial; me inicié en Kundalini Yoga y aprendí algunas técnicas de respiración; mejoré mi práctica de conciencia plena y meditación. Lo que estaba aprendiendo, e incorporando a mi vida, era emocionante y prometedor.

Sabía los cambios que tenía que hacer, pero me costaba integrarlos de una forma definitiva en mi ajetreada vida. No creía tener tiempo ni disciplina para comprometerme con ellos. Todo un reto: aguacate en lugar de queso, potaje de lentejas en lugar de cordero, champiñones en lugar de pollo, té matcha en lugar de café expreso, infusiones de comino durante el día, almendras o nueces como tentempiés, y tantos superalimentos nuevos para mí; cúrcuma, ashwagandha, jengibre, espirulina, arándanos y semillas de todo tipo. También el reto de luchar contra un mercado alimentario inundado de azúcar, sal procesada, harinas refinadas, grasas saturadas, aditivos, conservantes y miles de añadidos químicos de dudosa salubridad. Para colmo, la información sobre la composición y calidad de los alimentos era —por intereses comerciales— compleja y confusa. Me sentía abrumada.

Durante una de mis vacaciones de Navidad, mi dolor de garganta duró unas seis semanas a pesar de que tomé, en contra de mi voluntad, un tratamiento completo de antibióticos que mi médica habitual, con la mejor intención, me recetó. Desesperada, acudí nuevamente a la consulta de la doctora Jain, esta vez muy preocupada y convencida de que algo iba, irremediablemente, mal en mi salud. Le conté a la doctora mi persistente dolor de garganta y otros síntomas recurrentes. «Creo que tengo un problema de salud bastante grave», concluí, esperando que me diera alguna mala noticia o me enviara a un laboratorio para hacerme un montón de analíticas de todo tipo. En lugar de eso, me dijo con seguridad: «Almudena, tenemos que cambiar los alimentos que tomas». E, inmediatamente, sin pestañear ni dudarlo, me apuntó a tomar clases en su clínica con un chef para que aprendiese a cocinar un estilo nuevo de cocina vegetariana basada solo en productos naturales. Me enfrentaba a un dilema: por un lado, escéptica ante la medicina tradicional, por otro, insegura de tener la disciplina necesaria para cambiar por completo mi alimentación hacia una dieta vegetariana. Con estas dudas empecé mis clases de cocina.

El primer día le dije al chef Eddie que el queso manchego era uno de mis pilares alimentarios fundamentales. Subrepticiamente le estaba dando a entender que el queso no lo dejaría. Compartimos historias sobre la cultura y afición de los europeos hacia el queso, sobre todo los franceses, italianos y españoles. Mencioné que los quesos de buena calidad eran una parte fundamental de mi dieta por su contenido en calcio y proteínas. Pero también, sobre todo, seguramente por su efecto dopaminérgico en el cerebro. Solía decir: «Si un trozo de queso no me quita las penas, nada lo hará».

Eddie me pidió que, como primer paso, dedicara tan solo una semana a seguir sus consejos de cocina y alimentación. Aferrada con obstinación a mis costumbres, pero profundamente preocupada por mi salud, acepté, no sin antes espetarle una declaración de principios —y de actitudes—: «Chef Eddie, me encanta comer. La comida me hace feliz. Si me entra hambre o no disfruto con la comida, puede que tenga que abandonar su programa». Evidentemente, no era su problema sino el mío y, de alguna manera, lo estaba convirtiendo también en su reto.

La semana siguiente acudí todos los días a la consulta de la doctora Jain con mi cuaderno de notas y mi estómago vacío. El chef Eddie y yo cocinábamos juntos y comíamos lo que preparábamos nosotros mismos. Mientras cortábamos, hervíamos, guisábamos o aderezábamos me contaba historias milagrosas de cómo una dieta basada en verduras y plantas había mejorado la salud a personas con problemas realmente graves. Disfruté mucho con sus historias de curación y me inspiraban en mi lucha. Tomé consciencia de la importancia de la alimentación en nuestra salud e, incluso, en nuestro estado de ánimo. Una dieta saludable me protegería de las consecuencias de la malnutrición y de las enfermedades no transmisibles que mi estilo de vida generaba. El chef Eddie —un afroamericano atlético con toneladas de sabiduría para compartir— parecía tener un don especial para hacer convincentes sus ideas. Me inspiraba y deseaba aprender de él.

Con tan solo unos días practicando sus métodos culinarios y comiendo lo que cocinábamos, me sentí completamente diferente; todos mis síntomas desaparecieron: el dolor de garganta y la fatiga crónica. Mi tensión arterial volvió a los valores normales.

Dejé de consumir productos de origen animal —excepto huevos de gallinas camperas— y alimentos manufacturados enriquecidos con azúcar. El azúcar —dulce, tóxica, adictiva y letal— es uno de los mayores asesinos silenciosos, aprendí con chef Eddie. Empecé a leer el etiquetado de los alimentos envasados que compraba. Entre otras cosas, me escandalizaba comprobar que casi todas las salsas de tomate llevaban azúcar. Integré en mi dieta una variedad de verduras y frutas frescas y cereales y harinas integrales. Mis recetas de comida real estaban llenas de sabor, color y nutrientes saludables. No podría haber hecho esta transición hacia una alimentación rica y sana por mí misma. Por fin fui consciente de mis hábitos alimenticios nocivos, a base de azúcar, pan de harina refinada y grasas poco saludables. Mi ajetreada vida me incitaba a ello y no me dejaba verlo.

Con este cambio radical en mi dieta, gané en salud y energía. Me sentía con ánimo y con vigor. En un par de meses, mis alarmantes análisis de sangre pasaron a la normalidad. Pero lo más importante es que me sentí muy bien anímicamente. Asistí a la conferencia que el doctor Raymond Francis impartió en la consulta de la doctora Jain y seguí los consejos de su libro *Nunca Vuelvas a Enfermar*. Por recomendación de mi madre también leí y seguí los consejos de *Curación con Alimentos Integrales,* de Paul Pitchford. Continué mis lecturas con *Cómo No Morir*, del Dr. Michael Greger, y *Alimentación Consciente*, del Dr. Gabriel

Cousens. Los siguientes seis años de mi vida disfruté de una gran salud y no padecí siquiera un leve resfriado. Volví a lo básico, a la comida real y sin procesar: cereales integrales, verduras variadas y las recetas de judías y legumbres de mi madre con las que crecí.

Me sentía plenamente sana y enérgica cuando mi amiga Bonnie me animó a que empezara a jugar al tenis con ella. Enseguida me apunté a clases para principiantes pues nunca había practicado este deporte, o ningún otro, y ella ya gozaba de cierto nivel. Así pues, los siguientes cinco años los pasé alimentándome con la comida que me enseñó a preparar el chef Eddie, leyendo todo cuanto podía sobre medicina alternativa y filosofías del estilo y jugando con frecuencia al tenis. Me apunté a un club de tenis e incluso participé en competiciones de ligas recreativas.

El tenis se convirtió en mi nueva pasión y en una parte importante de mi vida: estudiaba tenis, soñaba con el tenis y practicaba casi todos los días de la semana. A primera hora de la mañana, nada más levantarme y aún somnolienta, movía los brazos simulando un golpe de fondo y visualizando la pelota de tenis golpeando la raqueta en el punto perfecto. Podía oír el sonido y sentir la emoción del golpe. Me obsesioné con el tenis y pasé horas y horas tomando clases particulares y practicando. El saque requirió años de dedicación y paciencia. No había practicado ningún deporte en mi vida, así que me costó años de clases y agotadores entrenamientos para lograr alcanzar un nivel de saque simplemente decente. Mi instructor se pasaba horas trabajando conmigo. Una vez apareció con un balón ovalado de fútbol americano en una de sus manos. Me lo lanzó suavemente al tiempo que gritaba: «Agárralo». Lo hice a duras penas, fingiendo ser madre americana. Entonces me pidió que se lo volviera a lanzar. «Bueno, nunca he lanzado una pelota que no sea redonda», le dije. Nos reímos. Su objetivo era enseñarme a utilizar todo el cuerpo para lanzar un balón de fútbol americano con su peculiar forma elíptica. Según él, este movimiento me ayudaría con mi saque de tenis.

Estaba decidida a ser la mejor tenista posible. Tenía una carpeta con notas en las que había dibujado diagramas detallados de las reglas de un desempate. Estudié, practiqué y, siguiendo los pasos adecuados, llegué a ser bastante buena. Puede que pensara tanto en ello que conseguí que mi primer partido de la organización de USTA terminara en un desempate. Mi oponente, mucho más alta y fuerte que yo, era sin duda mejor jugadora. La velocidad que imprimía a la pelota me pilló por sorpresa. Pero, en ese partido, lo di todo, quizás más de lo que podía, me esforcé al máximo rendimiento y logré ganarlo. Aquel día —lo recuerdo como uno de los mejores de mi vida a pesar de que, al principio, nada auguraba que lo fuera— logré algo especial no solo por mi victoria sino por demostrarme a mí misma que la pasión por algo, el trabajo duro y el creer en una misma finalmente ofrece sus maravillosos frutos. El cielo es el límite. ¡Me sentí fuerte! Indestructible.

Después de mi triunfo volví a casa satisfecha y pletórica. Junto a Nikki, mi compañera de tenis, durante muchos años competimos juntas en partidos de dobles. Ganábamos, perdíamos, pero siempre lo pasábamos en grande.

Mi rutina en los días laborables, acabada mi jornada de trabajo, era pasar tiempo con los niños, ayudándoles con los deberes y asegurándome de que cenaban saludablemente para después conducir hasta el club de tenis a reunirme con amigos. Los sábados me unía a la clase grupal, después me quedaba a jugar con los amigos y terminaba con Nikki, y otras amistades, tomando el almuerzo en la cafetería del club. A menudo aprovechaba la ocasión para dar a mis amigas consejos —a veces no solicitados— sobre alimentación consciente. Por la expresión de sus caras deducía que yo era la única que comía en exceso. Los domingos toda la familia acudíamos a clases de tenis con nuestro excelente profesor. Demostraba una enorme paciencia con todos nosotros, especialmente conmigo.

Este capítulo de mi vida fue estupendo. Me sentía sana, fuerte, eficiente en el trabajo, llena de energía y más consciente y capaz de disfrutar de ser madre. Continuamos con nuestros viajes y acampadas. Gané seguridad y fuerza para el senderismo con Mike y los niños, para montar en bicicleta con mi gran amiga Bonnie, para afrontar con éxito mi apretada agenda laboral y tener bajo control las exigencias propias de la vida. Mi vida profesional seguía siendo ajetreada, pero ahora me sentía mucho más segura en mi trabajo y aceptando mi futuro en el mundo académico.

Tenía cuarenta y ocho años cuando me ascendieron y me concedieron un semestre de año sabático. Dispondría de unos siete meses de permiso retribuido para trabajar en mis propios proyectos e investigaciones. En el verano de mi año sabático, disfrutando de una salud espléndida y éxito académico, viajamos a España, donde pasamos dos meses de vacaciones. Esta vez viajé acompañada de cinco adolescentes: mis hijos Michael, Brandon y Dylan, mi sobrino Dani, al que consideraba un hijo más, y mi joven hermano Jefferson. Habían pasado varios años desde que su madre, Jessica, había dejado a mi padre, y tanto ella como Jefferson habían pasado a formar parte de mi vida. Jessica y yo desarrollamos una estrecha relación y Jefferson se unió a la pandilla de niños. Michael, Dani y Jefferson tenían quince años, Brandon trece y Dylan once. Alquilamos una casa grande en Chiclana, junto al mar, en la playa de La Barrosa. Se enamoraron de mi pueblo, de Andalucía, de mi familia y de mis amigos de siempre.

Era mi segunda visita a España con los niños. Esta vez ya eran mayores y podían apreciar con criterio las bondades de aquel estilo de vida: tranquilidad y sosiego, largas noches de diversión, vida plácida en la playa, buena y saludable comida mediterránea, libertad para los adolescentes y un ambiente seguro. Michael, a pesar de su juventud, ya planeaba su jubilación anticipada en el sur de España y Jefferson un semestre de sus futuros estudios universitarios allí. Los recuerdos de aquel maravilloso verano nos acompañarán siempre.

En Madrid conduje, con los niños a bordo, a través del loco tráfico madrileño. Ellos confiaban plenamente en mí, pues se trataba de mi país y se suponía que yo sabía qué hacer y cómo conducir. La realidad era muy distinta: estaba completamente perdida. Los coches circulaban demasiado rápido y demasiado cerca para que yo pudiera pensar con eficacia y decidir las salidas correctas y los giros adecuados. Grité varias veces pensando que nos estrellábamos e, incapaces de seguir el sistema de navegación del coche alquilado, dimos bastantes rodeos innecesarios. Tras la pequeña y estresante aventura, por fin llegamos a nuestro hotel. El desfase horario que trastocaba mi ritmo circadiano, la adrenalina que fluía por mis venas, la impaciencia por la lentitud de aquel amanecer que me llevaría a mi primer café español y la emoción de estar en mi tierra, hicieron que no pegara ojo en toda la noche. Amaneció y por fin disfruté de mi ansiado café y unas tostadas de pan con jamón serrano y queso manchego. Con aquel delicioso desayuno rompí mi fidelidad a la dieta vegetariana a la que había sido leal durante los últimos cinco años. Volví a mis antiguos hábitos alimenticios sin pensarlo ni dudarlo.

Salimos, sanos y salvos, de Madrid y tomamos la carretera del sur. Si no había contratiempos, en unas seis horas estaríamos en Chiclana. Ya en nuestro destino, la primera parada fue cerca de la playa, en casa de Ana Mari y el Apio, mis amigos del instituto. Ella me preparó una deliciosa taza de café generosamente azucarado. Me olvidé —o me quise olvidar— de mis normas anti-azúcar y disfruté del café y de su compañía. Me sentía nuevamente como aquella adolescente que fui una vez junto a ellos. Desde allí nos dirigimos a la preciosa villa mediterránea que habíamos alquilado para las vacaciones, a tan solo un par de minutos a pie del mar. Dejamos amontonado el equipaje y, sin entretenernos en deshacerlo, nos encaminamos hasta mi querido y añorado océano. De pie sobre la arena, observando embelesada la playa de La Barrosa, sentí que llegaba al único lugar del mundo al que verdaderamente pertenecía.

Al día siguiente conduje hasta la cafetería donde dejaría a Michael para que participara en la excursión de fin de curso a la que mi amigo Apio, director del instituto, le había invitado. Era mi instituto de adolescencia —¡las vueltas que da la vida! — y me hacía mucha ilusión que mi hijo viviera esa experiencia. En cuanto les despedí, me senté sola en la cafetería. Absorta en el pequeño vórtice que generaba la cucharilla al remover el azúcar de mi café, reflexioné sobre lo feliz que me sentía en aquel preciso instante. Mi falta de sueño no lo impedía.

Emergí de mis pensamientos y salí a la calle en dirección a mi coche. Para mi sorpresa, no lo encontré donde lo había dejado. Estaba segura de haberlo aparcado allí, no encontraba explicación. Era temprano y la calle estaba completamente tranquila. Exploré con la vista el entorno hasta que en la distancia distinguí un coche que parecía ser el mío. Estaba lejos, al final de la calle con una pendiente en dirección al mar. Corrí hasta allí. No quise creer lo que veían mis ojos. Una vista para nunca olvidar: mi coche estampado contra un muro de cemento encalado. Olvidé meter la marcha y poner el freno de mano. La calle en cuesta y la gravedad hicieron el resto. Por fortuna, nadie se cruzó en su errático camino. Volví a la sucursal donde alquilé el coche y el seguro del automóvil se ocupó de todo. Ahora pedí un coche automático.

Michael hizo un montón de amigos en su excursión. Fue el comienzo de un verano de diversión, en especial para los niños mayores.

Gina nos visitó durante unas semanas y la diversión alcanzó otro nivel. En Marbella visitamos a mi prima Aruca y disfrutamos bailando flamenco —también reguetón— en los bares y chiringuitos y degustamos las deliciosas tapas de la zona. Durante el trayecto, Gina y los niños escuchaban, a todo volumen, música rap americana mientras bailaban y saltaban sobre el asiento del coche. Yo, prudente, los llevaba con mucho cuidado de pueblo en pueblo y durante altas horas de la noche.

Mike llegó para pasar con nosotros las dos últimas semanas.

Había sido el periodo más largo que habíamos pasado separados. Le recogí en la estación ferroviaria de Jerez de la Frontera. Me encontró con el pelo rizado en unos voluminosos rizos playeros naturales que él nunca había visto en mí y la piel muy bronceada. Me observó como si fuera la primera vez, con mirada de curiosidad y pasión. Sentíamos una gran atracción y profundo amor el uno por el otro y estábamos felices por volver a estar juntos.

El resto de las vacaciones lo pasamos recorriendo, de sur a norte, la costa de Portugal. Ahora éramos siete, Mike, yo y los cinco niños, y la diversión estaba asegurada. Desde Oporto cruzamos la frontera hasta Madrid. Atravesamos Castilla y León disfrutando de las ciudades y pueblos, repletos de encanto e historia, que encontramos en el trayecto: Ciudad Rodrigo, declarada Conjunto Histórico-Artístico; Salamanca, con su famosa Universidad; Ávila y sus rotundas murallas. De Madrid a California.

CUARTA PARTE

RENDIRSE

CAPÍTULO 21

Amar es doloroso

"Nuestros muertos nunca están muertos para nosotros, hasta que los hayamos olvidado." – George Eliot

VOLVÍ A CALIFORNIA, UNA VEZ más dejando experiencias y recuerdos inolvidables. Disfrutaba de una gran salud y mi círculo de familiares y amigos era inquebrantable. Sentía una profunda conexión y aprecio por toda la gente que formaba parte de mi vida, tanto en Estados Unidos como en España.

Mientras me hallaba de viaje por España, mi madre sufrió una insuficiencia renal, una condición grave en la que sus riñones dejaron de funcionar adecuadamente. Tanto ella como mis hermanos me lo ocultaron hasta mi vuelta. Encontré a mi madre frágil y debilitada, había perdido mucho peso y estaba más pálida que nunca. Nada más verla, y sin tiempo aún para comprender verdaderamente su estado de salud, me preocupé con una tristeza que superaba mi capacidad de expresarla. Por desgracia, en cuestión de unos meses sufrió un terrible derrame cerebral.

Recuerdo la llamada del hospital. A pesar de mi insistencia, no me ofrecieron muchos detalles sobre la situación real de mi madre. Alarmada, con el miedo y la horrible sensación de que mi madre estaba sufriendo, inmediatamente acudí a la clínica. La encontré dormida y respirando con normalidad; con todas las constantes vitales bajo control. Me senté a su lado. Parecía estar feliz. A última hora de la tarde despertó. Su voz, su mirada y expresiones no eran las de mi madre. No me reconocía. Sus débiles palabras no tenían sentido; se creía una sirena. Intenté, sin éxito, razonar con ella. Me pidió con dulzura que la llevara al baño para ver a la niña que acababa de dar a luz. La llevé. Con cariño, como una madre junto a su recién nacido, dijo palabras suaves y tiernas a su bebé imaginario. Mi corazón se partió en mil pedazos. Mi madre, su inteligencia, su sabiduría, su cariño y todo lo que yo conocía de ella dejó de existir. Solo quedaba su cuerpo físico y palabras que no le pertenecían. Cuando llegó la enfermera, mi madre la llamó pequeño diablo. Intenté hablar con ella como si se hubiese convertido en una extraña: «Mamá, soy Almudena, tu hija. ¿Cómo estás?». No me respondía. No parecía reconocerme, pero me quería a su lado. «Soy Almudena», le seguía diciendo con un nudo en la garganta.

No pude contener mis lágrimas y, apartando la mirada de ella, aproveché para llorar mientras hablaba por teléfono con mis hermanos, mirando a través de la ventana de su habitación. En cuanto acabé de hablar, sequé mis lágrimas y devolví una sonrisa tranquilizadora hacia ella. «Todo está bien, mamá, todo está bien».

El temor a perder a mi madre se hizo muy real. Me atenazaba con amargura. No había experimentado aquel tipo de miedo desde que perdí a mi abuelita en la adolescencia. Con mi abuelita ni siquiera tuve la oportunidad de estar a su lado mientras sufría. El universo fue cruel, pero ahora era diferente: con mi madre allí estuve yo. Desde entonces, tampoco había pensado demasiado en la idea de la mortalidad. Pero ahora, la certeza de la muerte me cogía por sorpresa y sin preparación —en realidad nunca se está preparado para ello—. Sentía que la vida de mi madre pendía de un hilo. Y si sobrevivía, ¿volvería alguna vez a mí, a ser mi madre, mi madre de siempre, la que me dice que tengo la cara bonita y la capacidad de conseguirlo todo? ¿La que me da ánimos cuando la vida se vuelve en contra mía? ¿La que me quiere sin condición?

Después de nuestra conversación surrealista, se durmió feliz en su nueva realidad. Pasé la noche a su lado, mirando los valores de sus constantes vitales parpadear en el monitor y vigilando su sueño, esperando que despertara para, tal vez, retomar nuestra extraña, pero dulce, conversación. El médico me aseguró que era demasiado pronto para saber cómo de afectado había quedado su cerebro y que tendríamos que esperar. Mi corazón flaqueaba aferrado a la esperanza. No podría vivir sin mi madre. Rogué, despierta y en sueños, que continuara viviendo. Me dije a mí misma que, fuera cual fuera la situación final, cuidaría de ella con el mismo amor y cariño que lo haría por mis propios hijos. De la misma forma que ante lo más cruel e injusto de la vida, ella cuidó de mí, por encima de su sufrimiento y realidad.

Los médicos hicieron eficazmente su labor y mis ruegos y rezos también fueron escuchados. Todo se conjuró para que, en menos de 24 horas, se despertara y volviera a ser ella misma. Me llamó por mi nombre y me dijo que solo veía bien con uno de los ojos. Me sentí como si acabara de ocurrir un milagro; mitad humano, mitad divino. Mentalmente, volvía a ser mi madre.

Los médicos diagnosticaron la pérdida de visión de un ojo,

alteración del sentido del equilibrio, del habla y de la coordinación de la mano derecha. Mi madre comprendió y asumió con resignación la nueva situación. Para cuidar de ella y ayudarla, Carmen y yo alternábamos la estancia en su casa, pero este arreglo solo duró unos días. Mi madre insistió en trabajar en su propia recuperación. Tenía los conocimientos y la práctica de haber trabajado fisioterapia con niños con necesidades especiales en España, y parecía saber exactamente qué hacer y cómo hacerlo. Se pasaba los días haciendo los ejercicios físicos adecuados y, en cuestión de meses, pudo volver a leer. Aquello fue un logro, pues ella me decía: «El día que yo no pueda leer un libro, ese será el día en que me sentiré muerta». Yo prestaba atención a su tenacidad y admiraba su disciplina y persistencia, pero, sobre todo, su orgullo. Un orgullo sin sombra de arrogancia. A todos nos sorprendió su recuperación y su extraordinaria fuerza interior.

Con su espíritu fuerte, su extraordinaria resistencia y una determinación total, logró recuperarse del ictus en tan solo unos meses. Algunos episodios de arritmia y otras alteraciones cardíacas —como taquicardias (latidos acelerados) y bradicardias (latidos muy lentos)— a menudo la llevan temporalmente al hospital. Podemos cuidarla y quererla, pero no controlar su salud futura. Tampoco cuánto tiempo estará en nuestras vidas. Creo firmemente que los años que pasó sufriendo el estrés —de alto voltaje— que los desmanes y abusos de mi padre le generaron, acabaron provocándole daños emocionales permanentes que ahora afloraban en forma de daños físicos. Siempre culparé a mi padre por ello.

Mi madre es fuerte. Solo puedo confiar en eso y en nuestra dedicación y amor hacia ella. Hoy sigue mirando de cara a su enfermedad cardíaca; plantándole frente, cuidándose y haciendo algún tipo de ejercicio cada día. Su mente es fuerte como el acero y su actitud, inquebrantable. Sus constantes visitas al hospital y las citas interminables con el médico siguen siendo nuestras batallas cotidianas. A menudo me imagino a mi madre como a una mujer muy mayor, en la plenitud de la vida y feliz. En el entrañable papel de bisabuela —quizás tatarabuela, ese es mi mayor sueño.

Algunos de mis más preciados amigos tuvieron suertes distintas. Después de que mi madre se recuperara de su derrame cerebral, mi amigo Mario fue ingresado, de repente, en la Unidad de Cuidados Intensivos del hospital Buenos Aires, aquejado de una grave afección cardíaca y pulmonar. Mario era mi colega en Mills, profesor de Estudios Hispánicos, y un compañero y amigo muy querido. Nuestros horarios de enseñanza se solapaban, de modo que nuestros caminos se cruzaban en el mismo edificio todos los martes y jueves. Nos dábamos un abrazo y dos besos mientras intercambiábamos algunas palabras en español y corríamos, con la prisa del que llega tarde, hacia nuestras respectivas aulas.

Durante muchos años, Mario y yo quedábamos para comer y charlar con calma de la vida, del trabajo o de los hijos. También se había hecho muy amigo de Carmen, que una vez fue alumna en una de sus clases de Cine Hispánico, mientras estudiaba la carrera de Biología Molecular en Mills. Mario apreciaba mucho a mi madre. A veces nos reuníamos las tres con él. Tenía el don, tan poco frecuente, de saber escuchar y era una de las almas más bellas que he tenido como amigo. El tiempo que pasamos juntos fue especialmente enriquecedor; de risas, sabiduría y exploración de otras formas de pensar.

En cierta ocasión me dijo que, con el paso del tiempo, nuestra felicidad surge de nuestra capacidad de amar a los demás. Incondicionalmente, aun sin ser correspondidos. Aquella frase, pronunciada con la musicalidad y el singular acento argentino de Mario, sigue acompañándome en mi práctica del amor incondicional.

Mario falleció. Fue una tarde triste y desolada. No recuerdo mucho más, solo lágrimas y angustia vital. Pasar por la entrada del edificio donde nos encontrábamos todos los martes y jueves me provocaba una profunda tristeza en el alma, una desolación que duró mucho tiempo. Echo de menos sus abrazos, su sonrisa, nuestras conversaciones sin fin, nuestros almuerzos y su infinito y eterno amor por la vida.

Ese mismo año, mi increíble y valiente amiga Gunilla perdió al amor de su vida a causa del cáncer. Zak y Gunilla formaban parte de toda mi biografía americana. Testigos de las luces y las sombras en mi vida, siempre me habían proporcionado amor y apoyo incondicional. Compartimos momentos inolvidables en viajes y fiestas en su casa, junto al mar, en la ciudad de Half Moon Bay. Zak llevaba una luz especial en su interior, una luz que seguirá brillando en los corazones de aquellos a los que amó. Recuerdo y añoro sus palabras y mensajes de ánimo. Para él, nada parecía ser un reto insuperable. Su idiosincrasia confiada pero prudente, pacífica pero fuerte, siempre pervivirá en el alma de su hijo Joaquín, en el alma de su pequeña Isabeau. Gunilla como madre soltera y trabajadora es un referente, una heroína para mí.

Compañeros de vida como ella son un preciado tesoro que aumenta su valor con el paso del tiempo.

Meses después perdimos a Steve, otro de mis amigos y colegas más queridos de Mills. Perdió la batalla contra el cáncer de páncreas. Aún siento el vacío que nos dejó. Me dio todo su apoyo y fuerza durante mi carrera académica, empujándome siempre a ser original y auténtica en el trabajo sin dejar de lado ni descuidar el amor a mi familia. Recuerdo aquel sábado por la mañana, que llegó a mi casa, se sentó a mi lado, y me dijo: «Hoy te voy a enseñar a escribir bien». Nunca lo olvidaré.

Estas pérdidas, tan inesperadas y frecuentes, de seres cercanos y queridos me llevaban a disquisiciones, profundas y trascendentales, sobre la fragilidad de nuestra existencia; sobre la vida y su sentido; sobre la muerte y su cruda inevitabilidad. Mi vida —la vida—, sin embargo, seguía avanzando sin tregua y a una velocidad que a mí me parecía cada vez mayor. La vida, en general, no se detenía ante cada muerte, en particular. Avanzaba sin tener en cuenta mis sentimientos y sin darme un respiro para el duelo, un tiempo para llorar la pérdida de mis amigos.

Para agravar mi tristeza, el casero de nuestra casa alquilada tomó la decisión despiadada, cruel y egoísta de cortar las cinco secuoyas macizas y sanas que teníamos en los patios trasero y delantero de la vivienda. Sin pensarlo demasiado, ni tener la cortesía de consultarlo con nosotros, cortó —mató— aquellos árboles centenarios, gigantes y poderosos. Con ellos acabó con la vida de miles de bichillos, ardillas y pajarillos. Sin la vida que daban aquellos árboles, la casa se convirtió en un lugar desangelado y triste. El espacio que, durante más de cien años, ocuparon los troncos, las ramas, las hojas y toda una miríada de pequeños animalillos que vivían allí, ahora solo era vacío. El hueco que aquellos árboles dejaban me recordaba constantemente el vacío de los amigos que ya no estaban. Ya no podía vivir allí.

Decidimos, en familia, mudarnos a otra casa. Brandon y yo hicimos el trabajo de búsqueda. Brandon tan joven pero decidido. Encontramos una vivienda mucho más grande en Álamo, a poca distancia del instituto de bachillerato, al que Brandon quería asistir. La nueva casa, de estilo tradicional, era muy espaciosa y estaba perfectamente preparada para una familia con adolescentes. Hice de la planta de arriba la cueva de los varones, con Brandon ocupando la habitación más grande. Mi intención era hacer del piso de abajo un templo de paz, con mi música preferida sonando de fondo y las figuras —recuerdo de mis viajes— decorando la zona del bar y el salón.

Nada más mudarnos intenté, sin éxito, darme a conocer y conectar con mis vecinos. Llamaba a las puertas y me presentaba, pero con la claridad del agua era evidente que no había reciprocidad y, más aún, ninguna intención por su parte de mantener el contacto más allá de nuestra breve presentación.

Una calurosa tarde de principios de verano, un mes después de mudarnos, Mike entabló conversación con un vecino mientras daba su paseo diario por el barrio. Mike le invitó a entrar en casa y, en cuestión de minutos, plantamos las semillas de una futura amistad. Arin, que así se llamaba nuestro vecino y nuevo amigo, nos invitó a su espectacular casa de estilo español con palmeras alrededor, a solo unas puertas más arriba de la nuestra. Esto significó mucho para mí, pues me moría de ganas por ampliar mi círculo de vecinos. Quizá por mi cultura española, soy el tipo de persona que quiere saludar a casi todo el mundo con el que se cruza; de paseo y hasta conduciendo por la autopista —¡y esto último es broma solo a la mitad! —. Aquella amistad era, al menos en mi mente, una gran oportunidad para satisfacer la necesidad de conectar e interactuar con personas nuevas. Siempre me ha gustado conocer gente y aprovechar la oportunidad de ver y experimentar la vida a través de las lentes con que los demás la miran. Me encanta escuchar sus historias particulares y sus actitudes vitales.

Por aquel entonces, me hallaba planificando otro viaje relámpago a España para impartir una conferencia en Barcelona. Me comunicaba por videollamada con Mili, mi mejor amiga de infancia. Mili llevaba ya varios años luchando contra el cáncer y ambas contábamos los días que faltaban para volver a vernos. Probablemente por última vez. Nos mandábamos mensajes todos los días. «Bichito, date prisa, que se me muere el cuerpo. Necesito verte una vez más», insistía, fuerte y animosa. Su cuerpo se aferraba a un hilo de vida. Un día hablamos durante horas por videollamada de WhatsApp. Su sonrisa conservaba la hermosura y el atractivo de cuando teníamos quince años. Planeamos nuestro reencuentro especial; nos sentaríamos en la playa de La Barrosa, una vez más, como siempre hacíamos de adolescentes, para ver juntas la puesta de sol, fumar un cigarrillo y planear un futuro juntas. Un futuro que nunca llegó. Las dos nos reímos con una extraña mezcla de alegría y tristeza. Tenía tanto que compartir con ella; cientos de ideas de cómo podíamos seguir marcando la diferencia la una en la vida de la otra. Nos descuidamos y no hicimos todo lo posible por mantener el contacto durante mis años en Estados Unidos. En cierto modo, yo la necesitaba más de lo que ella me necesitaba a mí; ella siempre fue más fuerte que yo, incluso en este momento tan aciago y vulnerable de su vida. Su espíritu era más grande y los obstáculos de su vida y su personalidad alegre, ajena a las peores circunstancias. Tenía una mente aguda e inquebrantable y una prodigiosa memoria repleta de recuerdos que yo olvidé. En nuestra videollamada recordamos cómo, de adolescentes, nos reíamos de todo, todo el tiempo. Incluso de nuestras propias sombras. Yo no quería ni marido ni familia; ella, sin embargo, había deseado ambas cosas. Yo no creía en el matrimonio, ella sí. Nunca se casó, pero tuvo un hijo, al que amaba infinitamente. Y una niña preciosa a la que tuvo que dar en adopción por razones que quizás nunca nadie entenderá. A esta última la quiso cada segundo de su vida. Su alma parecía invencible, pero su cuerpo no aguantó más. No pudimos hacer realidad nuestro último deseo. Dejó este mundo apenas un par de días después de nuestra conversación. «Lo has conseguido, bichito. Todos tus sueños se te hicieron realidad. Y te lo mereces todo», fue lo último que me dijo, con su fuerte acento gaditano, tan parecido al mío. Sus palabras resuenan en mi memoria y me atormentan desde entonces. ¿Merecía yo una vida mejor que la suya? ¿Qué es exactamente una vida mejor que otra? ¿Dónde está el criterio? ¿Quién lo define? ¿Dónde está la diferencia? No estoy segura. De lo que sí estoy es de que ella merecía mucho más —y mucho mejor— de lo que la vida le ofreció.

Me sentía impotente y vacía. Había dejado pasar los años ajena a los demás, demasiado centrada en mi propia vida y mis luchas personales como para darme cuenta de que lentamente perdía a mi mejor amiga. Ya no habría un mañana junto a ella. Solo quedaban recuerdos y mucho sentimiento de culpa. ¡Tanta culpa! La muerte de mi mejor amiga puso mi vida en pausa existencial. No podía encontrar el sentido a la vida. Solo quería estar a su lado. Tan solo una vez más.

El día que falleció Mili, recibí un mensaje de Arin, mi vecino. Me preguntaba si quería que nos viéramos antes de mi viaje. Desanimada, le conté la triste noticia. No recuerdo sus palabras exactas, pero hablaban del sentido —su sentido— de la vida y la muerte. Me pareció que tenía una comprensión de la muerte que yo no podía entender. Su mensaje no logró aliviar mi tristeza. Quizá Mili, ahora que el sufrimiento de su batalla contra el cáncer había cesado, estaba en un lugar mejor. Pienso en ella mientras miro hacia la nada y sigo diciéndole cuánto siento su muerte —cuánto la quise—. Luego respiro, me tomo un segundo e intento recordar el tiempo que pasamos juntas. Las veces que nos abrazamos, y las muchas que lloramos tanto de tristeza como de felicidad. Me gustaría volver atrás, revertir la flecha del tiempo y subirme a la montaña rusa de la vida junto a ella. Sueño despierta con ello. Pero mis lamentos no traen más que dolor.

Viajé a España para impartir mi conferencia en Barcelona y aproveché para visitar a Maruja, su madre, en Cádiz; de alguna manera en muchos momentos había sido como otra madre. En su casa guardaba pequeños recuerdos que Mili le había dejado para dármelos en cuanto me volviera a ver. Eran cositas corrientes y banales, pero muy valiosas para mí. Me recordaron «Aquellas pequeñas cosas», la canción de Serrat: «Son aquellas pequeñas cosas, que nos dejó un tiempo de rosas». Allí estaba mi muñeca favorita vestida de rosa con la que jugábamos de niñas y las pequeñas joyas que hacíamos de adolescentes e intentábamos vender. Y todas las cartas que le había escrito mientras vivía en Estados Unidos; en ellas le describía mis primeras luchas y lo mucho que la echaba de menos. «Te quiero Mili, pronto estaremos juntas, sonríele a la vida que vales mucho», son palabras que se repiten en todas mis cartas.

Hubiera querido estar cerca de ella durante sus años más difíciles. Me pido perdón por ello. Culpo a la vida y me perdono. Éramos inseparables, pero el destino, siempre tan caprichoso e impredecible, nos separó demasiado pronto. Justo cuando más nos necesitábamos.

Volví a California y nada más llegar, nos invitaron —a Mike y a mí— a una reunión de vecinos en la calle donde vivimos. A pesar de mi desánimo y mi falta de energía por el viaje tan reciente, acudimos al encuentro, con interés por socializar y poder conectar con un vecindario que hasta ahora parecía ser bastante frío. Envié un mensaje de confirmación a mi vecino y amigo Arin. No me contestó y aquello me pareció extraño.

Salvo por la expresión de un par de caras amistosas, en general no me sentí bienvenida. Mike fue muy participativo en las conversaciones, pero, al final de la reunión, pude percibir un cambio en su expresión y adiviné que algo no iba bien.

Como yo sospechaba, de camino a casa me dijo que tenía malas noticias para mí. Arin, nuestro querido amigo, había sufrido un infarto durante nuestro viaje. Falleció por la noche. Solo tenía cincuenta y dos años. Mi corazón, aun cicatrizando, se hizo añicos una vez más.

El verano llegaba a su fin y yo me encontraba perturbada y enfadada. Durante los siguientes meses tuve que hacer frente a una persistente confusión emocional salpicada con oleadas de dolor y rabia. Amigos que se habían ido para siempre, otros que luchaban contra enfermedades devastadoras y mi madre en la sutil línea que separa la vida de la muerte. La dura travesía por mi propio desierto de arenas aciagas y fatídicas me reveló, una vez más, lo frágiles que son nuestras vidas, la rapidez con que nos desvanecemos. Somos levedad. Apenas un parpadeo veleidoso. Tomar consciencia de todo ello me mostraba, por fortuna, lo valiosa que es la vida —cualquier forma de vida; de la libélula a la secuoya—, el valor inmenso de mi mundo particular, del mundo en su totalidad. Me cuestionaba si realmente pasaba suficiente tiempo con mis amigos y mi familia o lo desperdiciaba en un «ir y venir de aquí para allá» insustancial. Empecé a contemplar el mundo de mi alrededor de forma diferente, más consciente, comprendiendo que el mañana no es una garantía, sino una esperanza. No un hecho, solo una posibilidad. Que tan solo existe el hoy.

Con cada amigo que perdía, también lo hacía una parte de mí. El recuerdo de momentos preciosos y felices y de sueños compartidos se convirtieron en lacerantes heridas sobre mi corazón. Ya no están ahí —nunca estarán—, ya no podremos compartir nada. Solo permanecen en mis pensamientos, en mis recuerdos y, en ocasiones, en el papel, que el tiempo amarilleará, de mi diario. Ya no puedo conectar con sus necesidades y sus deseos. Ya no puedo compartir con ellos mis retos y frustraciones, mis anhelos y mis dudas, mis venturas y logros. Ni ellos conmigo.

Dejarles marchar es una tarea de por vida. Inacabada siempre. Sus vidas, una parte inseparable de la mía. Hasta que la muerte nos borre.

Estas pérdidas me hicieron reflexionar. Desde que llegué a los Estados Unidos fui capaz de afrontar, con valor y energía, circunstancias adversas y complicadas, sin dejar que nada ni nadie me indujera sentimientos de duda o de impotencia, pero perder a personas tan cercanas y queridas me causó una infinita tristeza que me costaba superar. Los días y las noches se sucedían, ajenos a las pequeñas historias humanas; el mundo continuaba girando. Como siempre había sido, como siempre será. Con el corazón roto, continué con mi vida. No podía ser de otra forma. No debía ser de otra forma.

CAPÍTULO 22

Llueve sobre mojado

"Creo en el sol, incluso cuando llueve." – *Anne Frank*

MIS CUARENTA AÑOS SE DESVANECÍAN, reluctantes, como el último suspiro del verano, enfrentándome a una nueva realidad. La pérdida de amigos y la angustia de ver a mi madre luchar contra sus problemas de salud me provocaron una tristeza más allá de mi control.

Los viajes por España habían sido especiales, me hicieron feliz, pero despertaron en mí recuerdos nostálgicos y una cierta añoranza por otros tiempos. Recordaba el estilo de vida que había vivido allí, en mi juventud: un buen café por la mañana en el patio de mi casa y, por la tarde, junto a la playa —creo que el sabor de aquel café no lo podría encontrar en ningún otro lugar del mundo—; cenas lentas y a deshoras con buenos amigos y con el mar de fondo; largos paseos sin prisa ni destino; baños en el océano; noches interminables con música y baile. Una cultura —la mediterránea, la española, la andaluza— que valora y prioriza las conexiones con familiares y amigos por encima de cualquier otra cosa. Y los domingos, el día en el que la familia se reúne a comer, charlar y disfrutar del momento. Me encantaba quedar el domingo para comer con Ana Mari, mi amiga del instituto, y su familia. Y después de una copiosa y exquisita comida, la sagrada siesta. Qué maravilla. Y después de la siesta, la piscina. Nos sentábamos alrededor de la piscina, en el borde, en las hamacas o directamente en el suelo, casi siempre descalzos y en bañador. Amigos, hermanos, padres, abuelos y nietos. Hasta vecinos y mascotas. Disfrutando del día y del hecho de estar vivos y juntos. No había prisas, ni intensidad, ni la necesidad imperiosa de trabajar sin descanso. Me maravillaba ver cómo mis amigos, a pesar de sus responsabilidades, eran capaces de desconectar y permanecer inmersos en el presente, capaces de dejar en pausa las obligaciones laborales y los problemas y darse libertad para saborear el momento. Admiraba la capacidad para disfrutar, en cuerpo y alma, de la compañía de los demás, prestándose mutuamente toda la atención. Estas reflexiones personales me hacían plantearme si realmente había hecho la mejor elección al elegir el camino de vivir y formar una familia en Estados Unidos, lejos de mi cultura que tanto apreciaba y de mi tierra natal, que tanto adoraba.

Vivir y trabajar en la ajetreada y frenética área de la bahía de San Francisco llevaba aparejado compromisos laborales y actividades programadas para casi todos los días de mi vida. En casa celebrábamos con asiduidad reuniones familiares en las que yo tenía que hacer malabarismos para lograr compaginar el trabajo con el ocio. La vida en constante multitarea resultaba estresante y caótica. Sin tiempo para el sosiego que una vida plena y saludable necesita. Un tipo de vida que me exigía más de lo que tenía, sin tregua y sin espacios en la agenda. Sin espacio ni tiempo para, sencillamente, no hacer nada.

Volver a Chiclana me hizo tomar conciencia de las distintas alternativas de vida que existen. Seguramente tantas como países y regiones, historias y culturas. En este ambiente sereno de mi tierra, mis amigos y el ritmo de vida me llevaron a adoptar un compás distinto, más pausado y tranquilo. Tras el almuerzo, mientras yo dormía la siesta, los niños se reunían en el patio. Allí se enzarzaban en animadas conversaciones alrededor de la mesa. Ellos disfrutaban al máximo de su tiempo libre y yo me sentía en la gloria.

Cada día experimentaba una felicidad inmensa y una profunda sensación de satisfacción y plenitud. Realmente inexplicable. Mis proyectos, trabajos de investigación, publicaciones y preparativos para los cursos bajaron su nivel de prioridad y pasaron, casi sin darme cuenta, a un segundo plano. Mis relaciones sociales con amigos y paisanos, los maravillosos momentos familiares y el ocio y la diversión subieron, por el contrario, su nivel de prioridad. La balanza de mis prioridades cambió su inclinación.

En la cultura mediterránea, el concepto y manejo del tiempo es diferente. Por las tardes, con el buen tiempo, los amigos y conocidos se reunían espontáneamente en la playa. Sin necesidad de programación, el encuentro surgía y funcionaba como por arte de magia. Recuerdo mis intentos ingenuos por establecer horarios concretos para la reunión con mis amigos. Esos planes nunca se materializaban. Bastaba con una simple declaración: «Nos vemos esta noche en tal o cual sitio». Y funcionaba. Allí nos encontrábamos todos más o menos a la misma hora. Daba la impresión de que yo era la única persona preocupada por el horario, agobiada por la presión de puntualidad y por llegar tarde o perderme algo. En mis años de juventud esta era también mi vida, pero, en los últimos 27 años, mi capacidad para relajarme o improvisar se había desvanecido.

Consciente de los diferentes ritmos que podemos dar a nuestra vida, ahora disfrutaba más que nunca de todo: de la comida, la playa, las amistades, la familia, los paseos, las noches y los atardeceres tranquilos. Por otro lado, sin embargo, valoraba mucho las oportunidades profesionales y académicas que ofrece el área de la bahía de San Francisco. También la diversidad de culturas y pensamientos y la facilidad con la que se pueden hacer las cosas. Me hallaba a caballo entre dos mundos, cada uno con sus pros y sus contras, pero con el corazón partido y sin pertenecer plenamente a ninguno de ellos.

Tras disfrutar de un cuerpo sano durante aproximadamente seis años, nuevos problemas de salud hicieron su aparición. Desde hacía más de un año, sufría dolores en el cuello que había estado tratando con terapias de enfoque holístico, como la acupuntura y la quiropráctica. Sin embargo, en lugar de mejorar, el dolor fue empeorando gradualmente, por lo que finalmente decidí acudir a un especialista, quien me mandó hacer una resonancia magnética.

Los resultados de la prueba mostraron una protuberancia discal irritada que me pinzaba dolorosamente el nervio de la parte superior de la médula espinal. La causa de estos problemas eran las largas horas que pasaba sentada en mi escritorio, agravadas por mi práctica del tenis. Probé con la fisioterapia y compré un escritorio ergonómico, pues quería evitar la dura decisión de tener que dejar de jugar al tenis. Aunque inyectarme un cóctel de cortisona y analgésicos me permitiría continuar con el deporte, no tenía intención de adoptar esas medidas, ya que en mi opinión solo ofrecen soluciones a muy corto plazo, y con consecuencias negativas a lo largo.

Finalmente, decidí darle un respiro al cuello y dejé de jugar al tenis, lo cual de inmediato alivió mis dolores físicos. Sin embargo, me sentí mentalmente destrozada y sin motivación para hacer ningún otro tipo de ejercicio, ya que el tenis no solo representaba una actividad física, sino que también era el centro de mi vida social y emocional. En el club tenía muchísimas amigas con las que reía y pasaba momentos buenos e inolvidables. En realidad, el tenis y el club eran mi droga de felicidad. De día a la noche, aquello desapareció de mi vida.

Semanas después de dejar el tenis, empecé a sentirme de repente muy débil. Los análisis revelaron que tenía anemia, que según mi médico, se debía a los cambios hormonales que posiblemente marcaban el comienzo de la menopausia. Esta palabra, tan desagradable como mal mirada, asusta a cualquier mujer, no solo por los trastornos que conlleva, sino también por la certeza del paso del tiempo.

No quise asociarme con esa condición de 'menopáusica'; me sentía joven y el concepto de no serlo ni se me había pasado por la cabeza. Pero, me gustara o no, no fue mi elección. En poco tiempo, mi ginecóloga descubrió que tenía varios fibromas de gran tamaño en el útero, lo cual me provocaba una menstruación casi ininterrumpida. Todo parecía ir en mi contra. Mis deseos de luchar por la salud, por la felicidad y las ganas de vivir se desvanecían.

Tras cuatro meses de seguir métodos curativos holísticos con el objetivo de restablecer el equilibrio hormonal e intentar combatir la anemia, finalmente consentí en someterme a una histerectomía parcial. Esta solución me dejó frustrada pues esperaba recuperar el control sobre mi salud sin necesidad de extirparme el útero. Incluso el médico que seguía mis tratamientos holísticos me recomendó la cirugía como solución final. Estaba furiosa.

Olvidando todo lo que había aprendido sobre meditación, visualización y enfoques curativos ayurvédicos, accedí a la intervención para extirpar mi útero sin prepararme mentalmente. Apenas recuerdo el proceso, pero la recuperación física nunca la olvidaré; fue dolorosa, mucho más que mis tres cesáreas. Y emocionalmente, mucho más difícil. En un arrebato delirante empecé a preguntarme si durante la operación el médico también me habría extirpado parte del cerebro. No me reconocía a mí misma. Tras mi recuperación me sentí un poco perdida, con una nueva percepción de mi realidad. No podía identificarme con mis nuevos sentimientos y emociones. Un día quería llorar y morir y al siguiente estar en la cima de una montaña bailando desnuda con el mundo alrededor mirando. Empecé a desarrollar un fuerte deseo por alejarme de mi vida actual. Yo sola. Quería estar sola. Sin que nadie pudiera seguir mis pasos. Sin tener que dar explicaciones sobre mis emociones o deseos a nadie.

¿Qué desvarío sufría? ¿Cómo podía querer alejar a todo el mundo de mí? A tantos que me querían, y que yo quería. ¿Cómo mi mente podía ser tan brutal? Este impulso, este pensamiento, me atormentaba día y noche. Me lo guardé todo para mis adentros, durante mucho tiempo, sin comprender lo que verdaderamente me estaba pasando. Por primera vez en mi vida estaba perdida, sin saber lo que realmente quería.

Un mes después de mi operación, mi doctora me envió una nota: «Hola Dena, Tus niveles hormonales sugiere un estado de perimenopausia». Rápidamente hice una búsqueda en Google. Perimenopausia significa «alrededor de la menopausia», una época en la que el cuerpo produce la transición a la menopausia y las hormonas de la mujer se vuelven locas y provocan una serie de respuestas físicas y emocionales como cambios de humor, irritabilidad y ansiedad. Un nivel elevado de la hormona foliculoestimulante significa que el cuerpo está hambriento de estrógeno, la hormona asociada a la juventud en la mujer. Una y otra vez la realidad me recordaba que los años pasaban.

La solución era la Terapia Hormonal Sustitutiva (THS) o pasar por los cambios aguantando la locura. Como apenas entendía el concepto de THS y no estaba convencida de que todo mi drama interno estuviera relacionado con los cambios hormonales, opté por la locura.

Esta transición en la vida de la mujer a veces se convierte en una lucha silenciosa, quizá por el significado profundo que encierra sobre la pérdida de la juventud, la prueba palpable del paso inexorable del tiempo y los ciclos de vida. Con frecuencia bromeamos y frivolizamos con la menopausia y el envejecimiento, pero rara vez reflexionamos y conversamos sobre su trascendencia vital. Los síntomas físicos y, sobre todo, los efectos psicológicos de esta etapa no son bien recibidos o comprendidos por quienes nos rodean. Ni siquiera por nosotras mismas. La llegada de la menopausia quizá desencadenó mi crisis interna personal. O quizás no. Una vez la comprendí mejor, empecé a llamarla por su —tan desgastado— nombre: la crisis de la mediana edad.

Escondí esta nueva lucha en mi particular cajón de los secretos y, como mirando para otro lado, me puse a trabajar en la redacción de mi siguiente publicación. De vuelta a la rutina, y tragando la bilis de mis emociones antes de que se exteriorizaran, entré en el laberinto de un estado emocional mucho más profundo, triste y nostálgico. Ahogando las emociones que pugnaban por emerger e interiorizando una enorme cantidad de sentimientos incómodos, pasé la mayor parte de mis días escribiendo los resultados de mi investigación y programando nuevos planes de estudios.

Mientras cosechaba éxitos académicos, mi mundo interior se desmoronaba como un castillo de arena bajo la lluvia. Sin una explicación clara, mis sentimientos de tristeza derivaron hacia la ira y la rebeldía. Reapareció aquella adolescente rebelde que ya creía superada o, al menos, eternamente dormida, pero ahora sin objetivos concretos ni nada que lo justificara, salvo mis propios pensamientos. Como el pez que se muerde la cola, me devoraba a mí misma. Décadas esforzándome, con dedicación y disciplina, por hacer lo que creía correcto tanto para mí como para los demás, y de pronto me encontraba en un estado mental en el que mis pensamientos ya no parecían los míos. Empecé a cuestionar las decisiones importantes que había tomado en mi vida, incluida mi relación con Mike. Lo alejé con todas mis fuerzas. En una ocasión incluso le grité. No quería lastimarlo, pero lo hice. Necesitaba que se alejara de mí, aunque mi amor por él seguía allí, enterrado bajo muchas capas de confusión. Me sentía atrapada por todas las decisiones que había tomado, por todos los caminos que había elegido. Cientos de caminos que nunca recorrí quedaban lejos, intactos y por hollar, sin retorno posible. Mi vida presente era el resultado de millones de pequeñas y grandes elecciones. Y todas mis opciones pasadas se convirtieron en ruido mental, como el ruido estático de un televisor por sintonizar. Las luchas como madre trabajadora, la incesante batalla con mi salud, los amigos que había perdido de repente, el frágil corazón de mi madre y mis hijos convirtiéndose en adolescentes, junto a mis cambios y pensamientos sobre la menopausia, dieron como resultado una mente turbulenta y agonizante que perdía el control de sus emociones. Sentía el vértigo de la finitud de la vida, de mi vida, del tiempo que se me acababa, de la vejez que se aproximaba antes de lo que deseaba y esperaba. Del final que se divisaba en el horizonte.

Mi hermana Ana había estado viviendo con nosotros en aquellos días en los que mi mente, traicionera, trabajaba en mi contra. Estaba muy unida a sus sobrinos adolescentes, mis hijos. Para ellos era la tía 'guay' que, incluso con sus cuarenta y pocos años, seguía comportándose como una quinceañera. Era exactamente lo que mis hijos y yo necesitábamos. Me ayudaba a llevar a los niños al colegio los días en que no trabajaba y, por las tardes, pasaba el tiempo hablando conmigo mientras yo preparaba la cena. Nunca le hablé de mis sentimientos, pero sus historias diarias eran una especie de terapia para mí, pues me hacían reír y ofrecían una perspectiva diferente a mis problemas. Era la única persona que podía hacerme sentir normal de nuevo, aunque solo fuera temporalmente. Le contaba las preocupaciones que tenía con mis hijos adolescentes, y ella siempre respondía: «No tienes nada de qué preocuparte. Estos niños lo tienen todo resuelto. Son como yo». No estoy segura de que me sintiera muy aliviada por la última afirmación, pero, de alguna manera, me hacía sentir mejor.

Ana siempre ha tenido una actitud optimista ante la vida, siempre mirando el vaso medio lleno incluso en situaciones difíciles. Creo que yo no sobreviviría ni un solo día en su papel y en su lugar. Ella vive la vida buscando constantemente la emoción, al borde mismo del peligro y la inseguridad. No le tiene miedo al mundo y nada la detiene. Es un espíritu libre y, a su lado, yo sentía el mío constreñido y contenido. Mi vida era opuesta a la suya. Yo lo elegí. Mi corazón indómito se domesticó con los años. Pasé de ser una joven energética, y aunque rota, libre de elegir mis pasos por muy difíciles que fuesen, a una esposa formal y madre dedicada, con una vida rodeada de comodidad y seguridad y acorde a las normas sociales establecidas. Ana vivía y sigue viviendo una vida que supera los sueños más salvajes de muchas mujeres. Difícilmente una novela podría recrear con acierto sus historias estrambóticas y extraordinarias. Su periplo vital y sus experiencias no se parecen a las de ninguna otra mujer que yo conozca. Independientemente de nuestras elecciones pasadas y los senderos que elegimos seguir cada una de nosotras, durante aquellos noches nuestro espíritu era el mismo.

CAPÍTULO 23

La tormenta interior

"Creo que, de alguna manera, aprendemos quiénes somos realmente y luego vivimos con esa decisión." – Eleanor Roosevelt

A MEDIDA QUE ME ACERCABA a los cincuenta, mi mundo interior se volvía cada vez más turbulento. Intenté escapar de mi fuerte agitación emocional escribiendo en mi diario de forma parecida a como lo hacía durante mi adolescencia: siendo consciente y manteniéndome presente en la realidad de mis emociones mientras abordaba mis sentimientos sin preocuparme demasiado ni proyectarme hacia el futuro. Las notas en mi diario eran cada vez más intensas. Escribía continuamente, casi sin levantar el bolígrafo del papel. Mis pensamientos brotaban y saltaban atropelladamente; tan rápidos que, con frecuencia, ni siquiera lograba acabar las frases.

Me cuestioné todo sobre mi presente, todo lo que configuraba mi vida actual.

¿Por qué no tengo más publicaciones de investigación? ¿Por qué no hago más trabajo voluntario? ¿Por qué no gano más dinero? ¿Por qué mi casa está siempre desordenada? ¿Por qué mis hijos son tan traviesos? ¿Por qué no paso más tiempo con mi madre? ¿Por qué siempre tengo prisa? ¿Por qué ya no siento pasión? ¿Por qué no salgo más a menudo con mis hermanas y amigas? ¿Por qué la vida se me va de las manos? ¿Por qué…?

Ninguna de estas preguntas tenía sentido, porque la vida, aunque con sus dolores, me ofrecía todo por lo que yo había trabajado. Tenía publicaciones, hacía voluntariado, ganaba un buen salario, mi casa no estaba tan mal, mis hijos eran traviesos porque estaban sanos, hablaba con mi madre todos los días y nos veíamos a menudo, iba con prisa porque así es mi condición, porque quiero conseguir y llegar a más, salgo a menudo con amigas y con hermanas increíbles, y aunque los años pasaban, seguía siendo una mujer fuerte con la posibilidad de muchos años por delante.

Estas preguntas, quizás ahora ridículas, atormentaban mi existencia. Parecía que en un abrir y cerrar de ojos, todo aquello que daba sentido a mi día a día se había desvanecido, dejándome una sensación de vacío y de pérdida de control.

A pesar de contar con una vida llena de logros y buenas relaciones, algo dentro de mí se había resquebrajado. La llegada de la menopausia, la renuncia al tenis, la perdida de mis amigos, el corazón de mi madre y los problemas de salud se habían conjugado para generar una crisis interna que me hacía cuestionar el rumbo de mi existencia. Eran demasiados cambios a la vez, que me dejaban desconcertada y sin saber cómo afrontarlos.

Me sentía vacía. Afrontando como una espesa niebla que te impide ver y no puedes tocar. Agonizaba con pensamientos recurrentes sobre la idea de huir de todo por lo que había trabajado, de todo lo que había incorporado y construido en mi vida. Sufría con mis propios logros y sueños y sentía el fracaso. Nada parecía tener sentido. Nada parecía un triunfo. Incluso las partes más valiosas de mi vida me hacían sentir atrapada. Crecía mi preocupación por perderlo todo, y todo por culpa de mi mente, de mis agotadores pensamientos incontrolables. Me sentía muerta por dentro, agobiada por la desesperación y presa de una terrible sensación de soledad. Ni siquiera podía escuchar o cantar mi música flamenca sin que me embargara una profunda tristeza irracional que no podía entender. Me sentía extraña. Irreconocible frente a mi espejo interior.

Mi escritura estaba llena de puntos suspensivos y con frecuencia se emborronaba en lágrimas, repleta de frases inacabas que no sabía continuar si no era con el lenguaje de la emoción. Pero el lenguaje de la emoción carece de palabras. No podía evitar escribir constantemente la palabra FUCK, quizás mucho más vulgar que la traducción española 'Joder'. Nunca, hasta entonces, había usado esta palabra, ni escribiendo ni hablando, pero, durante este tiempo, amplié mi vocabulario con voces malsonantes y emotivas que me ayudaban a expresar mejor mi agitación interior.

Mientras escribo estas observaciones sobre la palabra FUCK, me viene el recuerdo de una alumna que, durante una clase, y justo después de que yo arreglara rápidamente su código informático, expresó su gratitud en voz alta: «¡Me has salvado la jodida vida!». Me sorprendió su expresión espontánea, pero, a la luz de mis propias turbulencias internas, aprecié su honestidad y pasión. Parecía tan sincera y real. Casi quería ser como ella. Una alumna, de otra clase, también empezó —o quizá, se atrevió— a utilizar aquella palabra —soez pero liberadora— para expresar sus sentimientos. Y de repente aumentó mi estima por esa palabra. Incluso encontré un artículo —¡hay estudios sobre todo! — donde se concluía que usar palabrotas es señal de inteligencia. A mis hijos aquello se les daba genial así que ¡me uní al JODIDO club!

Como una especie de terapia sanadora, me obligué a practicar todas las noches la gratitud, el agradecimiento por todas las cosas buenas que tenía en mi vida: soy tan JODIDAMENTE afortunada de tener familia y amigos, una JODIDA carrera profesional que me encanta, un JODIDO trabajo satisfactorio y un marido de ensueño que constantemente me muestra un aprecio tan JODIDAMENTE agradable que me está poniendo enferma de culpa por no ser capaz de demostrarle más amor. Por último, Carmen me compró un diario personal titulado «Zen as FUCK». Y Bonnie me regaló un expositor de madera: «FRIDAY, mi segunda palabra favorita que empieza con F». Sin duda, me entendían.

Me rebelaba contra mí misma, contra todo lo que era y representaba. Me sentía completamente atrapada en mis roles de esposa, madre y profesora y nada parecía tener sentido. Sentía una tristeza infinita. Mis cincuenta años estaban a la vuelta de la esquina, me esperaban sin piedad, me acechaban como el depredador a su presa. Pronto me darían la bienvenida y despedirían, socarrones, a mis años de juventud. «Los puntos están aquí otra vez... la tristeza se apodera de mí... increíble... increíble... y ahí voy... la JODIDA palabra otra vez. JODER, JODER, JODER, voy a cumplir cincuenta años. ¿Alguien puede ayudarme?» —escribí, desesperada, en mi diario.

Nada he amado más que a mis hijos y, ahora, por primera vez en la vida, me sentía desconectada de ellos. Eso, quizás, era más doloroso que cualquier otra cosa. Crecieron casi sin darme cuenta y estaban cambiando demasiado deprisa. Ya no eran aquellos niños traviesos pero adorables, sino adolescentes formados con sus propios criterios y agendas. Ya tenía muy poco control sobre ellos. Tuve que dejar de tomar decisiones por ellos porque sentía un fuerte rechazo y peleas donde siempre perdida yo, agotada y sin palabras. Lenta y dolorosamente acepté la nueva realidad y aprendí a mantenerme en los márgenes donde evitar discusiones que no llevaban a ningún acuerdo. Todo me lo rebatían y todo me lo discutían. El inicio de la adolescencia es, para una madre, como un segundo nacimiento de su hijo; inesperado, implacable y, sobre todo, incomprendido.

En retrospectiva, creo que uno de los errores que cometí como madre fue tratar de amoldar a mis pequeños en algo en lo que no encajaban de una forma natural. Lo intenté todo: piano y violín, meditación y yoga, planes de estudios avanzados en matemáticas —en el prestigioso Circulo Matemático de Berkeley—, clases de codificación, y, por si fuera poco, aprendizaje extra de todo tipo en verano. Ninguna de estas actividades impuestas fue una experiencia agradable para ellos; a mis hijos nunca les entusiasmaron las actividades formalmente estructuradas. Lo más patético fue mi ridícula propuesta de que dejaran sus aparatos electrónicos en la cocina a las nueve de la noche, justo antes de acostarse; en realidad nadie se iba a dormir antes de, con suerte, medianoche. Era una tediosa batalla diaria que siempre ganaban ellos. Y la ganaban por agotamiento; yo era la primera en quedarme sin energía. Me quedaba dormida mucho antes que ellos, agotada y con un solo deseo antes de que Morfeo me acogiera en sus brazos: espero que se cepillen los dientes.

Mantenerme en mi senda —en mi relación con mis hijos adolescentes— significaba no forzar el control sobre sus propias elecciones, por supuesto siempre que no conllevaran peligro o riesgo de algún tipo; elegir el momento adecuado para darles consejo; saber guardar silencio en el momento oportuno y asumir que no dejarles fracasar por sí mismos suponía privarles de grandes oportunidades de aprendizaje.

Los libros del Dr. Daniel J. Siegel fueron el ancla que evitó mi naufragio. En ellos aprendí el concepto de corregulación; es decir, la manera cómo el adulto se coloca en la relación con el niño influye totalmente en su desarrollo y en su vinculación consigo mismo y con los demás. Básicamente, la importancia de estar centrada y tranquila cuando los adolescentes se portaban mal; cuando se negaban a ponerse el cinturón de seguridad en el coche, cuando no se levantaban para ir al colegio y cosas así.

De pequeños, no me molestaban demasiado sus pequeñas travesuras ni su conducta desobediente, y si me estresaban, eran momentos que iban y venían. Luchar contra sus comportamientos inquietos era agotador, pero los aceptaba como parte de ser madre. A pesar de todo, en cierto modo, yo seguía tomando la mayoría de las decisiones importantes.

Ya de adolescentes, todo cambió; continuamente me cuestionaban y me retaban, lo que me dejaba desarmada y con una sensación de impotencia que me enfurecía con facilidad. «Estás que echas chispas, mamá...», me decían con frecuencia, y siempre con sonrisas de pitorreo. Aquellas palabras y actitudes de 'no-voy-a-hacer-lo-que-me-dices' me encrespaban aún más. Definitivamente, no lograba comprender a los adolescentes.

Los libros del Dr. Siegel me enseñaron que, en esos momentos de conflicto, la clave estaba en mantener la calma y la conexión emocional con ellos. En lugar de enfadarme, tenía que relajarme y esperar al momento oportuno para poder tener algún tipo de conversación. Debía de colocarme en una posición de adulta regulada y serena. Si me salía de mis casillas, ya perdía mi batalla. Esto no era fácil, pero estaba convencida que era la única manera. Poco a poco, fui aplicando estos principios de Dr. Siegel, recordando siempre lo muchísimo que los quería, y confiando que en unos años llegaría un poco de madurez.

Michael, a medio camino entre los quince y los dieciséis años, se encontraba en plena adolescencia rebelde. Los días con él eran todo un reto; conversaciones extremas que acababan en acuerdos poco convencionales y completamente distintos de los planes que teníamos para él. Una mañana de camino a su Instituto me di cuenta de que llevaba los pantalones del pijama y una sudadera con la capucha sobre su cabeza. Música rap de fondo. Ese día escribí en mi diario: ¿Cuántas veces en mi vida podré sentarme al lado de mi adolescente de espíritu salvaje, el mayor de mis hijos, vestido en pijama conduciendo hacia el Instituto y escuchando rap? *Toosie Slide*, la canción del rapero Drake, se convirtió en una de mis canciones favoritas. Me recordaba a mi propia adolescencia: yo tampoco era una adolescente convencional.

Ahora, superada la adolescencia y ya un joven adulto, no vive en casa. Echo de menos a mi pequeño, a mi adolescente travieso, con sus risas y su mente brillante. Aquellos días eran especiales y se me escaparon de las manos ¡tan rápidamente!

Entre semana, después del trabajo, mi rutina diaria consistía en saludar a mis hijos, cocinar —música y delantal—, comer, ayudar con los deberes y terminar la tarde con un entrenamiento físico intenso. En el gimnasio empecé a escuchar reguetón a todo volumen en mis auriculares lo que me incitaba a correr en la cinta todo lo rápido que podía, hasta alcanzar el punto en que me costaba respirar. Experimentaba un extraño alto nivel de energía y un estado inesperado de ansiedad. El correr se convirtió en mi obsesión al final de mis días.

Para distraer mi mente y, de paso, añadir un poco de diversión a mi vida, me apunté a clases de Zumba. Me gustaron tanto, que en poco tiempo pasé al siguiente nivel y me inscribí para obtener la licencia de instructora. El día del examen para obtener la certificación, baile y seguí una coreografía con un grupo de jóvenes latinas que bailaban de maravilla. Yo ni coordinaba ni distinguía los diferentes estilos de baile latino. ¿Cuál es la diferencia entre salsa, cumbia o merengue? Todavía no lo sé. Durante la prueba, ni siquiera pude hacer el característico movimiento de ondas corporales de la Zumba. Como un pájaro extraño en medio de una bandada de estorninos, estaba completamente fuera de lugar, pero yo me lo pasé genial y me reí un montón. Las chicas soñaban con hacer carrera en el baile y enseñar Zumba para ganar un poco de dinero. Yo, en cambio, ya tenía una carrera de éxito, pero andaba en busca de algo que me hiciese sentir pasión.

Superé las pruebas, pagué 300 dólares y obtuve mi licencia. De repente, ¡era una instructora titulada de Zumba! Enmarqué mi certificado y lo colgué junto a mis tres títulos de la Universidad de Berkeley. En pocos meses creé una rutina de Zumba, de una hora de duración. Una vez que me sentí lo suficientemente cómoda con mi rutina, la bailé con mis estudiantes y con algunos profesores, en Mills. También lo hice con amigas en los patios traseros de nuestras casas. Diseñar esta rutina requirió una gran cantidad de tiempo y trabajo pues tiendo a bailar a estilo libre, sabor flamenco, y nunca he sido medianamente capaz de seguir una coreografía. Fue un logro conseguido con mucho esfuerzo, pero super divertido y que, durante un tiempo, me aportó alivio y pasión y calmó, además, parte de mi energía extra. A veces todavía, cuando necesito levantar el ánimo, sigo bailando mi rutina en el garaje de casa.

Mike estaba dispuesto a hacer lo que fuera necesario para igualar mi nivel de intensidad en mi búsqueda de pasión. Quería asegurarme el máximo de experiencias y diversión antes de cumplir los 50 años, con la seguridad de que los 50 serían una especie de cadena perpetua que me privaría de muchas cosas, un umbral que cruzaría sin vuelta atrás. Con esta idea de fondo, compré un traje de neopreno y me fui a nadar al gélido océano Pacífico del norte de California. Si esta experiencia no espolea y centra mi mente, nada lo hará, —pensé, segura de mí misma—. Casi me congelo. Aquello tampoco surtió el efecto que buscaba. Volví a equivocarme; mi comportamiento obsesivo-compulsivo y mis sentimientos de tristeza no me abandonaban. Me sentía atrapada hiciera lo que hiciera. Perdí la parte de mí que quizás siempre más cuidé y amé; la pasión.

Mientras la idea de huir se fortalecía y afianzaba en mi interior, recordé la promesa que le hice —y me hice— a Michael aquella noche en el hospital, cuando aún era un bebé. Siempre estaría a su lado, a pesar de las dificultades y especialmente en ellas. Sabía muy bien que, en contra de lo que pueda parecer, los adolescentes necesitan a sus madres tanto como de pequeños. No lo expresan ni lo demuestran, pero necesitan sentir que sus padres están siempre ahí, como faros marinos en la niebla, como luminarias en mitad de sus oscuridades de adolescencia. Consciente de todo eso, necesitaba encontrar la manera y la fuerza para sobrevivir y superar mi particular tormenta personal.

Aquel jueves parecía un día normal. Café por la mañana, mi música favorita mientras conducía al trabajo, clases animadas y con interacciones enriquecedoras con mis alumnos y —satisfecha por mi trabajo— vuelta a casa para acabar mi rutina cotidiana. Mike se encontraba de viaje y yo estaba sola en la cocina cuando, inesperadamente y de repente, sentí que mi garganta se cerraba. Una agonía aterradora se apoderó de mí. Se me escapaban las lágrimas y me entró un dolor horrible en la garganta y en el pecho mientras perdía la capacidad de respirar. Para no asustar a mis hijos, corrí, sigilosa y como pude, al baño. Por un momento pensé que aquello era el fin, que me estaba muriendo. Nunca había experimentado algo así. Quería huir lejos de allí, a un lugar donde nadie pudiera encontrarme, un lugar donde nadie pudiera sentir mi dolor. Donde poder expresar mis sentimientos más profundos sin hacerle daño a nadie. Sentía que ya no pertenecía a este mundo y temía no ser capaz de volver hacer lo correcto en mi vida como madre, esposa, profesora, mentora, hija, hermana o amiga; ni una sola vez más. Mi mente era un enjambre de pensamientos caóticos dando vueltas sin cesar; me abrumaba una sensación de incapacidad y cansancio.

Cuando recuperé un poco de calma me pregunté a mí misma

si esa angustia que se apoderaba de mí procedía de algún trauma soterrado y no resuelto, de alguna vergüenza infantil no superada, de una sensación de hipocresía e impostura. O quizá de nada de todo eso; simplemente estaba perdiendo la cordura. Desconocía la verdadera causa, pero actué. Sequé mis lágrimas, esperé un poco, me recompuse, me senté en el baño a hacer ejercicios de respiración y finalmente envié un mensaje de texto a mis amigas Bonnie y Trish. «¿Alguien quiere venir a tomar una copa de vino conmigo?» No compartí con ellas mi experiencia ni mi estado mental. Sé que hubieran acudido rápidamente, y que lo hubieran hecho con sinceridad y cariño —aunque saben que no suelo beber, ni tener, vino en casa—, pero en aquel momento no pudieron dejar sus cosas y acudir a aquella cita tan inesperada y caprichosa. El hecho de enviar aquel mensaje de texto, un poco bobalicón y fuera de lugar, fingiendo que estaba de muy buen humor, me arrancó una leve sonrisa. Salí del baño, con mi mano suavemente acariciando mi garganta, y volví en la cocina. Brandon bajó de su habitación y me enseñó la pistola que había construido con papel y gomillas. Sonriente y orgulloso de su construcción, me explicó cómo funcionaba. Aquello me devolvió al presente. Mi hijo, sin él saberlo, me liberó de mi inexplicable momento de pánico.

Después de cenar, me senté junto a Dylan mientras hacía sus deberes del colegio. Junto a él me sentía feliz. Luego esperé junto a la ventana hasta que Michael llegó a casa, le abracé, le di un beso y sin preguntar de donde venia me fui directamente a la cama. Mi dormitorio estaba en penumbra cuando Dylan entró para darme las buenas noches. «Mamá, tu hijo favorito está aquí. Sé que este es tu momento preferido del día. Te quiero», susurró con sinceridad y dulzura. Otro hijo a mi rescate. Me sentí afortunada.

Cuando Mike llegó a casa al día siguiente, le conté cómo me sentía. Lo resumí con un «estoy perdiendo las ganas de vivir». Sentía dolor físico por el estrés y por el cúmulo de pensamientos; me sentía confusa con mi vida. Una crisis existencial. A Mike le asustaron mis palabras, pero me apoyó incondicionalmente y estaba decidido a trabajar conmigo para encontrar alguna solución. Mientras me pedía que no le rechazara, percibí un destello de miedo en su cara.

Al día siguiente, contacté con Carmen para contarle cómo me estaba derrumbando mentalmente de una forma que no lograba ni controlar ni entender. Carmen, más joven que yo, pero lista y fuerte, reaccionó e hizo todo cuanto estaba en su mano para ayudarme y estar conmigo en todo momento. Mensajes de texto, constantes llamadas, encuentros en persona. «Cualquier cosa que se te meta en la cabeza, me mandas un mensaje o me llamas inmediatamente», era su consigna diaria. Me pasaba el día repitiéndome sin cesar que hiciera lo correcto, que separara mis sentimientos y pensamientos de mi comportamiento, que los mantuviera lo más desconectados posible, como si fueran dos versiones distintas de mí misma. «Yo no soy mis pensamientos» era mi mantra diario. Siempre me he dicho a mí misma que somos —y nos convertimos en— lo que pensamos. Y ahora no podía creer que yo me hubiera convertido en una persona con pensamientos destructivos incontrolables, que pudiese llegar a perder el control sobre mí misma. No me reconocía, aquella no era yo. Pero entonces, ¿quién era esta nueva versión de mí misma? No supe reconocerla ni apreciarla y, de alguna manera, me quise deshacer de ella.

Carmen y yo pasamos unos días con mi hermano Memel y su mujer, Sarah, en Cancún, México. Las vacaciones perfectas. Esos días me sentí libre y en paz disfrutando del océano. Sentadas juntas en el avión de vuelta y mientras le agarraba fuertemente el brazo, le confesé a Carmen, que tenía que poner fin a la forma en que estaba viviendo mi vida, pero que no sabía cómo ni qué cambiar exactamente. Era una especie de necesidad por volver atrás y repetir mi biografía. Me preguntaba qué había hecho que tanto me dolía; qué no había hecho que tanto añoraba. Mi vida había sido demasiado precipitada, necesitaba saborear los momentos maravillosos que ya nunca volverán. Quizás los disfruté en su momento, pero las sensaciones de esos momentos poco a poco desaparecían, se evaporaban como aromas en el aire. Incluso los libros que había leído, los había leído con prisas, siempre con la urgencia y la necesidad de ser productiva y eficiente. Le expliqué mi intención de releer muchos libros sobre desarrollo personal, nutrición, meditación e incluso tecnología y ciencia. Y hacerlo con profundidad y sin prisa. El ritmo de la vida a mi alrededor —y el mío propio— me parecía demasiado rápido, frenético, y necesitaba volver a muchos momentos del pasado, para reflexionar, percibir su textura, volver a degustarlos, y darles el sentido que merecen. No quería seguir avanzando por la vida con prisas. Correr y correr para no llegar a ningún sitio; como en la rueda del hámster. Sin destino. Carmen me escuchó con empatía, atención y la gran sabiduría del que no juzga ni cuestiona los deseos y motivaciones de los demás. Hizo todo cuanto pudo por entender y apoyarme en mis momentos de crisis existencial.

Mike, decidido a sacarme de ese lugar oscuro donde me

hallaba, me sorprendió con un viaje a Puerto Vallarta, México, para celebrar allí nuestro 25 aniversario; nuestras bodas de plata. Esperaba que el contacto con el mar calmara mis turbulencias internas. Encontré gran alivio conectando con el océano y bailando por la noche en el Club del Resort donde nos alojábamos. La pista de baile estaba casi siempre vacía así que no tuve problema para que el DJ pinchara todas las canciones españolas que le pedía. Mike y yo nos asegurábamos de mantener activa la pista. Como Uma Thurman y John Travolta en un *Pulp Fiction* mejicano. En cierto modo, intentaba conectar con mis años de juventud en España, con aquellos días en los que tan sólo el mar y el baile conseguían calmar mi mente atormentada de entonces.

Cada año, para nuestro aniversario, le escribía a Mike unas tarjetas con mensajes preciosos. A él nunca le importaron demasiado los regalos, tan sólo las tarjetas escritas por mí. Las guarda todas. Mis mensajes, en cada carta y cada año, reflejaban nuestras vidas y mis sentimientos hacia él. Sin embargo, ahora, en nuestro 25 aniversario, me quedé sin palabras. Varias veces me enfrenté al reto, a veces aterrador, de una página en blanco. Nada. Creía que le quería, pero no sentía amor. Ni por él ni por mí misma. Vacía por la ira, mi enemiga era yo misma. Mi amiga Gunilla, que había sufrido muchas adversidades y las peleaba con el espíritu de una guerrera vikinga, me sugirió un libro sobre la curación, *Code to Joy*. Mientras lo leía, mis escritos reflejaban, por primera vez en mi vida, el dolor de mi infancia. Saqué a la luz muchas historias de aquella época de mi vida, pero codificadas de una forma que sólo yo podía interpretarlas. Seleccioné las páginas dolorosas del diario y las doblé en pedacitos para que no me resultara fácil volver a leerlas. Fue un gran paso, pues establecí una conexión entre mis traumas infantiles, largamente ignorados y no resueltos, y el dolor que estaba exteriorizando. Me di cuenta de que mi pasado era una sombra que Mike había bloqueado durante años con amor y aceptación. Sentí la necesidad de apartarle para poder afrontar aquella sombra por mí misma. Mi lucha interna, con mis propios sentimientos y pensamientos, nos estaba haciendo daño a los dos. Por primera vez, lo comprendí.

Crecer y asumir con naturalidad mi sexualidad podía atraer la atención equivocada e incluso acarrear un castigo. Los comentarios inapropiados de mi padre durante mi adolescencia tuvieron un efecto persistente que me persiguió durante mucho tiempo. Practicar sexo me evocaba, a veces, un sutil sentimiento de culpa, mientras que el amor, como sentimiento, lo percibía como una vulnerabilidad. Ahora, era imperativo para mí eliminar cualquier resto de vergüenza profundamente arraigada en mi interior. La profunda sensación de amar sin cortapisas ni barreras emocionales se convirtió en un objetivo ineludible y formidable. No lo podía posponer.

Con estas ideas en mente, por fin tomé asiento y empecé a componer y escribir mi mensaje para la tarjeta de nuestro aniversario:

Empezamos nuestra relación hace casi veintisiete años; yo acababa de cumplir veintitrés y tú veintiocho. Por aquel entonces, yo sólo sobrevivía día a día: un nuevo país, un nuevo idioma, sin dinero y sin papeles. Tú parecías tenerlo todo ¡Ummm! fuerte, y bien económicamente. Arrogante pero profundamente atraído por mí. Yo era callada y humilde, pero también misteriosamente conectada a ti. ¡La pareja que no duraría!

Las cosas simplemente nos sucedieron; tú creías en mí incluso más que yo misma. Vendaste la parte de mí que se sentía herida. Yo odiaba, y amaba al mismo tiempo, al tú disfuncional. Nuestro amor estaba ahí, pero oculto bajo una nebulosa de peleas y desajustes.

Veintisiete años después, el panorama es muy distinto. La nube ha pasado lentamente y ha surgido un nuevo nosotros.

Sigues siendo guapo y fuerte —nunca te quitaría eso—, pero ahora también eres sensible, compasivo, atento, cariñoso, paciente, deseoso de escuchar, dispuesto a aprender y a cambiar, generoso con el mundo, positivo, seguro de ti mismo y un gran amante. El mejor padre que podría haber soñado para mis hijos.

¿Y yo? Estoy llegando a la cincuentena peleona, insensible, impaciente y con rebeldía, pero real. Me gusta mucho decir la palabra JODER, y sólo quiero sentir pasión... Necesito sentir que sigo viviendo y no sólo pasando, indolente e insensible, por la vida.

Nada es lo mismo. Lo único que permanece intacto es nuestra conexión que nunca tuvo sentido pero que siempre estuvo ahí. Es como una fuerza gravitatoria. Nuestras mentes pueden volverse locas, nuestras historias pueden cambiar de la noche a la mañana, nuestra situación financiera nunca será la misma y los niños nos sorprenden cada día, pero la fuerza siempre está ahí. Lleva veintisiete años acompañándonos cada segundo.

Nuestro viaje a México fue maravilloso y, como siempre, añadió un poco más de magia a nuestra vida. Nuestros viajes nos permitían compartir realidades diferentes y el sentimiento de aventura y pasión que tanto necesitaba. Pero, en cuanto regresamos, volví a experimentar nuevamente un alto nivel de insatisfacción y un estrés interno fuera de control.

Tomé consciencia de que las soluciones que había estado probando no lograban arreglar mi mundo interno. Nada parecía funcionar y mi ansiedad empeoraba. Día tras día.

Mike, impotente y agotado, insistió, por primera vez, en que buscara ayuda profesional. Carmen también se había empeñado en esta idea. Gunilla me aconsejó que no sintiera vergüenza por buscar el apoyo de un experto con tal de sentirme mejor. Me quedé unas noches en su casa, junto al mar, en Half Moon Bay, pensando y llorando por las noches. Aunque no podía expresar con palabras los pensamientos que se ocultaban en los recodos oscuros de mi mente, su presencia me proporcionaba consuelo y nuestros tranquilos paseos por la costa resultaron un bálsamo natural para mi alma. Una noche, durante la cena, recuerdo que le expliqué a Gunilla que me había pasado toda la vida intentando ser buena, pero que ya no quería serlo. Esta afirmación, sin sentido para la mayoría de la gente, cobró todo el significado del mundo para ella. Me entendió sin apenas explicación. A veces los silencios son más reveladores que las propias palabras.

No me apetecía conversar con nadie y menos con un terapeuta; un completo desconocido que posiblemente arrancaría más dolor en mí y me haría sentir más vulnerable aún. Lo único que necesitaba era huir a algún lugar remoto, sola y sin la preocupación por hacer daño a nadie. Pero aquella idea de marcharme, aunque sólo fuera temporalmente, habría sido devastadora para Mike y los niños. Sin estar plenamente convencida, finalmente ¡acepté someterme a terapia! Me sentía como un caballo salvaje al que obligan a entrar en su establo, a un espacio reducido, a un estado de docilidad. Durante un par de meses visité al terapeuta dos veces por semana; de nuevo, haciendo lo correcto, lo que se supone que debía hacer. Pensaba que aquello suponía un acto de debilidad, una incapacidad personal por encontrar solución a mi crisis, así que lo oculté a mi madre y a la mayoría de mis amistades. Apenas si compartía detalles de mi crisis con nadie. Mantener mi hipocresía me obligaba a hacer un tremendo esfuerzo para aparentar coherencia en mi vida; una concordancia entre lo que contaba y lo que ocultaba. Siempre se me había dado bien dibujar una sonrisa en mis labios y aparentar un gran espectáculo de felicidad a mi alrededor; quiero a mi familia y a mis amigas y temía —sin razón que lo justificara— su rechazo. Ahora entiendo el carácter y la fuerza necesaria para sincerarse, compartir el dolor y aceptar ayuda cuando verdaderamente la necesitamos. Sigo siendo una obra inacabada, en constante proceso de construcción. Quizá sea esa la esencia misma del ser humano; siempre inacabados. Y también una revelación; no te obstines con acabarte, no lo conseguirás; no te obstines con llegar, la meta es el camino. Simplemente camina despacio, detente y contempla las maravillas de tu alrededor.

La terapeuta y yo nos centramos, sobre todo, en la Terapia Cognitivo-Conductual (TCC). Sus consejos sobre cómo enfocar la maternidad me fueron muy útiles; cambié mi perspectiva y comencé a tratar a mis hijos como hombres jóvenes con sus propias agendas y sueños. Cuando tocaba abordar las heridas de mi infancia, decidí no continuar con la terapia. Presentía que tal vez tuviera que liberar historias oscuras sobre mi padre que había empujado a lo más profundo del pasado. No quería desenterrarlas y mucho menos ponerles voz y compartirlas. Revelar a mi terapeuta que estaba dolida con mi padre era como darle poder a él. De forma correcta o incorrecta, para bien o para mal, pasé a trabajar sobre mi mente por mi propia cuenta. Y, manteniendo mi volcán en silencio, continué con mi vida tal y como estaba en aquel momento.

Aunque abandoné mis sesiones de terapia, utilicé las técnicas de la TCC que había aprendido. Me volví mucho más consciente de mis Pensamientos Automáticos Negativos (PAN) y trabajé sobre ellos; evitando sus disparadores negativos, utilizando técnicas distractoras y, cuando finalmente aparecían, intentando sustituirlos por pensamientos realistas más positivos o, si era posible, por ningún pensamiento en absoluto. Practicaba técnicas de relajación y meditación con más frecuencia y constancia. Tenía que recordar continuamente que podía elegir mis propios pensamientos y, por tanto, mis propias emociones, pues cada pensamiento genera una emoción. También aprendí que podía verlos venir y dejarlos pasar sin aferrarme a ellos. Y anclarme al presente —lo único que existe— con la observación de mi propia respiración. Aquello se convirtió en mi trabajo diario. También comencé a escribir —en formato digital— las historias, que me obligaba a recordar, de mi infancia. Adentrarme en mi pasado por mi propia cuenta, a solas y sin testigos, me permitió abrir mis heridas en un entorno seguro: fue el verdadero comienzo de mi proceso de curación. Por las noches, leía algunas páginas a Mike. A través del acto de evocarlas y revivirlas, de escribirlas y compartirlas, aquellas historias perdieron gradualmente su intensidad, su control sobre mí y se transformaron en sencillas e inofensivas palabras escritas o contadas. Se convirtieron en anécdotas para contar, en historias para compartir, en lecciones de las que aprender… De alguna forma estaba transformando el plomo gris de mi pasado en radiante oro para mi futuro. ¿Encontré mi propia piedra filosofal?

CAPÍTULO 24

La energía de los 50

"Soy sensual y muy física. Soy muy erótica.
Pero mi sexualidad existe en una especie de nivel
de fantasía." – Donna Summer

EN LA VÍSPERA DE MI CUMPLEAÑOS, Mike y yo fuimos en coche hasta South Lake Tahoe para celebrar allí el 50 aniversario de mi nacimiento. Estaba nerviosa por la llegada del gran día a partir del cual nunca más podría decir —sin mentir— que estaba en los cuarenta. Le envié un mensaje a Bonnie pidiéndole que me llamara varias veces ese día para preguntarme por mi edad. Y lo hizo. Fue simpático y nos reímos mucho mientras yo repetía lo afortunada que era de tener cuarenta y nueve años.

Tahoe es un tesoro natural, refrescante y precioso. Aunque bien entrada la primavera, las montañas aún conservaban un poco de nieve en sus cimas más altas. Comimos muy bien esa noche y después fuimos a una discoteca. Aún era temprano y estaba casi vacía. El camarero —con el que me harté de charlar mientras le contaba que por la mañana iba a ser mi cumpleaños— dijo que prepararía una bebida para una joven especial que cumplía cincuenta años. Aprecié la palabra joven más que nunca. Y es que los camareros saben bien lo que decir en el momento oportuno, su oficio así lo requiere. Aun así, agradecí que me llamara joven. Me bebí aquel cóctel fuerte, dulce y riquísimo. Me sentó de maravilla. Después tuvimos una agradable conversación mientras le explicaba a aquel chico, mucho más joven que yo, que antes de cumplir los cincuenta quería divertirme, que no solía ni beber alcohol ni consumir azúcar, pero que una copa me ayudaría en mi transición a la cincuentena. No tenía ninguna intención de irme a la cama y despertarme metida ya en los cincuenta. Como me fastidiaba. Aquella noche conté los minutos, casi uno a uno, y me pareció interminable. Mike y yo bailamos durante un par de horas antes de terminar nuestra noche con amor y pasión. Me aseguró que, para muchas personas, los cincuenta suponen el inicio de una vida más plena y con más sentido. También los sesenta y también después ¿por qué no? «Mi amor, aún nos queda mucho por vivir. Todavía tenemos muchas metas y objetivos que conseguir, viajes y aventuras que experimentar. Aún somos jóvenes», comentó con perspectiva positiva y actitud juvenil. Me dormí con sus palabras en mi mente y su cálido cuerpo desnudo enredado en el mío.

A la mañana siguiente me encontraba divina. El sol volvió a salir como siempre y nada había cambiado realmente, pero, de alguna manera, sentí que me quitaba un peso de encima. Ya tenía cincuenta años y un nuevo enfoque frente a la vida. Ya me encontraba al otro lado, en la salida luminosa de una cueva oscura, dispuesta a explorar lo que el universo me ofreciera a partir de entonces. El sol se volvió a meter como siempre y la vida, sencillamente, siguió su curso.

Mi crisis de la mediana edad había terminado, al menos lo peor de ella: las emociones tristes, los pensamientos negativos, la ansiedad y la sensación de estar siempre corriendo hacia ninguna parte. La relación entre Mike y yo había sido puesta a prueba y había resistido mi vendaval. Habíamos aprendido a sentir y a entendernos sin necesidad de explicaciones. A tener complicidad. Me había demostrado una notable resistencia en el amor que tenía hacia mí. Aunque yo podría aparentar ser la más fuerte en nuestra relación, sobre todo ante nuestros hijos, lo cierto es que ambos poseemos nuestras propias fortalezas. También nuestras propias debilidades. Hay momentos en los que soy yo quien soporta el peso, en otros es él quién lo sostiene. Nos alternamos, nos complementamos. Ahora podía apoyarme en su fuerza, sin sentirme débil. Y a sus 'te quiero' no encontrar debilidad al devolvérselo. Te quiero, o me encanta que TÚ me quieras, se convirtieron finalmente en expresiones cómodas de expresar mi amor. A través de conversaciones sin fin, nos hicimos más conscientes de nuestros propios patrones de conducta, que, en ocasiones, desataban su miedo a perderme. Su miedo al abandono simpe definió su forma de quererme, pero a finales de mis cuarenta me estaba perdiendo a mí misma y la posibilidad inherente de que sus miedos se hiciesen realidad, y de que también él me perdiese. La situación había cambiado. Todo pertenecía al pasado y había que deshacerse de cualquier fragmento de duda, de cualquier esquirla dañina que nos impidiera sentirnos profundamente conectados.

Mike comprendió que yo necesitaba mi propio espacio donde desplegar y sentir mis propias emociones sin que ello supusiera cuestionar, ni un ápice, mi amor por él. Y yo también aprendí a expresar con claridad que mis emociones no deben arrojar sombra de duda sobre mi amor por él. Yo luché contra mi propensión a guardar silencio y él contra sus propios miedos ante mi mundo interior. Afortunadamente lo único que quedaba de mis episodios aciagos de finales de los cuarenta era un alto nivel de energía y un fuerte deseo de vivir una vida llena de propósito. Sea cual fuera y junto a él.

Con mis cincuenta años recién estrenados, ya no estaba tan dispuesta al trabajo duro de las últimas décadas. Ahora estaba abierta y decidida a incorporar nuevas aventuras y diversiones en mi vida. Mike se preguntaba a veces —rascándose la cabeza, en un gesto cómico de duda— si su mujer había cumplido los cincuenta o tan solo los quince. Por primera vez, conducir sola por autopistas no congestionadas se convirtió en algo emocionante para mí. Ahora el viaje no era sólo un trámite entre el punto A y el B, sino la posibilidad de disfrutar del paisaje que se desplegaba, veloz, a mi alrededor. Como si el camino y el destino fuesen la misma cosa. Independientemente de mi nueva disposición ante la vida, cumplir los cincuenta también me aportó un nuevo sentido sobre mí misma. Fue toda una catarsis hacia una nueva versión de mí; más segura y mucho más capaz de disfrutar de lo bueno de mi vida sin sentirme culpable por ello. Pero lo más importante es que ahora podía mirarme no solo a mi espejo de vidrio en casa, sino también a mi espejo mental interior y aceptarme en mi totalidad, plenamente, con mis fascinantes virtudes y mis maravillosos defectos.

Siete meses después de aquel cumpleaños tan especial, disfrutamos de un viaje en familia. Primero a Fiyi, después a Nueva Zelanda y finalmente a Australia, donde visitamos a mi hermano Memel, su esposa Sarah y sus hijos, Rubén y Lola. Era Navidad. El viaje fue divertido y un buen descanso de nuestra ajetreada vida laboral y familiar. Mi lugar favorito fue Noosa, un pequeño pueblo costero en la famosa Sunshine Coast en Australia. Disfrutamos de una semana fantástica, junto al océano, rodeados de chiringuitos que nos evocaban recuerdos de Andalucía. Las mañanas eran increíbles, con el siseo de las serpientes y el sonido de los pájaros al despertar y un exuberante paisaje selvático, con su infinita gama de verdes, que contemplaba embelesada desde el balcón mientras tomaba un café especialmente preparado para mí por mi querido hermano.

Nada más volver de nuestras vacaciones de Navidad, dejamos a los niños con mi madre y, casi sin deshacer las maletas, Mike y yo nos fuimos a isla Nieves, en pleno mar Caribe, para asistir al Círculo de Excelencia de Avaya, un evento anual que premia a los mejores representantes de ventas. Aprovechamos para celebrar allí nuestro veintiséis aniversario. Mike estaba haciendo muy bien su papel de marido fabuloso y dedicado, buscando constantemente oportunidades para hacer nuestras vidas más divertidas y apasionadas, mientras destacaba en su cuota de venta en su trabajo en Avaya. En Nieves, tuve la oportunidad de divertirme sin medida, bailar todas las noches, mezclarme con los lugareños, disfrutar de la compañía de Mike y nadar en las aguas cálidas y turquesas del Mar Caribe. Encontré una profunda conexión con la gente de la isla.

Acabaron mis viajes y volví a mis obligaciones docentes para el nuevo semestre de primavera. Justo al llegar de mi viaje, Carmen dio a luz una preciosa niña a la que llamaron Hailey. Después de 17 años juntas criando a cuatro niños, la llegada de una niña fue muy especial. El día del parto, tras mis clases, conduje a la velocidad del rayo hacia el hospital materno. Lágrimas de emoción y alegría me nublaban la vista. El médico que atendía a mi hermana no me permitió asistir al nacimiento. Carmen estuvo presente, junto con Mike, en mis tres partos y yo lo había estado en el de Dani hasta el último minuto, cuando el médico llevó a Carmen a practicarle una cesárea de urgencia. No podía comprender que esta vez fuera diferente, pero no podía —ni debía— presionar para conseguir lo que quería. Me imaginaba en el futuro, explicándole a Hailey que no estuve presente el día de su nacimiento. De algún modo, me costaba aceptarlo y entenderlo y aquello me resultaba doloroso. Una vez, en mi infancia, creí que Carmen había nacido para ser mía; ahora su hija me parecía otro regalo divino para mí. Antes de verla, ya la amaba como hija mía.

Al ver a Hailey, no pude, ni quise, evitar llorar por la emoción. Sentí lo mismo que había sentido aquella vez cuando sostuve por primera vez en mis brazos a Carmen cuando tan sólo era un bebé. Y es que, cuando menos te lo esperas, las vivencias y sus emociones retornan del pasado como aromas maravillosos que te acarician con dulzura. Mi cerebro y mi corazón siguen yendo y viniendo, en un vaivén atemporal, entre la pequeña Hailey que abrazo y la pequeña Carmen que pervive en mi memoria. Las dos son tan parecidas; sus grandes ojos tan expresivos, sus expresiones faciales tiernas y llamativas, su inteligencia y su carácter cariñoso y fuerte a la vez. Hailey nos trajo mucha felicidad. También a mi madre. A ella, además, le dio un propósito justo en el momento en que más lo necesitaba. Creo que Hailey ha traído un soplo de salud y de vida a mi madre.

CAPÍTULO 25

Pandemia

"Sabiduría significa elegir ahora lo que tendrá sentido más adelante." – Tracee Ellis Ross (hija de Diana Ross)

EN MARZO DE 2020, SEIS SEMANAS después del nacimiento de Hailey, la imparable pandemia global de COVID-19 golpeó California. En cuestión de días el ritmo normal de la vida se detuvo y nos confinamos en casa. Parecía un capítulo más de una serie apocalíptica. Parecía ficción, pero era real.

Yo tenía cincuenta años y me sentía fuerte y sana de nuevo, disfrutaba de un elevado nivel de energía, mantenía mi rutina diaria de Zumba y siempre estaba dispuesta a la diversión. Me encontraba pletórica, pero, ahora, encerrada en casa. Al igual que el resto del profesorado tuve que ponerme manos a la obra y averiguar y aprender rápidamente cómo impartir mis cursos en línea y cómo mantener a mis estudiantes universitarios comprometidos y, sobre todo, motivados.

Durante el primer año de pandemia, ocupé los cargos de Jefa de Departamento y Directora del programa de postgrado. También estaba participando en un proyecto de investigación con la Universidad de Berkeley sobre ciencia de datos. Pasaba la mayor parte del tiempo frente al ordenador y, en mi empeño por mantenerme activa, sobre mi bicicleta estática, pedaleando entre videoconferencias y reuniones online. En la nueva situación los días parecían más largos, las horas de trabajo interminables y la maternidad se enfocó en supervisar que mis adolescentes atendieses sus clases virtuales e hicieses sus tareas escolares.

Una vez por semana conducía aproximadamente 40 minutos hasta la casa de mi madre para asegurarme de que se encontraba bien y dejarle comida en la puerta, siempre manteniendo la distancia. Nos preguntábamos por nuestra salud e intercambiábamos algunas anécdotas. Después iba a casa de Carmen. A través del cristal de la ventana podía ver a mi hermana y a nuestra pequeña Hailey. Carmen se sentía sola, la peque solo tenía un mes de vida y su marido Kirk —médico gastroenterólogo—, pasaba todo el día en el hospital. Se me rompía el corazón por no poder abrazar a nuestra 'renacuaja' recién llegada al mundo. De vuelta a casa, las mismas autopistas por las que había conducido durante décadas siempre atestadas de coches, ahora estaban vacías y desoladas. Nada era igual, pero, lo más inquietante es que fuese tan de repente. ¡Parecía el fin del mundo!

Mis amigas Bonnie, Trish y yo nos colábamos, casi a hurtadillas, en los patios de nuestras casas, cada una con su propia comida y bebida. Nos sentábamos lejos las unas de las otras. Nos juntábamos, nos llamábamos y hacíamos todo lo posible por compartir nuestras historias, risas y a veces incluso lágrimas. Encontramos nuestra manera de mantener el contacto, conversar y divertirnos durante las largas y frías noches del invierno pandémico. Llegado el verano, una tarde nos pusimos nuestros mejores vestidos, nuestra música favorita y nos hicimos cientos de fotos junto a la piscina, siempre manteniendo un poco la distancia. La maldita distancia. Nuestro chat de WhatsApp, en el que incluimos a Carmen, no dejaba de silbar y era muy entretenido. Parecían mensajes con contenidos 'tontos', pero realmente encerraban un importante significado pues nos mantenía unidas, en contacto y de alguna forma, aliviaba aquella soledad impuesta por la pandemia. ¡Seguíamos al pie del cañón!

Mike no pestañeó dos veces cuando llegó la noticia de la pandemia y sus consecuencias. Empezó a trabajar desde casa todos los días, ya no viajaba ni pasaba largas jornadas fuera. Tampoco iba al gimnasio después del trabajo; cosa que hacía desde que lo conocí. Me encantaba tenerle en casa todo el día, y me sorprendió gratamente su nivel de aceptación, sobre todo teniendo en cuenta que nunca le había visto faltar al gimnasio. Con su mascarilla puesta hacía la compra semanal para la familia y desinfectaba meticulosamente todos los artículos con alcohol al llegar a casa.

Tanto Mike como yo fuimos de esos padres que se tomaron muy en serio las amenazas del virus, temiendo que pudiera incapacitar o incluso matar a alguien de nuestra familia. Mike se concentró en manejar lo mejor posible aquella nueva situación asegurándose de que nadie dentro de casa se desmoronara, ni física ni mentalmente. Montamos algo parecido a un gimnasio con pesas en el garaje, con un gran espejo en la pared, colchonetas en el suelo donde bailar, un saco de boxeo y un altavoz para poner música enérgica y motivadora. El garaje se convirtió en nuestro lugar de reunión por la noche. Mike levantaba pesas mientras yo disfrutaba con mi rutina de Zumba —incluso compartí algunos vídeos en YouTube—. Me grababa constantemente trabajando mi rutina buscando la perfección. Mis hijos también utilizaban aquel improvisado gimnasio familiar para hacer ejercicio durante el día. Todos estábamos decididos a mantenernos en buena forma física mientras durara la pandemia. Fue nuestra válvula de escape perfecta. En cierta manera —y parece mentira— de vez en cuando echo un poco de menos aquellos momentos en el gimnasio en que no quedaba remedio más que estar juntos y compartir.

Mis hijos adolescentes se adaptaron a la nueva vida, cada uno de forma diferente, pero de forma interesante. Durante un año y medio sus clases fueron totalmente virtuales. Dylan, en su último año de secundaria, se pasaba dormido la mayor parte del tiempo en sus clases, agotado por las noches en vela enganchado a los videojuegos. Brandon, estudiante de primer año de secundaria, estaba muy comprometido con el ejercicio físico y a menudo se escapaba furtivamente para reunirse con sus amigos por las noches. En una ocasión se rompió un pie al saltar desde la ventana de su habitación en el segundo piso. Sus amigos lo eran todo y el virus no significaba nada para él. Varias veces recibí llamadas de sus madres preguntando si sus hijos andaban escondidos por mi casa. Creo que venían mientras Mike y yo dormíamos, pero, aunque nunca los vi, mi instinto de madre me decía que andaban por allí.

Cuando empezó la pandemia, Michael estaba en el último semestre de su penúltimo año de Instituto. Antes del encierro, había quemado la mayoría de mis neuronas intentando controlar su paradero. «Te quiero, mamá, no tienes que preocuparte por mí», era su frase favorita. ¡Era tan travieso! Las sonrisas y los abrazo con que acompañaba aquellas palabras me dejaban complacida pero desarmada y preocupada. Busqué en Google y pregunté a mis amigos: ¿cómo puede una madre controlar a su hijo adolescente? Las respuestas que encontraba me hacían reír como una bruja histérica. Y, por si yo misma no me daba cuenta de ello, Dylan se aseguraba de recordármelo, «Mama, te ríes como una bruja, ¿qué andas haciendo?»

O nadie entendía a los adolescentes, o el mío era realmente un fuera de serie. Mostrar autoridad, poner límites y aplicar consecuencias ante la desobediencia —como aconsejan la mayoría de los expertos en libros y en redes sociales— era imposible en mi caso. Totalmente imposible. Y mira que lo intenté. No podía evitar arrastrar una inmensa cantidad de estrés y preocupación. Mi inquietud por él me consumía día y noche, sin tregua. Añoro muchas cosas de aquellos días, sobre todo mi cariño y devoción por aquel adolescente tan sin vergüenza, pero tan único.

Después que Mike y yo anunciáramos a los niños el encierro forzado en casa, Michael, a diferencia de su hermano Brandon, misteriosamente aceptó sin resistencia la nueva situación. Esto me dejó helada: una pandemia tuvo que llegar para que Michael tranquilizara sus idas y venidas. Cada día esperábamos que, en algún momento, saliera corriendo de casa para reunirse con sus amigos, pero, para nuestra grata sorpresa, nunca lo hizo. Permaneció sin salir de casa durante trece meses. En el último año se levantaba a las cinco de la madrugada para estudiar el funcionamiento del mercado bursátil y todo lo relacionado con él. Le vi aplicado y totalmente absorto en sus libros de economía, negocios y tecnología, estudiándolos meticulosamente, tomando notas y aprendiendo activamente. Paralelamente perdió el interés por seguir estudiando en el Instituto. Me decía que lo que los profesores le enseñaban no le servía para nada. Lo tenía tan claro. Toda la educación en sus propias manos.

Compró una gran pizarra blanca y la atiborró de notas multicolores sobre conceptos, ideas y objetivos. En poco tiempo logró crear un negocio en línea: una plataforma de inversión educativa. Los ingresos mensuales que obtuvo por las suscripciones a la plataforma los invirtió en criptomonedas lo que, a su vez, le generaron sustanciosos beneficios. Finalmente, tomó la audaz decisión de abandonar la escuela secundaria para dedicarse con integridad a su incipiente negocio. Nos anunció por sorpresa su idea de trasladarse a la hermosa isla de Puerto Rico —la isla del encanto— desde donde gestionaría sus prometedoras inversiones y crearía su propia compañía. Y todo desde un entorno idílico y al borde mismo del cálido y acogedor mar caribeño. Y así lo hizo.

Ya desde pequeño, Michael sabía que no iba a cumplir las expectativas académicas que su madre tenía programadas para él. «No seré un producto del sistema, mamá», me decía con frecuencia con su sonrisa picaresca, «iba a la escuela sólo por ti; esto no es lo mío. Yo sabía que no iba a terminar mis estudios en el Instituto». Siempre tan seguro de sí mismo. A pesar de aquellas sinceras confesiones, no quise verlo ni admitirlo y, durante mucho tiempo, solo vi al frente las expectativas que yo misma coloqué y no las suyas que estaban alrededor. Me comporté como un burro con anteojeras. En poco tiempo, por el, cambió radicalmente mi forma de ver y entender a los adolescentes, mi papel como madre y la manera en que muchos de nosotros tomamos las decisiones importantes de la vida. Y es que, demasiado a menudo, dejamos en manos de los demás —o de la presión social— las decisiones que deberían ser nuestras, y solo nuestras.

Casi diariamente, Michael me daba disertaciones sobre por qué no necesitaba una educación reglada y tradicional para adquirir conocimiento y educación, sobre cómo y por qué el sistema educativo no ayudaba en sus objetivos, ambiciones y sueños tanto personales como profesionales. Encontré estas ideas reveladoras y fascinantes, contrarias a lo establecido y al pensamiento convencional, pero perfectamente alineadas con mi entrada rebelde en los cincuenta. De alguna forma, su rebeldía vivía dentro de mí.

La pandemia también acarreó cambios inesperados y drásticos a mi vida profesional. En aquel momento, y debido a una crisis de tipo financiero, la Universidad de Mill se hallaba en pleno proceso de fusión con la Universidad Berkeley. Me vi obligada a desempeñar las funciones de Jefe de Departamento y Directora del programa de posgrado. Funciones y tareas que ya no se ajustaban a mis valores. Me apasionaba atraer estudiantes a nuestros programas de Ciencias de la Computación. Creía en la poderosa educación y las experiencias universitarias únicas que ofrecíamos a nuestros estudiantes, pero ahora ya no podía apreciar una institución que se estaba volviendo inestable a pasos agigantados. Básicamente, estábamos aceptando estudiantes para programas que quizá pronto dejarían de existir, y eso me parecía mal.

El profesorado, pero sobre todo los jefes de departamento, éramos los que dábamos la cara ante nuestros estudiantes durante aquella crisis institucional. Éramos nosotros lo que teníamos que explicar las decisiones tomadas por los cargos altos de la administración. Si la fusión no se llevaba a cabo, Mills no sobreviviría económicamente. Me convertí en uno de los muchos profesores de los que se esperaba que trabajaran bajo la esperanza de unos ideales intangibles que ya no se ajustaban a la realidad y, para colmo, recibiendo un salario reducido.

Durante el tiempo que pasamos confinados por la pandemia, la falta de contacto y de interacción personal con mis alumnos fue devastadora para mí. A lo largo de mi carrera como profesora universitaria, lo que más me ha llenado la vida es la oportunidad que he tenido de trabajar con cientos de estudiantes. Algunos llegaban a nuestros programas de informática con grandes expectativas y una confianza extrema, mientras que otros venían con el alma rota; como aquella que yo misma arrastré en mi juventud. A través de sus miradas he intentado entrever sus historias escondidas, pero también los poderes ocultos y el potencial que todos llevan dentro; un poder que deben aprender a descubrir y usar. La mayoría de los estudiantes no ven lo que yo veo, ni su potencial ni sus capacidades. No les culpo; años atrás yo tampoco podía entender a los que creían firmemente en mí. Recuerdo mis pensamientos de duda y tristeza; pero también rebeldía. Me veo en ellos. Muchos necesitan a alguien que crea en ellos y les revele lo que no pueden ver por sí mismos y sobre sí mismos. Esto, junto con mi dedicación docente en materia de tecnología y conceptos informáticos de vanguardia, me convirtió en la educadora integral que era. Pero ahora, tras un año de clases virtuales en Zoom, casi sin contacto con mis estudiantes, mi motivación para seguir trabajando a ese mismo ritmo intenso se desvanecía. Los días eran largos, tediosos, con una ingente cantidad de trabajo aparentemente interminable y ya no podía confiar en la energía que me transmitían mis alumnos para seguir adelante.

Choqué contra un muro acerado de frustración, convencida de que no podía seguir haciendo un trabajo que ya parecía carecer de sentido para mí, de que el equilibrio entre mi vida laboral y personal había sido tan solo una ilusión e, incluso, un poco autodestructivo.

Exactamente un año después del inicio del aislamiento por la pandemia, tratamos el asunto de mi jubilación anticipada del mundo académico en una reunión familiar en torno a la mesa de la cocina. Michael fue muy convincente con sus argumentos y me empujó, más que nadie, a bajar el ritmo frenético de mi vida.

Todo aquello me alentó a pensar en replantearme algunas cosas. Empecé a soñar con tener más tiempo para mi familia, y para mi madre, pero, sobre todo, para mí. Tiempo para escoger mis propios proyectos y mi propio aprendizaje e, importante también, para dedicar momentos a la lectura. La maravillosa oportunidad de escribir este libro, que ya fraguaba desde hacía tiempo en mi mente. Flotaba en la luna de mis sueños pensando en las infinitas posibilidades que se abrían ante mí, pero, a la vez, estaba muerta de miedo por dejar atrás lo que tanto me había costado construir y lo que había sido mi vida durante los últimos dieciocho años. Había trabajado con denuedo por ser económicamente independiente y, ahora, dejaría de serlo. Al menos temporalmente. Mike me había tratado todos estos años como a una reina. Y yo, a veces, me preguntaba si la admiración y el amor que Mike me profesaba tendrían algo que ver con mis logros. Pero no; él siempre había estado orgulloso de mí, incluso cuando nada tenía y mis éxitos estaban aún por llegar. Aun así, esta idea me carcomía por dentro. ¿Cuáles habrían sido sus sentimientos y actitudes si yo hubiera dependido económicamente de él durante aquellos dieciocho años, si me hubiera convertido en una ama de casa? Durante muchos años me nada masaje en los pies antes de irse a la cama mientras me miraba asombrado, apreciando y valorando lo mucho que yo era capaz de hacer en un día, en las veinticuatro horas que lograba exprimir hasta la última gota. Estaba enamorado de aquella mujer tan dedicada y trabajadora. Yo también estaba enamorado de ella. Y ella… ¡Ella atravesaba sus días regalando por doquier sus mejores sonrisas!

Fue una decisión difícil de tomar. Pero tenía muchas ganas de alejarme de todo aquello; de los miedos, dudas y preocupaciones. Necesitaba un descanso. Una vez más confié en mi intuición, en mis sentimientos y me dejé llevar. Una vez más en mi azarosa vida tuve el deseo ardiente de lanzarme, con los ojos vendados, hacia lo desconocido. Necesitaba algo NUEVO en aquella vida que se había vuelto demasiado predecible y rutinaria. Nuevos episodios, nuevos proyectos, nuevas pasiones. Durante años había hecho un trabajo que me entusiasmaba e importaba. Enseñar, orientar y ayudar a mis estudiantes había sido mi verdadera pasión. Pero la vida no es lineal y, en aquel momento, me di cuenta de la importancia de virar y dejarme llevar. Comprendí que la autenticidad del amor va más allá de los títulos, las profesiones, la distancia o el paso del tiempo; quienes nos aman de verdad siempre lo harán. Por encima de las circunstancias. Comprender esto hizo que mi decisión fuese menos trágica, más fácil de tomar.

Reflexioné mucho sobre la sabiduría del no aferrarse a nada, del saber dejar marchar, del cerrar puertas y capítulos. Sobre lo difícil que puede ser identificar las cosas y las personas que tenemos que dejar atrás porque ya su ciclo acabó, porque ya no aportan nada a nuestras vidas, porque ahora solo nos ofrecen inquietud e infelicidad. Dejar ir algo que alguna vez fue especial, que requirió un gran esfuerzo y por lo que aún mantenemos la esperanza, puede ser increíblemente difícil y doloroso. Con frecuencia, el camino más fácil —sostener lo que ya no tiene sentido— casi nunca es el que nos conducirá a un futuro de paz y alegría. Me recordé a mí misma que los episodios de la vida y las circunstancias temporales no son más que historias que tendrán un final. Un final que debemos aceptar para dar oportunidad a nuevas realidades. Recoger la cosecha y arar la tierra, volver a sembrar y esperar la lluvia.

Antes de tomar mi decisión final, mantuve un par de conversaciones con Susan, mi colega, mentora y gran amiga. En muchas ocasiones me había aconsejado y guiado en los siguientes pasos a tomar durante mi carrera académica. Disfrute muchísimo trabajando con ella durante toda mi carrera como profesora y mi confianza en ella era ciega. Aquellas conversaciones fueron difíciles. Ella había sido mi mayor apoyo en mi carrera, pero esta vez no pude compartir su lógica ni seguir sus consejos. Dejé Mills sin un argumento claro para ello y sin tener la voluntad de encontrarlo. Inútil buscarlo pues aquella decisión no tenía sentido para quienes no pertenecían a mi círculo familiar. En medio de tanta zozobra la única certidumbre era mi deseo persistente e inquebrantable de crear en mi vida el espacio necesario para explorar nuevos proyectos, ideas y pasiones.

La idea y el deseo de vivir mi vida de otra manera se acabó convirtiendo en una obsesión. Constantemente imaginaba cómo sería todo si dispusiera del tiempo necesario para explorar y descubrir. Michael fue mi inspiración, la fuerza motriz que transformó por completo mi forma de pensar, desafiando mis creencias y trastocando mi modo de vida. Él había hecho las cosas de otra manera. Tuvo el valor de decirme, con amor y una sonrisa, que tenía un plan diferente para sí mismo. Yo abracé ese coraje cuando dije a mis compañeros, a mi Rector, a mis estudiantes, a mis amigos y a mi familia que no continuaría mi trayectoria académica, no por ahora, ¡no de esta manera!

Sin analizarlo más y sin un plan establecido para el futuro de mi carrera profesional, renuncié a mi puesto de Profesora Titular a tiempo completo de informática en Mills. El Rector recomendó al Consejo de Administración que me concedieran el título de emérita, y fue aprobado. Aquello suponía que podría seguir impartiendo cursos sin el compromiso de un puesto a tiempo completo.

En abril de 2021, un mes después de dejar mi trabajo, Michael se marchó a Puerto Rico. El día de la partida fue doloroso. Apenada, lloré todo el día y no podía pensar en otra cosa que no fuera en lo mucho que iba a echar de menos su sonrisa traviesa. Él no me vio llorar —nadie lo hizo— pero mi corazón estaba roto; aún no estaba preparada para dejar marchar a mi hijo. Pero la vida no llama a tu puerta; simplemente entra sin avisar. Sucede sin más. Durante el trayecto en coche, estuvo hablando todo el camino con su padre sobre criptomonedas, pero se detuvo una vez para decirme: «Mamá, encontraré el sitio más bonito de la playa y te enviaré fotos». Y así lo hizo. Era su forma de decir: «No te preocupes, mamá, estaré conectado contigo». Tan joven, con sus dieciocho años recién cumplidos, y con tanto valor. Se llevó el libro *Only One You* de Linda Kranz. Yo se lo leía con frecuencia cuando era pequeño y creo que siguió todos y cada uno de los consejos de este pequeño libro. Especialmente aquel de «Encuentra tu propio camino. No tienes que seguir a la multitud».

Michael no era el único en la familia que tomaba decisiones inesperadas y abruptas. Para sorpresa de todos, Dani, un avispado estudiante de secundaria, decidió alistarse en el Cuerpo de Marines de Estados Unidos en lugar de ir a la universidad, como estaba previsto y era de esperar, pues tenía unas notas excelentes e incluso había cursado asignaturas de un nivel superior al suyo.

En agosto, nuestro Dani partió, también con dieciocho años, para el campo de entrenamiento en San Diego, California, dejando a Carmen desolada y a mí llena de tristeza. Nuestras mentes aprensivas se llenaron con el torrente de posibilidades que podían desarrollarse en la vida de un Marine —¿iría a una guerra?, ¿lo machacarían mental y físicamente hasta el punto de romperlo? —. Las posibilidades nos aterrorizaban. Pero, al mismo tiempo, estábamos orgullosas de él por saber elegir su propio camino, a pesar de ser, quizá, uno de los más difíciles. ¿Cómo no apoyarle en su inesperada decisión cuando parecía tan feliz y comprometido? Pensé en mis paseos en coche con él los viernes de camino a casa y en lo mucho que disfrutaba con su lista de música —la gran mayoría eran canciones antiguas con significado—, en nuestras conversaciones y en su forma única de adolescente para hacerme feliz. Todo esto llegó, irremediablemente, a su fin.

Mike y yo nos despedimos de Dani con dos viajes especiales: uno a Puerto Rico para ver a Michael, y otro a Graeagle, California, nuestro lugar favorito en las montañas y donde Dani y los otros niños se habían esforzado más allá de sus límites desde muy pequeños. Durante muchos años, en esas montañas, los niños habían caminado durante horas, habían saltado a lagos fríos y habían explorado la naturaleza más salvaje. En nuestra última excursión, Dani de preparaba para el 'bootcamp' y nos guio por los senderos más desafiantes y a un nivel superior de dureza. En ocasiones, me encontré completamente fuera de mi zona de confort, esforzándome más allá de lo que creía eran mis límites. Descubrí que nuestras verdaderas fronteras físicas y mentales están mucho más lejos de lo que imaginamos. Estas excursiones desafiantes me enseñaron lo que Dani aprendería más tarde, y de forma más extrema, en el ejército. Y todo para mantener el tipo con dignidad y estar un poco a la altura de mis hijos. Disfruté cada segundo de Dani en esos dos últimos viajes. Sabía lo especiales que eran, pues viajar con él en adelante ya no sería tan fácil. Dieciocho años no habían sido suficientes para mí. Egoístamente deseaba que aquellos niños, tanto Michael como Dani, siguiesen siendo niños y se quedaran conmigo un poco más. Tan sólo un poco más. Era mi humilde ambición.

CAPÍTULO 26

Mi propósito de vida

"El sentido de la vida es encontrar tu don.
El propósito de la vida es regalarlo." – Pablo Picasso

AL FINAL DE LA PANDEMIA, me sentí como un ave que sobrevolaba los efectos de un huracán. Los cambios en los últimos años habían sido bruscos y rápidos, con apenas tiempo para procesarlos. Nunca antes me había cuestionado mi auténtico propósito vital. Quizá nunca me había podido permitir el lujo de hacerlo. Tal vez tuviera que ascender primero a la cúspide de la pirámide de Maslow antes de que surgiera, por sí sola, la necesidad de planteármelo. Mientras tanto, mis objetivos eran pragmáticos; en ellos me enfocaba y eran mi centro de atención, mi horizonte más cercano.

Tal y como pude —como muchos de nosotros— atravesé el desierto de unos tiempos difíciles, una travesía que me hizo reflexionar. Me preguntaba si de verdad mantenía una identidad externa que reflejaba mi verdadero yo interior. Me había centrado en los objetivos, en no perder de vista las metas, y me impulsaba a luchar por ellas, pero, una vez conseguidas, mi corazón revoloteaba nuevamente insatisfecho y mis ojos miraban hacia la siguiente. Una y otra vez.

Pero ahora... ahora me sentía libre sin mis obligaciones de trabajo. Sin prisas, urgencias ni presiones económicas. Libre para elegir mis próximos pasos.

Reflexioné sobre si el logro de mis objetivos se traducía en una satisfacción duradera y un sentimiento profundo de propósito. Esto no siempre es así. El propósito es transcendente y significativo, alineado con nuestros valores personales más íntimos y auténticos. Los objetivos son mensurables, interesados, desconectados en ocasiones de nuestra esencia; el propósito, por el contrario, es inmensurable, la razón que da sentido, dirección y significado a nuestra existencia, es la forma en que nos sentimos con nosotros mismos y el impacto que generamos en los demás. El objetivo es la meta que olvida el camino, el propósito es el camino sin final. Los objetivos nos enfocan hacia un punto, mientras que el propósito confiere de razón a la vida. Mis objetivos estaban respaldados por el raciocinio y el interés. Por ejemplo, cuando obtuve la titularidad también conseguí seguridad laboral y un aumento de sueldo. Pero, a fin de cuentas, aquello —aunque al principio creía que sí— finalmente no cambió mi nivel de satisfacción, aunque si mi calidad de vida. Era como si la felicidad por el logro conseguido fuese efímera y, poco a poco, se desvaneciera y yo volviera al punto de partida. Seguía teniendo hambre y prisa por dar el siguiente paso en mi carrera, por alcanzar el siguiente objetivo, por subir el siguiente peldaño de una escalera imaginaria que no conducía a mi verdadera esencia. No era consciente de si mis objetivos estaban alineados con mis valores fundamentales y mi propósito vital.

Caí en la trampa de la necesidad autofabricada y me dejé llevar por la dinámica de un sistema artificial y exigente que se justifica a sí mismo y que no siempre respeta y se corresponde con la verdadera naturaleza humana. Las personas no estamos predestinadas a toda una vida de trabajo, siempre en busca de objetivos materialistas, consumistas o de reconocimiento social. De objetivos que, con frecuencia, tan solo son una ilusión que acaba dejándonos insatisfechos, con una sensación de necesitar más y más y donde la palabra suficiente es tabú o señal de debilidad y falta de ambición. En un bucle sin fin. Solo encontramos sentido cuando los objetivos y el trabajo diario se alinean con nuestras creencias más íntimas, con nuestro propósito vital. ¿Cuántas veces nos preguntamos el verdadero por qué de cuando actuamos o elegimos?

Ahora, a mis cincuenta años y recién jubilada de mi carrera académica universitaria, consideraba un paso fundamental en mi vida el encontrar y definir con claridad mis deseos personales, intrínsecos y genuinos, que dieran significado y me impulsaran en las próximas décadas de mi vida. Primero necesitaba profundizar en la comprensión del verdadero significado de propósito. Empecé indagando cual podía ser el propósito vital de familiares y amigos. No estaba del todo segura de que toda la gente se lo hubiera planteado alguna vez en su vida, ni siquiera de que comprendieran su verdadero significado, pero, aun así, hice mi trabajo de campo y recopilé todas las respuestas que pude a la pregunta: ¿Cuál es el propósito la vida?

Cada respuesta me ayudó a comprender mejor mi propio viaje de introspección en la búsqueda de mi verdadero propósito. O de mis verdaderos propósitos. Las respuestas fueron variopintas y dispares, pero inspiradoras. Estas fueron algunas de las más interesantes y curiosas:

- *(Mi hermana Ana): Para serte sincera, no tengo ni idea. Tal vez somos comida de granja para extraterrestres.*
- *(Mi madre): Nada tiene sentido. Soy escéptica. Nuestro cerebro no tiene esa capacidad.*
- *(Mi cuñada Lina): Descubrir y usar nuestros talentos y habilidades para construir con ellos. Compartirlos para inspirar a los demás a hacer lo mismo.*
- *(Mi hermano Memel): El significado emerge a medida que ocurre el viaje.*
- *(Mi amiga Bonnie): En este momento de mi vida creo que es criar a mis hijos.*
- *(Mi cuñada Sarah): Qué pregunta tan profunda e interesante. Creo que el propósito de mi vida ha sido conocer a mucha gente de diferentes partes del mundo y hacer conexiones.*
- *(Mike): Cuidar de mi mujer y de mis hijos.*
- *(Mi hijo Michael): Hacer las cosas de otra manera. A ser posible, mejor.*
- *(Mi amiga Sonia): Lo que hacemos por nosotros mismos muere con nosotros. Lo que hacemos por los demás y por el mundo transciende la mortalidad.*

❈ ❈ ❈

Me encantaron. Conecté con sus respuestas y me identifiqué con todas. Algunos propósitos parecían muy pragmáticos y reales, mientras que otros eran aspiraciones imprecisas, como sueños etéreos y lejanos. Algunas parecían afirmaciones filosóficas, otras se basaban en ilusiones más que en certezas. Reflexioné y llegué a la conclusión de que, con frecuencia, me había perdido en el mar de las posibilidades, demasiado ocupada y preocupada por conseguir un objetivo tras otro como para ser realmente consciente de la existencia de un propósito profundo en mi vida. ¿Tenía un propósito? ¿Uno, varios? ¿Cuáles eran? Y, si los tenía ¿estaban mis objetivos alineados con ellos, con las razones última por la que trabajaba y vivía? Hubo momentos en los que creí que sí, que estaba definido por los pasos que daba, progresivos y lineales, guiados siempre por la mejor de las intenciones pero que dejaban poco espacio para la introspección.

Me di cuenta de que mi definición del propósito de mi vida cambiaba constantemente, en función de las circunstancias, la edad, las experiencias, la cultura que me rodeaba y, sobre todo, mi capacidad de autoexamen y autorreflexión.

No fue hasta que dejé de agobiarme sobre cuál era realmente el propósito de la vida —de mi vida— y me tomé un descanso, sin trabajo duro ni la obsesión por fijar metas, que mi mente dispuso del tiempo necesario y de la calma mental adecuada para reflexionar con profundidad sobre el sentido, la razón y el propósito de mi vida. Con el tiempo entendí la razón por la que esta pregunta se volvió tan importante para mí. Una gran lección y un gran paso fue identificar los objetivos que estaban conformando mi identidad antes de poder descubrir y definir mis propias respuestas. Recuerdo que durante mi carrera docente les aconsejaba a mis alumnos que cada vez que se sintieran atascados en la depuración de sus programas informáticos, lo dejaran donde estaban, se alejaran y tomaran distancia del problema. Alejarse de la intensidad mental por querer resolver un problema difícil, y saber esperar, puede obrar maravillas. Recordé la cita de Lao-Tse: «Ten paciencia. Espera a que el barro se asiente y el agua se aclare. Permanece quieto hasta que la acción correcta surja por si sola». Y eso es exactamente lo que hice.

Tenía que dejar de hacer, conseguir y obsesionarme con mejorar mi currículum, mis páginas de web o mi perfil de LinkedIn. Mi persecución constante de una meta tras otra, de avanzar en pequeños o grandes pasos preestablecidos —por mí o por el sistema— durante mis años académicos, me habían estado matando el alma. Abandonar mi carrera académica y mi condición de titular, levantarme por las mañanas y no sentarme, como un autómata, frente a la pantalla del ordenador durante horas sin tregua ni descanso, supuso un enorme desafío para mí. A pesar del tiempo que ha pasado, aún me cuesta el no hacerlo.

Echaba de menos interactuar con los estudiantes, impartir seminarios y conferencias, preparar nuevos planes de estudios y asistir a encuentros y reuniones. A pesar de que lo extrañaba, todo aquello me generaba demasiado estrés, demasiado ruido mental —en ocasiones parecía que anidara un enjambre de avispas rebeldes en mi cabeza—, pero, ahora, necesitaba calmar mi mente, necesitaba claridad metal para descubrir el sentido de mi vida. Sin todo aquello, sin ejercer ya como profesora de informática ¿quién era yo, entonces? Buscaría. Me armé de valor, me equipé con las herramientas de exploradora y me adentré en mi interior para descubrir, de una vez por todas, mi verdadero yo. Y, en el camino, saborearía la posibilidad de nuevas experiencias, de nuevas pasiones y senderos. Me desafiaría a mí misma, con diferentes e incómodas maneras, para encontrar nuevas fuentes que le dieran sentido a mi vida.

Practicaba meditación con asiduidad y ello me ayudó a ser más consciente de mis pensamientos y emociones; sencillamente dejaron de ser automáticos y tomé conciencia de ellos según surgían. Hasta cierto punto podía controlarlos; observarlos y dejarlos pasar o aferrarme a ellos si así lo deseaba. Tuve una sensación de incómoda libertad de elección. Sí, la libertad puede ser incómoda. Ya no quería utilizar la palabra objetivo, por lo que me exigí a mí misma que aclarara la intención concreta para el día a día. Mientras trataba de encontrarla, de pronto me encontré anhelando tan solo paz interior.

Para romper la costumbre de sentarme frente al ordenador nada más levantarme, incorporé en mis rutinas el hábito de hacer yoga. Durante mis asanas las palabras transformación y conexión a menudo revoloteaban por mi cabeza. Pensé mucho en su significado. Escribí sobre ello. Transformación significaba que debía que hacer cambios positivos, ayudar a transformar algunas cosas con la intención de mejorarlas, sobre todo en mí misma, pero, también en los que me rodeaban. «Sé tú el cambio que quieres ver en el mundo» —recordé las palabras atribuidas a Mahatma Gandhi—. Podía tratarse de una conversación alentadora con uno de mis antiguos alumnos, una carcajada espontánea y sincera con un amigo o un cálido abrazo a uno de mis hijos. O conseguir mantener la serenidad en medio de la lucha; una paz interior imperturbable y ajena a las tormentas externas. Mi propósito empezó a ser más claro.

Me di cuenta de que, aunque sin pensar ni reparar mucho en ello, había estado transformando y conectando todo el tiempo. En cierto modo estaba siendo fiel a lo que parecía ser mi propósito. Pensé y escribí sobre episodios de mi vida en las que había sentido una fuerte y profunda sensación de logro acompañada de alegría y felicidad. Momentos que tanta intensidad y significado que no necesitaba compartir para que la emoción me embargara. Y mi gran iluminación, mi gran epifanía, fue darme cuenta de que estos momentos no estaban asociados a títulos, premios o reconocimientos externos, sino a mis contribuciones anónimas y silenciosas por mejorar el mundo que me rodeaba. Mis propósitos no eran los mismo que mis objetivos. Con frecuencia estaban desacompasados y seguían caminos distintos, pero, sin embargo, muchos de aquellos objetivos y retos me permitieron experimentar un cierto sentido de propósito.

Escribí en mi diario el caso de una estudiante a punto de abandonar la carrera de informática porque le costaba mucho seguir el ritmo que exigían los cursos. Estuvimos las dos en mi despacho hasta altas horas de la noche mientras yo le contaba la historia de mis luchas personales como joven inmigrante en Estados Unidos. No la dejé marchar hasta que percibí cómo recuperaba la confianza en sí misma. Me aseguré de que estaba preparada de nuevo para volver a luchar y desarrollar todo el potencial que dormía en su interior esperando su oportunidad. No sólo consiguió graduarse en nuestro programa, sino que también cursó un máster en ciberseguridad. Sentí una alegría inmensa y un gran orgullo que iba mucho más allá de cualquier reconocimiento externo. El trabajo duro me había llevado a ser profesora universitaria, las luchas de mi vida me habían convertido en una mentora compasiva. Me sentía plena.

En casa, el cuidado de mis hijos era mi propósito. Aquel propósito tenía que estar desvinculado del deseo por controlar el resultado; no se trataba de decidir sus destinos, sino de ser la mejor madre y en su forma más natural y sencilla. Me convertí en una especie de madre-arquera, centrada en lo que puede controlar: entrenar, tensar el arco y apuntar al blanco, pero a la vez dispuesta a aceptar lo que escapaba mi control: el destino final de la flecha. La más ligera brisa podría desviar su trayectoria. Sería una madre entregada, una madre donde podrían encontrar apoyo e iluminación para sus vidas, pero sin decidir sus destinos. Sus destinos son suyos y, aunque una ligera brisa pudiera desviar su trayectoria, yo estaría dispuesta a aceptarlos. Era mi propósito como madre.

Ha habido muchas ocasiones en mi vida en las que abrazar la espontaneidad y mostrar cariño me ha aportado una inmensa satisfacción personal. Me pregunto si mi verdadero propósito en la vida consiste simplemente en ser fiel a mí misma de la forma más auténtica posible. En una sociedad en la que, a menudo, la obtención de reconocimiento y recompensa externa es el motor que nos impulsa a actuar, prácticas como la autoexploración y la meditación resultan cruciales en la búsqueda de nuestro verdadero yo y del sentido de la vida.

El propósito puede ser uno o encontrarse en todos los aspectos de nuestras vidas y estar en todo lo que hacemos. O puede que se encuentre en los momentos e historias no contadas, que no pueden expresarse con palabras ni mostrarse junto a los títulos, diplomas o publicaciones en las redes sociales. Cuando mi mente anhela grandes proezas y gestas heroicas, me recuerdo a mí misma que debo apreciar las pequeñas cosas. Me surge el impulso de gritar al mundo, de gritarle para que me escuche. Pero el mundo, indolente, parece ir a lo suyo. Comprendo que es en esos momentos cuando el silencio se convierte en mi mejor aliado. Entonces, la magia; el silencio se convierte en mi mejor grito y el mundo, ahora sí, parece escucharme. Puede que no siempre lo consiga, pero al menos soy consciente de este viaje.

Hoy me doy la libertad de definir el propósito de mi vida de muchas maneras. Es un propósito caleidoscópico. Cambiante al girarlo. Es aprender de mis errores, por pequeños y sutiles que sean, reconocerlos y dejarlos ir sin que me hieran. Es saber que un pensamiento negativo es un error, hacia mí o hacia los demás; lo convertiré en un pensamiento positivo. Es trabajar para ser plenamente consciente de mis pensamientos, emociones e intenciones; para que no sean automáticos ni respondan a patrones mentales instalados —sin saber por qué ni por quién— en mi mente. Es comprender que los fracasos no son tales sino solo una oportunidad más para aprender y crecer, que son inherentes a la naturaleza humana. Es despojarme de las veleidades, los artificios y las máscaras, desnudar mi cuerpo ante el mar y mi alma ante mi espejo interior. Ser lo que soy. Es ser yo misma, aunque ello requiera valentía, incomodidad y retroceder en mi andadura vital. A veces, para avanzar, primero tenemos que retroceder, dar un paso atrás y sentir algo de dolor, un bello dolor reparador. Crecer significa, a veces, aminorar el ritmo hasta detenerse, contemplar, meditar y reanudar nuevamente el paso sin la necesidad del rendimiento y la productividad. Mi propósito es también compartir mis éxitos más queridos, con los más queridos. Es alejarme de los logros que sólo alimentan mi ego, pero no mi alma auténtica. Si, mi propósito no es uno sino un maravilloso caleidoscopio girando en una explosión de formas y colores.

Recuerdo el concepto que he enseñado durante muchos años a mis estudiantes de ingeniería de software: «Yo soy porque nosotros somos», la regla ética y concepto de equipo llamada Ubuntu. Si estuvieras en mi clase, esta lección sería, sin duda, la más importante porque, sin el concepto de equipo, ningún producto de software puede alcanzar el éxito. Ubuntu es un concepto filosófico tradicional originado en Sudáfrica y que nos recuerda la importancia de la lealtad entre las personas, la capacidad de empatía y el perdón y las relaciones entre ellas. No podemos triunfar aislados sino en grupos cohesionados y leales. Pedir ayuda no es señal de debilidad, sino todo lo contrario; un signo de fortaleza. Cuando pido ayuda, estoy diciendo: no soy mejor que tú, soy vulnerable e incompleta, y tengo la humildad de reconocer que la necesito y el valor de pedirla. Sólo cuando nos comportamos como UNO podemos sentirnos completos y satisfacer nuestro propósito, sea cual sea. Durante mucho tiempo he malinterpretado el verdadero significado de debilidad. No es debilidad mi determinación por resistir, por superar mis límites y perseguir la felicidad. No es debilidad la capacidad de amar, de llorar y sufrir.

Mi anhelo profundo es lograr ser consciente y estar presente en mi día a día, en mi esfuerzo, en mis conexiones e interacciones con el mundo que me rodea, en mi búsqueda de oportunidades, en mi afán por ayudar y aprender de los demás, en mi aceptación del cambio constante. Fue mi pequeño Dylan, con catorce años, mi pensador, quien me dijo, con una mezcla de sabiduría estoica e ingenuidad juvenil: «Mamá, no hay nada que puedas hacer al respecto. Acéptalo. No puedes controlarlo todo». Y quizá tenga razón, aunque, en el fondo creo que siempre hay algo que pueda hacer.

Esta es mi verdad. Mi propósito.

CAPÍTULO 27

Una nota a mi padre

"Podría perdonar fácilmente su orgullo si no hubiera mortificado el mío." – Jane Austen

TE APARECÍAS EN MIS SUEÑOS y aquellos momentos traumáticos que creía olvidados resultaban tan vívidos que parecían reales. Las pesadillas me atormentaban con desalmada obstinación. Te quise durante un tiempo breve. Todavía lo recuerdo. Un tiempo demasiado fugaz para tratarse de un padre. Te odié por el resto de tu existencia. Un tiempo demasiado grande para tratarse de un padre. Sueños recurrentes que me han arrastrado, una y otra vez, de vuelta a aquella casa donde viví sin sentido, sin esperanza, asfixiada bajo tu despiadada dictadura. Robaste la felicidad a mi madre, apagaste su brillo y le arrebataste su salud. Anulaste mi autoestima, tu sombra no me dejó florecer, de tus vientos surgieron mis tempestades. En cuanto pude, escapé de ti, pero en mi huida también dejé a mi madre atrás. Sin la guía de un padre, o la cercanía de una madre, sola, tuve que surfear aguas turbulentas, transitar senderos desconocidos con mapas sin coordenadas. Sueños que me devolvían al pasado. Mis uñas se clavaban aferrándose al presente, pero mis pesadillas me arrastraban a las sombras del pasado, a mi adolescencia. Y observaba, impotente, cómo lo perdía todo: a Mike, a mis hijos, a mi nuevo yo, a mi nueva vida. Todo se desvanecía a mi alrededor, se escapaba sin remedio como fina arena entre mis dedos. Lo único que podía sentir era tu fuerte presencia, tu imponente efigie sin alma.

Un día mis sueños cambiaron. Aquel día volví a aquella casa y encontré a mi madre tranquila y sonriente. Me aseguró que, ahora, las cosas eran diferentes, que, en adelante, seríamos felices, que debía confiar en ella. Le dije que no podía quedarme, pero ella insistió. Sin saber muy bien por qué, tomé un palo y golpeé las paredes en busca de las asquerosas cucarachas que me aterrorizaban de joven. No encontré ninguna. ¿Un presagio? ¿Una señal? Le dije a mamá que ahora podía permitirme remodelar nuestra casa y empezaría por el cuarto de baño. Pero aquella reforma tenía un significado mucho más profundo que el sencillo hecho de alicatar paredes o deshacerme de las asquerosas cucarachas. Tú también estabas allí, papá, pero ya no tenías poder. Indiferente, no podía, ni quería, verte. Sabía que estabas allí, pero no significabas nada para mí. Las malditas cucarachas eran mi única preocupación. Tú ya no me preocupabas ni importabas. No tenías fuerza alguna sobre mí.

Por la mañana, me desperté fuerte e indolente. Por la tarde, falleciste. No derramé lágrimas por ti. Ni tampoco desde entonces. Sencillamente no afloran. Ni siquiera me esfuerzo en arrancármelas. Mi única tristeza fue la de no sentir tu muerte. No necesitaba llorar porque no sentía amor por ti. Ni dolor. Dejaste este mundo lejos de nosotros, en Filipinas, con ochenta y un años. Se supone que eras viejo, pero aún con la posibilidad de unos cuantos años más por delante. Ninguno de tus seis hijos estuvo a tu lado.

Recuerdo nuestra última conversación telefónica, siete años antes de tu muerte. Después de encajar y soportar tus insultos, me hiciste una pregunta interesante. Necesitabas saber por qué te odiaba tanto. No tuve que rastrear mucho en mi interior para darte mi respuesta. Te hice saber que había intentado olvidar cómo me tratabas como hija, pero que no podía olvidar, ni perdonar, el marido que fuiste para mi madre. Guardaste silencio. Nunca sabré qué se ocultaba tras ese silencio, pero sé que me escuchabas y eso me bastó. Sin más compasión por ti, te deje ir. Para siempre.

Pasé décadas intentando olvidar los años en que me rendí, joven e indefensa, a tu arrogancia y autoridad. Deseaba, incluso por tu propio bien, que te redimieras y volvieras. Que solicitaras humanamente nuestro perdón. A tu madre, a mi madre, a tus hijos, a tus mujeres, a tus hermanos y a tantas personas a las que dañaste a tu paso. No lo hiciste. Más bien, siempre encontrabas, mediante piruetas de argumentos cargados de cinismo y falsedad, una versión distorsionada y retorcida de nuestra realidad. Subterfugios y mentiras. Siempre desde los altares de la soberbia y la superioridad.

Desde tu muerte, he tenido varias veces un nuevo sueño. Ando perdida en un aparcamiento, incapaz de encontrar mi coche y con un teléfono móvil que no funciona bien. Tu voz sale del teléfono y me dices que no me preocupe, que vendrás a ayudarme y protegerme. Tu voz y tus deseos de ampararme me hacen feliz. Es posible que este sueño proyecte la persona que naciste para ser y no la que fuiste. Ya no me enfado, ni siento el mismo odio de antes, cuando pienso en ti. ¿Significa esto que estoy en condiciones de perdonarte? ¿Perdonar cómo trataste a mi madre? Sé que el perdón es una liberación. Paz. Pero no creo que pueda. Viviré con ese peso. Viviría una vida fraudulenta si olvidara, si perdonara las heridas indelebles que infringiste a mi madre. Tengo la sensación de que si perdonara cometería una injusticia. ¿Perdonar? ¿Olvidar? A través de mi madre, casi destruyes mi espíritu. Mi pasado forma parte de mí. Quien fui es parte de lo que soy. Nunca quise vendar mis heridas sin antes curarlas. Quiero que sanen, acariciar, quizá, su bella cicatriz y seguir con mi vida. Para mí, sanar no significa ni dolor, ni ira, ni odio, ni tampoco perdón. Las experiencias negativas perviven en nuestro subconsciente, se infiltran entre las grietas de nuestra existencia y, sin ser conscientes de ello, nos influyen y afectan… a menos que las hagamos emerger, las oreemos al sol, las reconozcamos, las superemos y las dejemos ir hacia el olvido verdadero.

Tenía la esperanza de que leyeras este libro, pero la muerte se adelantó. Quizá con la expectativa de que finalmente entendieras. Comprendieras el dolor que infligiste en todos nosotros y el que arrastré por el sufrimiento de mi madre. Era un dolor por duplicado, como si rasgaran una herida ya abierta. Tan solo era un vano deseo; no soy tan ingenua. Más bien todo lo contrario, escéptica y pesimista pues pienso que no te hubiera interesado leerlo ni, como había ocurrido otras veces, escuchar mis pensamientos hacia ti. Quizás fuiste una víctima de ti mismo, de un orgullo y de una mente enferma que te cegaron a la verdadera luz de cuanto te rodeaba.

Eres un recordatorio de que el lado oscuro existe. De que existe una profunda razón para luchar contra las sombras, para confiar, amar y trabajar duro por caminar hacia la luz. Debemos mantener vivo nuestro espíritu con determinación, sin victimismo y con la certeza de que podemos y merecemos vivir siempre mejor. Con frecuencia, nuestra fuerza emana de nuestro sufrimiento y de los aciagos momentos de la iniquidad y la desesperación. Es una fuente de regeneración y crecimiento.

CAPÍTULO 28

Ahora y siempre

"Me preguntaste si alguna vez había defendido algo.
Sí, defendí mi vida." – Tina Turner

MI SENSACIÓN DE ALEGRÍA en el presente está conectada a muchas personas, en muchas circunstancias y momentos de mi vida, desde el pasado más remoto al más reciente. Desde aquella amable señora mayor en el aeropuerto de Heathrow que, consciente de mi confusión, me ayudó a encontrar mi hotel en Londres, hasta mis profesores y mentores, mis hermanos y hermanas, mi madre y mis hijos, mi familia, mis amigos y Mike, el amor de mi vida. Todas estas personas han contribuido, de una u otra forma, a lo que soy. A mis logros, a mi felicidad o a mi sufrimiento. Algunas han estado junto a mí durante muchos años, mientras que otras me acompañaron tan solo durante un trayecto. Cada interacción, cada vínculo con ellos me dio la oportunidad de aprender, compartir, dar, explorar mis prejuicios, practicar la empatía y ver la vida con ojos ajenos. Me han enriquecido y han hecho de mí una persona con valores más profundos y nobles. Como condición humana, tengo mis sombras; no siempre he sido benevolente y arrastro mi propia aflicción por ello.

También están aquellos que se han portado mal conmigo. Imagino que arrastrarán su propia pesadumbre. Pero todo ello forma parte de la naturaleza humana y de nuestra interacción como seres sociales. Estos momentos también son necesarios para el crecimiento personal, la autopreservación, la autoestima y la lucha por hacerse presente y respetar en un mundo tan 'hipercompetitivo'. Mirando atrás, me digo que, en realidad, quizá nadie intentó hacerme daño intencionadamente; simplemente me crucé en su camino en un momento de zozobra y angustia. A veces tengo que confiar sin conocer realmente la razón que se esconde tras cada actitud. Confiar ciegamente y desprotegida. Pero creo que con el tiempo he afinado mi habilidad para confiar en quien lo merece y desconfiar de quien no es digno de confianza. Es una especie de destreza desarrollada con la experiencia.

Ahora soy consciente de quién me agarra de la mano, de quién me abraza, en quién puedo confiar. Y me siento lo bastante cómoda para agarrar la mano de aquellos a los que quiero. No puedo imaginar una vida sin amor verdadero, sin Mike, sin tomarle de la mano mientras, en ese dulce espacio entre la vigilia y el sueño, voy sintiendo que, nos pase lo que nos pase, juntos encontraremos la manera de persistir.

Con frecuencia pienso en las amigas y amigos que he perdido, en sus sufrimientos y en el mío. Creo que fue a través de ellos que pude descubrir otra realidad; adentrarme en mi universo interior, aprender a desconectarme del mundo exterior y apreciar aquellos momentos que viví con ellos. Cada pérdida me incitaba a profundizar más en mí misma, a conocerme mejor, a entender por qué me dolía no tenerlos en mi vida. Solo a través del yo verdadero puedo llegar a ellos. Sus ausencias, el vacío que producen, me permiten hoy en día valorar a las personas a las que de verdad quiero. Y, de un modo extraño, la añoranza refuerza mi conexión con sus almas.

A través de mis relaciones he ahondado en la idea de conciencia, en general, y de trabajar en la mía propia. Cuando me hago consciente de la realidad —de mis propias percepciones y puntos de vista— mis intenciones se vuelven claras y mis pensamientos generan acciones con significado que redundan en beneficio de todos. Las conexiones humanas nos brindan la gran oportunidad de practicar la empatía y la compasión, de obviar y respetar las diferencias y de fomentar la amistad auténtica. Como individuos somos únicos, pero también somos gregarios y sociales. Es lo que nos hace humanos. Podemos sentir la soledad, física o sentimental, y creer, en nuestras horas más oscuras, que estamos solos. Pero no es así. En realidad, vivimos para nosotros mismos, por supuesto, pero también para los demás y los demás también para nosotros. Estamos mucho más interconectados de lo que somos capaces de comprender, pero no siempre somos capaces de verlo; nuestra mente nos juega malas pasadas. Una vez que comprendemos los entresijos de la mente, sus engaños, sus sesgos y la ilusión de realidad que proyecta en nosotros, podremos ser los dueños y señores de nuestra existencia.

Cada cosa parece necesitar de su opuesto para existir. La luz y la oscuridad, la salud y la enfermedad, la bondad y la maldad, la vida y la muerte, la materia y la antimateria, la abundancia y la miseria, la arrogancia y la humildad, la ignorancia y la sabiduría, el todo y la nada… Los opuestos se necesitan, el uno da paso al otro, como la noche y el día con sus amaneceres y atardeceres. Mis momentos aterradores de incertidumbre, soledad y dolor fueron necesarios para que emergieran sus opuestos; mis momentos tranquilos de certezas, compañía y bienestar. Aunque atravesar aquellos momentos aciagos me hacía sentir sola, ahora comprendo que nunca lo estuve. Mis conexiones vitales siempre estuvieron ahí y sin ellos no hubiera podido avanzar en mi crecimiento personal. Cada persona ocupa su lugar —un lugar único y especial—, en la vida de otra persona. La acompaña en sus luces y tiniebla. Si saberlo somos pilares y maestros los unos para los otros.

Mis cuatro hijos, sin duda alguna, han sido mis mejores maestros. Mi amor incondicional y mi devoción por ellos, me impulsa a persistir. Intento no aferrarme a mis creencias y prejuicios y, adoptando sus propias perspectivas —también son hijos del momento y el lugar donde les ha tocado nacer— sigo experimentando mundos, pensamientos, ideas y expectativas desconocidas a veces en direcciones extremas. En cuanto llegaron a la adolescencia, pronto me enseñaron a respetarles y dejarles seguir su camino, por pequeños o poco convencionales que me parecieran sus propios objetivos. Encontré nuevas formas —siempre las encontraré— de demostrarles lo mucho que los quiero, mi dedicación a ellos y el respeto por sus decisiones. Quizá ya no les abrace tanto físicamente, pero les sigo adorando con toda mi alma.

Con ellos he aprendido a entenderme, a establecer un intervalo de tiempo entre la emoción y la reacción. Una breve pausa para dar una oportunidad a mi mente racional. He aprendido a congelar los juicios iniciales, las opiniones irreflexivas y, a veces, mis propias lágrimas. Tener hijos ha sido como vivir constantemente al límite. Pueden provocarme intensas emociones en cuestión de minutos. A veces disparatadas o contradictorias. Una tormenta iracunda puede devenir en calma y alegría en cuestión de segundos. Y viceversa. Me han puesto a prueba constantemente, tanto física como mentalmente. Intenté practicar la respiración consciente en los momentos de caos, con la esperanza de 'coregular' e influir de alguna manera en sus espíritus indomables e intrépidos. A veces con cierto éxito. A medida que crecen, viendo cómo evolucionan y se convierten, a pasos agigantados, en hombres, una parte de mi corazón añora y sufre, pero otra se ilumina de satisfacción y orgullo. Crecen, pero nada tengo que temer pues ser madre es para siempre. Me lo repito con frecuencia por las noches mientras el sueño se apodera de mí. Estoy entusiasmada con su futuro y, siempre que puedo, busco oportunidades para disfrutar plenamente junto a ellos.

Las personas y las relaciones están en el centro de mi crecimiento personal, pero son los obstáculos externos y mis conflictos internos los que me hacen resistente y más fuerte. Examinar mis defectos y debilidades, mis crisis internas y mis momentos de sufrimiento me ha llevado a aprender duras lecciones vitales. A veces, el sufrimiento no lleva hacia el crecimiento interior, sino que conduce, en una espiral descendente, hacia la oscuridad, la autodestrucción e incluso la crueldad. Esta quizás ha sido mi gran batalla: no hacer daño ni a mí ni a nadie. Al permitirme experimentar las sensaciones de sufrimiento e incomodidad, sin la consecuencia de destrucción, me vuelvo más capaz de soportar la adversidad, más resiliente y consciente de que los obstáculos y los conflictos siempre se presentarán en mi camino de diferentes formas y maneras. Aceptación y crecimiento.

La vida nos espolea y nos alienta de mil formas. A veces en forma de grandes oportunidades, otras en forma de reveses. Sea cual sea la manera en que nos zarandea, debemos deleitarnos en sus aspectos más simples, atesorar sus pequeños momentos especiales mientras aprovechamos la gran oportunidad o luchamos contra la adversidad. Quiero ser grande y humilde a la vez, consciente de las luces y las oscuridades que me encontraré a medida que avanza la vida. «Todo fluye, nada permanece» aseguraba Heráclito de Éfeso, el padre de la filosofía occidental. Ahora soy, más que nunca, consciente de ello. Habrá momentos malos y momentos buenos, pero fluiré con ellos pues ninguno permanecerá. Y todavía hay mucho por lo que vivir.

He examinado con profundidad mi biografía, mi bagaje vital físico y mental, mis creencia y valores. Con ello creo que he alcanzado algo más de sabiduría y una especie de iluminación frente a la vida. De alguna forma me he renovado y he adoptado una nueva perspectiva de la realidad. Entre otras cosas, he renunciado a gravitar hacia caminos poco saludables. Y en cuando al paso del tiempo... acepto con serenidad su inevitabilidad. El inexorable proceso de envejecer y, finalmente, morir. Lo asumo y acepto con el consuelo de que mi auténtica esencia no se ve afectada por el paso del tiempo. Ya no me aferro a la juventud. Gastar mi energía en una batalla perdida oscurece mi existencia presente y me impide abrazar de todo corazón las nuevas experiencias que se despliegan a mi alrededor.

Los cambios, las transiciones significativas y los diferentes roles que he desempeñado a lo largo de los años que llevo de vida me han enseñado muchas cosas valiosas. Cosas que he intentado integrar, de una u otra forma y con mayor o menor éxito, en mi vida. Ahora me libero con facilidad de creencias y perspectivas personales que considero erróneas o limitantes. Ya no me aferro con tesón a ellas. Tampoco me abruma la forma en que me siento conmigo misma, porque sé que siempre estoy transformándome. Que nada —ni mi forma de estar o sentir— es para siempre. Mis juicios y opiniones de esta noche podrían quedar obsoletas al amanecer. Parecería inconstancia o veleidad, pero yo lo veo coherencia y sabiduría. Tomar consciencia de ello es importante para cultivar relaciones, pero sobre todo para mi estabilidad y autocompasión.

Cada instante es un nuevo comienzo y cada nuevo comienzo despliega ante sí un universo de posibilidades. Soy humana e imperfecta. Cuando cometo un error, digo o hago algo inapropiado o hiriente o mi comportamiento no es el adecuado, intento no caer en el remordimiento, sino que dejo pasar cualquier pensamiento de juicio y vuelvo a empezar con un nuevo yo. Es como si, tras cada tropiezo, no me aferrara al dolor, sino que lo superara y emergiera un nuevo yo. Nunca dejo de hacerlo; ésta es la única vida que tengo, mi única vida. Creo que la verdadera reencarnación es la que generamos en nosotros mismos, en cada avatar. Erraré, me equivocaré, pero siempre me perdonaré a mí misma. He seguido mi intuición demasiadas veces. En ocasiones sin un plan, con los ojos vendados y sin red de seguridad. He dudado de mí misma millones de veces. Demasiadas quizá y a veces sin necesitar hacerlo. También he sido rápida para aprovechar nuevas oportunidades. Y es que, ante la oportunidad, la rapidez es una ventaja.

A pesar de mis continuas reinvenciones y mis nuevos yoes que emergen tras cada adversidad, tengo mis rasgos duraderos. Supongo que duradero no significa definitivo... Me preocupo profundamente por las personas. Me atormenta el sufrimiento de los demás. Necesito la conexión humana. Necesito el mar. Soy víctima del amor; del amor poliédrico en todas sus formas. Persevero a pesar de la duda. Creo en el poder de la sonrisa y la amabilidad. La música y el baile despiertan mi energía, fluyo con ellas y me transportan a otros mundos, a otros tiempos. Tengo un impulso innato e intrínseco para persistir hasta alcanzar mis sueños y encuentro fácilmente la motivación para ello. Tengo una mentalidad natural de crecimiento. Me gusta tomar la tostada mientras mi café se enfría. Cuidar mis uñas ... Podría seguir, pero no sabría cuando parar. En ocasiones no me reconozco y me siento fracasada, pero lo acepto y lo supero pues otros son los días en que soy una supermujer, dispuesta a luchar contra los villanos más mezquinos y despiadados, a conquistar nuevas cimas y sembrar de antorchas las noches más oscuras. Y en los días anodinos en los que ni me siento fracasada, ni soy una superheroína, simplemente me limito a sonreír y fluir, serena, con la vida.

Mis experiencias me han revelado que nuestros límites se hallan mucho más allá de lo que imaginamos; que, a veces, ni siquiera existen; que el verdadero alcance de nuestro potencial humano y de nuestras capacidades están más allá de nuestra comprensión; que la percepción y valoración que tenemos sobre nosotros mismos es limitada, incompleta, sesgada e, incluso, falsa. Siempre somos capaces de más, de mucho más. En lo físico y en lo mental. El esfuerzo, la perseverancia, los motivos, el riesgo, el deseo hacen realidad los sueños. La rumiación ha sido, con frecuencia, mi peor enemiga y la causa de mi bloqueo y de mi ansiedad. Pero ahora puedo quizás con más facilidad observar mis pensamientos y mis emociones. Ya no se desbocan y se apoderan de mí. Yo no soy mis pensamientos. Ahora puedo tomar distancia, verlos venir y dejarlos ir. O quedarme con los que libremente elija. Quedármelos hasta que me embarguen y me transporten al paisaje bucólico del amor y la plenitud.

Compasiva para conmigo misma, sin juzgarme con dureza ni albergar altas expectativas que condicionen mi felicidad —expectativas y felicidad caminan de la mano, pero guardan una proporción inversa— sueño con lo desconocido, con lo que todavía no existe, con los caminos por hollar. Muchos de mis sueños del pasado devinieron en realidad porque deseaba hacer de mi vida algo extraordinario, creí en mí y trabajé en ello; ver el mundo desde perspectivas diferentes, participar en ellas; tomar consciencia y ser respetuosa con su riqueza y variedad; saciar mi hambre y mi pasión por el aprendizaje, el conocimiento y la sabiduría; experimentar aventuras nuevas; satisfacer mi curiosidad innata; sentir la emoción que encierra todo comienzo…

Llego el final del libro. En este maravilloso viaje he descubierto mi pasión por la escritura, por compartir lo más profundo de mi ser. Tengo la misma sensación de cuando me enamoré de Mike, hace décadas: no tenía sentido, pero era lo que quería.

El pasado no me atrapa en su nostalgia, el futuro no me angustia en su incertidumbre. Intento vivir con aceptación y serenidad el presente, lo único que existe, la única realidad que puedo habitar y donde puedo actuar. Vivo con plenitud el presente y espero con ilusión los siguientes capítulos y episodios que la vida me traerá. Sonrío siempre de cara al futuro, de cara a los confines donde me dirijo. Me encanta hacerlo frente al mar. Imagino que tomo de la mano a Cristina, al futuro, a todo cuanto ella representa, mientras observo ilusionada el horizonte infinito y un viento oceánico, libre e indómito, ondea mi falda y enreda mi cabello.

AGRADECIMIENTOS

MI AGRADECIMIENTO A TODAS las personas que, de una u otra forma, han viajado conmigo a través de mi vida. Unas veces durante un tiempo, otras desde siempre. Son demasiadas para nombrarlas, pero cada una tiene un significado para mí y cada una ocupa un lugar especial en mi corazón.

Mike, con su asombrosa determinación, me ha enseñado a amar sin corazas ni cortaduras. Con él, y a través de él, experimento la pasión, la confianza y el amor auténtico. A mi hijo Michael le agradezco el enseñarme a vivir de forma diferente a la esperada, a enfrentarme con valentía a mis miedos y a descubrir que, a veces, los límites son solo imaginarios. A Dani le debo una montaña enorme de momentos inolvidables y preciosos. Es un maestro de compasión, empatía y fortaleza. Brandon, mi hijo mediano, a pesar de sus momentos traviesos, vive con integridad, con lucidez sobre lo correcto y lo que no, incluso cuando lo correcto es lo difícil. Sus argumentaciones y razonamientos son invencibles, todo un reto para mí. Dylan, mi joven pensador, tiene una capacidad única para ver a través de mí. Soy su filtro favorito. En los momentos difíciles, se sienta a mi lado, silente, pero irradiando amor. Gracias a estos jóvenes he llegado a la conclusión que no hay otra vida que prefiera antes que la mía.

Mi madre y mi abuela —Clotilde Solsona—, me ofrecieron, con sus palabras y su actitud, la sabiduría y el valor necesario para perseverar frente a las adversidades inherentes a la vida. Ana sigue mostrándome lo que hay más allá de la resiliencia; rompiendo estereotipos y superando continuamente límites que parecían infranqueables. Y Carmen, mi compañera de vida, es una fuente de amor, sabiduría, precisión, creatividad y alegría. Sencillamente, somos UNA. Hailey es una extensión del amor que siento por Carmen, la hija que deseé. Chino, con su inquieto optimismo y su tenacidad, todo un modelo para mí, del que aprendí el significado de pragmatismo y confianza en uno mismo. Memel, fuerte y guapo, comparte mi entusiasmo por la alimentación saludable y sus nuevos descubrimientos. Su corazón cariñoso y su increíble determinación lo han convertido en mi héroe particular.

Mi joven hermano Jefferson, brillante y seguro de sí mismo, sigue los pasos de todos sus hermanos mayores a la vez que redefine los conceptos de perseverancia y éxito. Con Jessica, mi amiga y ex mujer de mi padre, he atravesado momentos difíciles mientras luchaba contra la presencia negativa de mi padre en su vida.

Mi cuñada Lina, por formar parte de mi vida americana desde el principio y por sus valiosos comentarios tras leer varios borradores de este libro. Sarah, por los momentos divertidos y las experiencias compartidas en nuestra maternidad. Con ella siempre tengo una sonrisa garantizada. Kirk, mi cuñado, siempre aportando conocimiento y cariño a nuestra familia. Mis sobrinos, Justin y Ruben, y mis sobrinas, Lola, Lucy y Olivia, que llenan mi corazón de amor y esperanza en el futuro.

Gina, mi modelo de mujer de espíritu libre, me ha permitido formar parte de toda su vida. He tenido el privilegio de aprender de sus experiencias y de reflexionar, junto a ella, sobre las mías. Fue la primera persona que me animó a escribir un libro. Arlene me ha guiado hacia el amor interior, el verdadero.

Mis tíos, tías y primos son mi conexión más fuerte con España, especialmente Aruca, que siempre se asegura de seguir conectada conmigo, evitando que el tiempo y la distancia diluyan nuestro cariño. A mi tío Jesús le mando el beso más grande del mundo. Quizás lo más cercano que he tenido a un padre.

Innumerables estudiantes de Mills me han recordado la singularidad genuina de cada individuo. Me han instigado, motivado y empujado a ser mejor profesora, a compartir nuestras historias particulares y a ser más empáticos y compasivos. Veo mi reflejo en ellos y estoy profundamente conectada a sus esfuerzos, capacidades y sueños.

A todos mis amigos de diferentes países, culturas y orígenes, gracias por formar parte de mi vida y marcar la diferencia, tanto en los momentos buenos como en los difíciles.

Hago extensivo mi agradecimiento a la bella Sha, una adolescente de Isla Reunión, por permitirme formar parte de su vida a pesar de la distancia. Ella es un recordatorio constante de las batallas sociales a las que nos enfrentamos en un mundo plagado de desigualdades. Creo en su fuerza interior, ya que un día nos sorprenderá a todos.

También estoy profundamente agradecida a mi yegua Keziaa, que sacudió mi espíritu aventurero llevándolo a nuevas cotas. Su inteligencia, su inmenso poder y su belleza no tienen parangón en el mundo humano.

Mi más profunda gratitud a mi asesora, Tristine Rainer. Su profesionalidad, su dilatada experiencia, su orientación, sus consejos enriquecedores, sus comentarios sinceros y sus sabias palabras han llevado mi viaje por la escritura a cotas elevadas inspirándome en la publicación de mi obra. Admiro su mente tanto como su escritura.

Mención especial a David Prendergast, mi increíble y creativo diseñador de la cubierta y el formato del libro, le expreso mi enorme agradecimiento. También quiero expresar mi más sincera gratitud a Seta Salkhi, Sheila, Gina y Sofía por su entusiasmo al leer la versión anterior escrita en Ingles del libro y por sus comentarios enriquecedores. Agradezco el apoyo y los consejos de colegas como Carlota, Kirsten, Pamela, Diane y Susan. Aprecio profundamente los ánimos del Club de Lectura de Arlene —El Club de Chicas de San Francisco— cuyo apoyo constante y palabras de aliento han sido una fuente de inspiración y fortaleza a lo largo de este proceso. Sus alientos durante el proceso de revisión del manuscrito fue la fuente de coraje que necesitaba para dar el paso final y compartir mi historia con el mundo. Un agradecimiento especial a mis amigas Bonnie, Wendy, Trish, mi hermana Carmen, Nikki y Gunilla por leer el manuscrito original en Inglés y por su paciencia infinita al escucharme hablar de mi libro durante cuatro años.

A Juan José García Ávalos, mi traductor y escritor de la versión española, le agradezco de corazón su trabajo tan dedicado. Con su alma de poeta, no solo tradujo las palabras, sino también las emociones y sentimientos, despertando todas mis historias, una vez más, con una profundidad impresionante. Un millón de gracias por volver a ser parte de mi vida, esta vez profesionalmente, y para siempre como un gran amigo.

Quiero dedicar mi obra a Cristina. Ella representa a las generaciones venideras, ofreciéndoles una historia que les inspire a creer en el futuro, en los sueños y en el poder de las convicciones.

A todos mis lectores, mi sincero agradecimiento por ofrecerme parte de su mejor tesoro —su tiempo— al leer esta, mi historia.

Gracias.

www.ingramcontent.com/pod-product-compliance
Lightning Source LLC
Chambersburg PA
CBHW060922120626
46557CB00003B/840